直播运营一本通

教你从主播修炼、平台运营到变现

AI赋能版

王婵　编著

化学工业出版社
·北京·

内容简介

直播早已不是简单的“上镜说话”，而是一项系统工程。《直播运营一本通：教你从主播修炼、平台运营到变现（AI 赋能版）》以“全流程覆盖”为特色，从直播间设备准备、预告设置、脚本策划，到主播人设塑造、能力提升、话术优化，再到吸粉引流、营销活动落地、电商带货技巧等可直接复用的工具与策略。

书中特别强化了 AI 赋能内容，包括利用 AI 生成直播标题文案、精准营销方案、活动策划及应急预案，降低运营成本；专题拆解 AI 数字人直播带货的打造方法，开辟低成本高效能新路径。

全书结构清晰、案例丰富，适合零基础新手入门，也适合有经验的从业者提升。无论是个人主播、电商从业者、内容创作者，还是企业团队、MCN 机构、学生，都能通过阅读本书获得实用方法与前沿视角，实现从开播到盈利的全链路突破。

图书在版编目（CIP）数据

直播运营一本通：教你从主播修炼、平台运营到变现：AI 赋能版 / 王婵编著 . -- 北京：化学工业出版社，2026. 3. -- ISBN 978-7-122-49994-3

Ⅰ. F713.365.2

中国国家版本馆 CIP 数据核字第 2026JQ2632 号

责任编辑：刘　丹　　　　文字编辑：张焕强
责任校对：宋　玮　　　　装帧设计：史利平

出版发行：化学工业出版社（北京市东城区青年湖南街 13 号　邮政编码 100011）
印　　装：三河市双峰印刷装订有限公司
710mm×1000mm　1/16　印张 14　字数 229 千字　2026 年 4 月北京第 2 版第 1 次印刷

购书咨询：010-64518888　　　　售后服务：010-64518899
网　　址：http://www.cip.com.cn
凡购买本书，如有缺损质量问题，本社销售中心负责调换。

定　　价：68.00 元

前言

一、写作驱动：为什么今天必须“会”直播？

如今，直播已不再是“网红专属”，而是成为各行各业的标准配置。

• 工厂老板将流水线搬进抖音，仅用 3 个月便清空了 2000 万元的库存；

• 县城的宝妈每天直播 2 小时，凭借一款宝宝辅食，月收入达到 5 万元；

•“00”后大学生利用 AI 数字人 24 小时挂机直播，醒来时后台已有 99+ 的付款提示。

然而，与此同时，许多人却频频踩坑：

• 购买了大量设备，直播时在线观众却寥寥无几，仅 10 人左右；

• 话术背得滚瓜烂熟，弹幕却只有“主播好漂亮”的简单互动；

• 投入数千元广告费，转化率却低至 0.3%，导致血本无归；

• 平台规则一夜之间改变，辛苦经营的账号瞬间归零。

“并非直播本身不行，而是你尚未掌握正确的方法论。”

我们将 200 多个头部直播间的经验、MCN 机构的内部标准作业程序、平台最新的算法以及 AI 提效工具，全部拆解成“乐高模块”，编写成这本书。从零基础起号，到实现百倍爆量，再到万级商业化运作，一本书为你提供全套“导航地图”，助你少踩 90% 的坑，多赚 10 倍的收入。

二、这本书到底解决什么痛点？

对于众多投身直播领域却屡屡受挫的创业者与从业者而言，直播过程中层出不穷的难题犹如横亘在前的巨石，令人备感棘手。而这本书，正是为破解这些难题量身定制的。本书精准锁定直播各环节的痛点，提供了一系列切实可行的解决方案，具体内容如下：

1. 不会起号

第 1 章详述 14 项准备工作，手把手教你搭建“高停留”直播间，设备、灯光、声卡、装修一次到位，预算 3000 元也能打造出高级质感。

2. 没人来看

第 7 章从 13 个角度切入，结合第 8 章的 9 大要点，教你“平台公域＋私域社群”双轮引流策略，3 天内拉起 500 人精准粉丝。

3. 不会说话

第 5 章提供 13 种话术模板，涵盖欢迎、留人、锁粉、转化、复购全流程脚本，直接照搬即可促成交易。

4. 不敢露脸

第 9 章介绍最新 AI 数字人直播方案，形象、声音、口型 1 ∶ 1 克隆，无须真人出镜，1 人 1 台电脑 24 小时挂机，睡觉也能出单。

5. 不会变现

第 11 章剖析 14 种盈利模式，包括会员、打赏、广告、版权、代言、技术输出等，将流量拆分成 7 份收入。

6. 不会宣传

别慌！第 10 章提供 17 个超实用技巧，手把手教你专业运营，大幅提升直播效率。再结合第 6 章的 11 个细节妙招，借助 AI 轻松搞定标题、宣传文案、应急预案及直播话术，全方位提升直播人气，为直播成功奠定坚实基础。

三、本书特色

党的二十大报告明确指出，要“实施国家文化数字化战略”和“推动战略性新兴产业融合集群发展”。AI 赋能直播不仅是文化数字化与人工智能产业融合的重要载体，也是个体和企业参与数字经济的关键路径。本书紧密围绕这一方向，旨在帮助读者在合规、高效的赛道上优化直播运营，其核心特色如下：

1. AI 赋能，契合数字战略

贯穿“起号—引流—转化—变现”的直播全链路，借助 AI 技术重构运营效率：从 AI 生成吸睛标题和场景化话术（解决“不会写”问题），到 AI 数字人 1 ∶ 1 克隆和 24 小时挂机直播（解决“不敢露脸”问题），再到 AI 生成营销方案和应急预案，全面深化 AI 在直播各环节的应用，积极响应国家文化数字化与新兴产业融合的号召。

2. 两大核心工具聚焦，直击“流量—变现”

重点解析 DeepSeek（AI 提示词引擎）和腾讯智影（AI 数字人工具）的核心功能：利用 DeepSeek 快速生成直播文案和标题，借助腾讯智影完成数字人形象和口型调试。所有工具教学均围绕“拉流量、促转化”展开，避免技术空转，确保新手也能借助 AI 工具顺利开展直播。

3. 零基础友好，兼顾进阶需求

针对新手，提供零基础搭建高级直播间的方案和 13 种现成话术模板；针对进阶者，讲解 AI 数字人打造和平台算法适配技巧，并赠送实操素材，兼顾不同阶段读者的需求，确保“零基础者能入门，有经验者能提升”。

4. 关键操作可视化，告别“找功能”

书中涉及设备连接、AI 工具参数面板、数字人调试等关键步骤，均配有详细标注的插图，用箭头标出按钮位置和核心参数，一目了然，避免“看书懂、动手蒙”的问题，显著提升学习效率。

5. 教学资源及获取方式

本书提供的配套教学资源及具体数量如下表所示。

教学资源及数量表

序号	教学资源
1	PPT 课件
2	教案
3	AI 提示词
4	素材文件
5	效果文件
6	教学视频

如果读者需要获取前 5 种资源，请使用微信的“扫一扫”功能，扫描下方二维码即可下载；书中部分内容配备了教学视频，并附有二维码，读者扫码即可查看。

扫码获取资源

四、特别提示

本书涉及的各大软件和工具的版本分别是：DeepSeek-V3.2、腾讯智影网页版。

编写本书的过程中，实际操作图片是根据软件和工具当时最新版本截取的，但书从编辑到出版需要一段时间，在此期间，这些工具的版本、功能和界面可能会有变动，在阅读时，请根据书中的思路，举一反三，进行学习。

提示词也称为描述词、文本描述、文本指令（或指令）、关键词等。需要注意的是，即使是相同的提示词，AI 工具每次生成的回复和效果也会存在差别，因此在扫码观看教程时，读者应把更多的精力放在指令的编写和实际操作的步骤上。

由于篇幅原因，AI 工具的回复内容只展示要点，详细的回复文案，请看随书提供的完整文件。

五、版权声明

本书由王婵编著，特别感谢进行素材整理的刘华敏、邓陆英等人。由于编写人员知识水平有限，书中难免有疏漏之处，恳请广大读者批评指正。

编著者

目录

第1章

14项准备：揭秘开启直播的准备工作

“磨刀不误砍柴工”，在正式成为主播之前，我们要做好直播的一些准备工作，主要包括硬件设备和软件方面，以及直播间的运营准备。只有做好直播前的准备工作，主播才能畅通无阻地进行直播。本章主要介绍直播的硬件配置和直播间的预告设置等内容。

1.1 直播间的设备准备

俗话说：“工欲善其事，必先利其器。”要想成为一名出色的主播，除了自身的才艺和特长外，还需要有各种硬件设备的支持，包括摄像头的选择、灯光效果的调试、背景的设置以及网络环境的搭建等。本节主要介绍直播间的设备准备以及环境的搭建，帮助新人主播打造一个完美的直播间。

1.1.1 直播的摄像头选择

在直播过程中，摄像头的好坏直接影响观众的第一印象和观看体验。如今的摄像头选择不仅仅是分辨率和价格的比较，还需要根据直播场景来匹配合适的功能。那么，该如何选择一款合适的摄像头呢？下面向大家推荐一些网络直播摄像头型号榜和品牌排行榜，以供大家参考和借鉴，如图 1-1 所示。

图 1-1 网络直播摄像头型号榜和品牌排行榜

在选择摄像头时，我们主要考虑的因素分为两个方面，具体内容如下。

1. 关键考量因素

关键考量因素包括以下 5 点。

（1）分辨率与帧率：1080P/60FPS 已是基础，适合日常娱乐和电商直播；若追求更清晰的画质和后期剪辑空间，推荐选择支持 4K 的摄像头。

（2）自动对焦与低光表现：在光线不足的环境下，具备自动曝光和低光优化功能的摄像头能显著提升画面效果。

（3）广角与取景：电商带货或多人直播需要更宽广的取景范围，而单人直播则更注重面部细节。

（4）AI 功能：部分新款摄像头具备 AI 自动对焦、人脸追踪、虚拟背景等功能，能减少对补光灯和绿幕的依赖。

（5）兼容性与扩展性：确保摄像头支持常用的直播推流软件（如 OBS、抖音直播伴侣、快手直播助手等）。

2.不同预算的推荐思路

（1）入门级（300～600 元）：1080P/60FPS，满足大部分新手主播需求，例如罗技 StreamCam。图 1-2 所示为该摄像头的产品外观和参考报价；图 1-3 所示为该摄像头的重要参数。

图 1-2　罗技 StreamCam 的产品外观和参考报价

商品详情

品牌	罗技（Logitech）	商品编号	69016962301
店铺	罗技高端外设旗舰店	隐私模式	不支持
光学变倍	无	对焦	定焦
附加功能	外接，免驱动	分辨率	1080p
扬声器	无扬声器	驱动	免驱
型号	StreamCam	麦克风	带麦克风
遥控器	无	颜色	黑色
接口	USB	连接线长度	150厘米

图 1-3　罗技 StreamCam 的重要参数

（2）中高端（800 ～ 2000 元）：支持 4K、HDR、AI 自动对焦，画质和稳定性更佳，例如 Logitech Brio 4K、Elgato Facecam Pro、Razer Kiyo Pro Ultra。

（3）专业级替代方案：对于追求电影感或超高画质的主播，可以选择微单 / 单反相机搭配采集卡，常见品牌有索尼 α 系列、佳能 EOS 系列。

选择摄像头时，先明确直播场景和预算，再决定是选入门款、专业款，还是直接升级到相机。画质确实能提升直播效果，但更重要的是灯光和内容氛围的配合，硬件与运营要相辅相成。

1.1.2　直播间的灯光效果

有了摄像头之后，接下来就是打造一个漂亮的直播环境。灯光是直播间最核心的要素之一，它决定了主播在镜头前的肤色、气质和氛围效果。好的灯光设置，不仅能让画面更专业，还能提升观众的停留时长和转化率。

如今主流的直播灯光布置，可以分为 5 大类，其作用如图 1-4 所示。

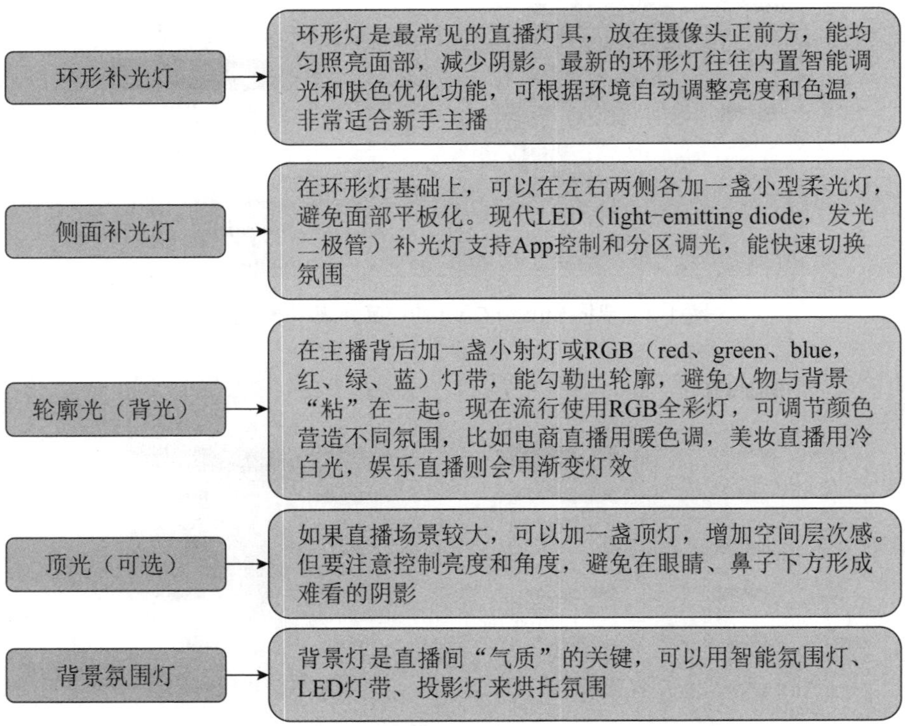

图 1-4　直播间的灯光类型及其作用

了解了直播间的 5 种灯光类型之后，下面向大家介绍几种灯光设置和摆放的实用技巧，帮助大家通过不同的角度和不同的灯光搭配实现不同的环境效果。

（1）小空间首选环形灯 +RGB 背景灯，布置简单且性价比高。

（2）直播带货推荐三点布光（环形主光 + 侧补光 + 背景灯），画面更专业。

（3）AI 智能灯具正在普及，能够自动识别人物肤色、优化光比，省去手动调节的麻烦。

（4）灯光预算控制在 500 ～ 2000 元，基本能满足大多数直播场景的需求。

1.1.3　直播间的声卡选购

在直播中，画面靠高清摄像头，而声音则依赖于麦克风和声卡。良好的音质能大大提升观众的停留时长和好感度，因此声卡已经成为主播的必备设备。

1. 声卡的类型

现如今，声卡的类型可分为以下 3 种。

1）内置声卡

几乎所有电脑都有内置声卡，其外形如图 1-5 所示。内置声卡能满足日常娱乐需求，但音质提升空间有限，缺少降噪、美声和混响等功能，已经很难满足直播的专业需求。

2）外置声卡

这是目前主播普遍选择的方案。外置声卡通过 USB-C 或 Lightning 接口连接电脑或者手机，能提供更稳定的声音采集和更多音效功能。部分产品支持即插即用，无须复杂驱动，如图 1-6 所示。

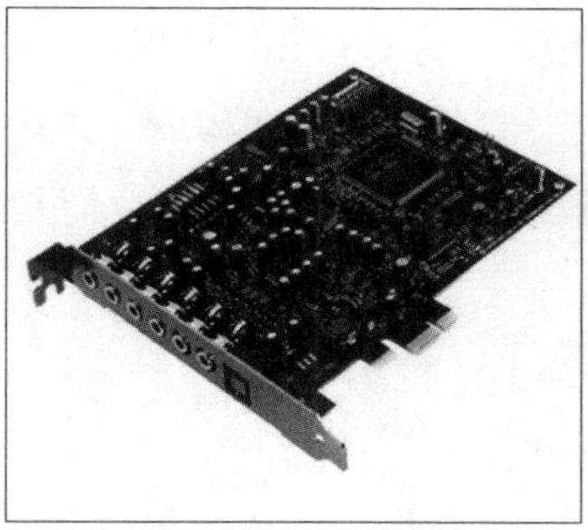

图 1-5　内置声卡

图 1-6　外置声卡

3）智能声卡

最新趋势是 AI 智能声卡，能实时优化人声，自动消除环境噪声，并提供一键美声、AI 电音、智能伴奏分离等功能。很多声卡还支持 App 控制，主播在手机上就能切换音效。

2. 声卡的选购要点

声卡的选购有以下 5 个要点，如图 1-7 所示。

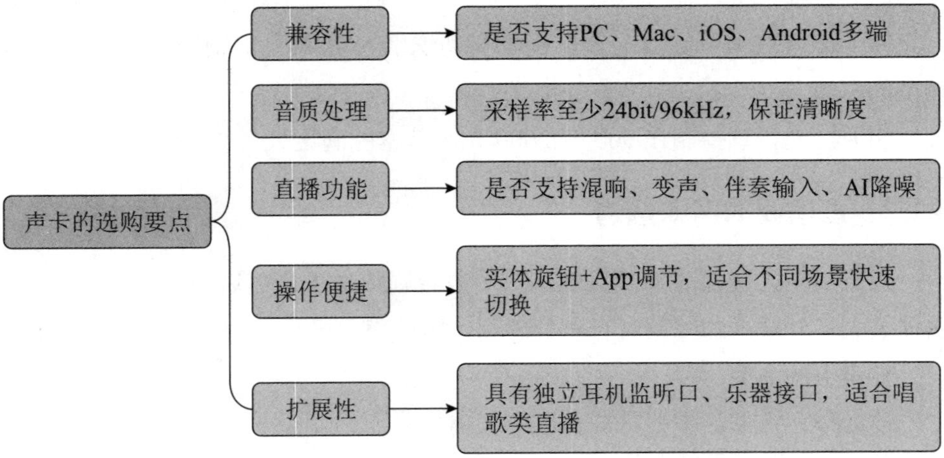

图 1-7　声卡的选购要点

3. 不同直播场景的推荐

不同的直播场景，有不同的声卡需求。下面根据这些直播场景，向大家推荐一些声卡，具体如下。

（1）唱歌 / 音乐类：推荐雅马哈 AG06MK2、罗兰 GO-MIXER PRO-X，专业混音能力强。

（2）聊天 / 电商带货类：推荐森然播吧 5 代、得胜 MX1，自带变声、美声、电音，功能全面。

（3）手游 / 游戏直播类：推荐森然 ST10、艾肯 G3 Pro，延迟低、稳定性强。

声卡已经从“改善音质”进化为“提升直播氛围和互动感”的核心工具。选购时要结合直播类型、预算和操作习惯，不必盲目追求高价，而是选择最符合自己场景的声卡。

1.1.4　直播的麦克风选择

在直播设备中，麦克风和声卡一样重要。清晰、稳定、饱满的声音能显著提升观众的沉浸感和停留时长。下面向大家介绍如何正确选择直播用的麦克风。

1. 麦克风的主流类型

首先，大家需要了解一下目前麦克风的主流类型有哪些，以及它们的优缺点和适用的直播场景，如图 1-8 所示。

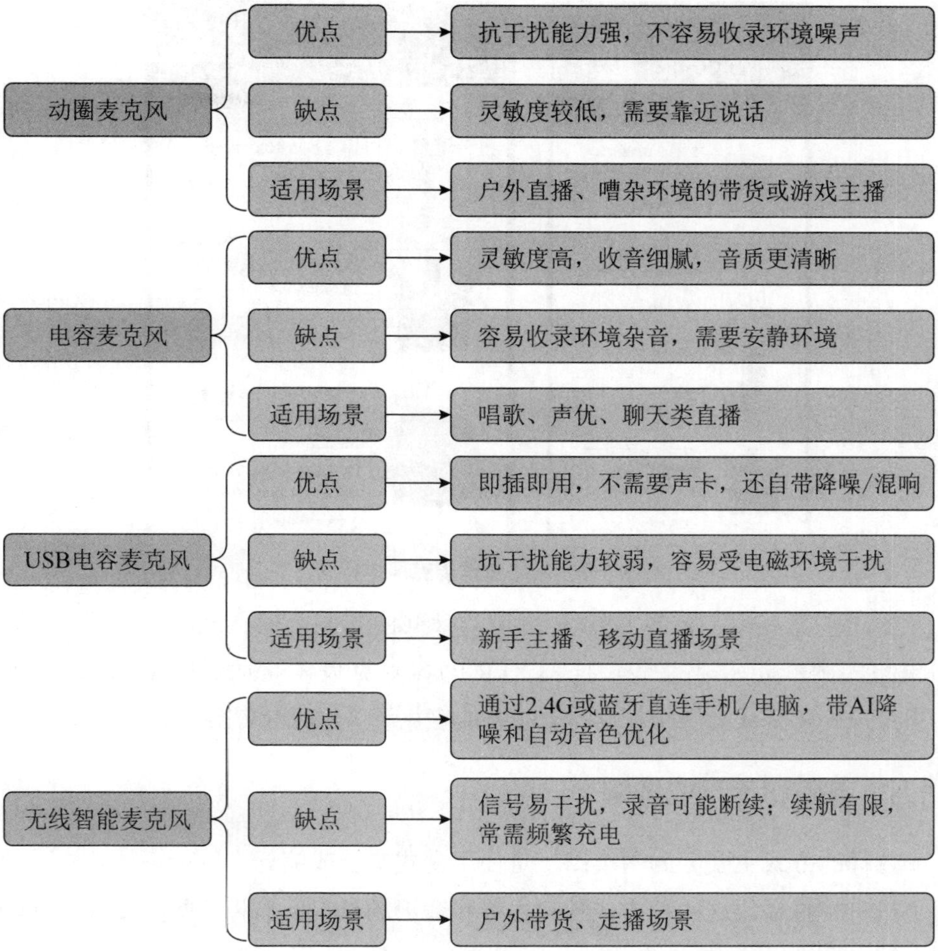

图 1-8　麦克风的优缺点及适用场景

2. 麦克风的选购要点

麦克风的选购要点如下。

（1）收音方式：单指向（适合直播）＞全指向（容易收录环境音）。

（2）接口类型：USB-C 更适合电脑和手机直连，XLR（X locking rubber，X 系列锁扣连接器）接口更适合专业声卡。

（3）功能加成：是否支持实时监听、降噪、混响、美声。

（4）使用环境：安静直播间选电容麦克风，嘈杂场景更适合动圈麦克风或智能无线麦克风。

图 1-9 所示为网络直播麦克风排行榜，大家可以以此作为参考和选择的依据。

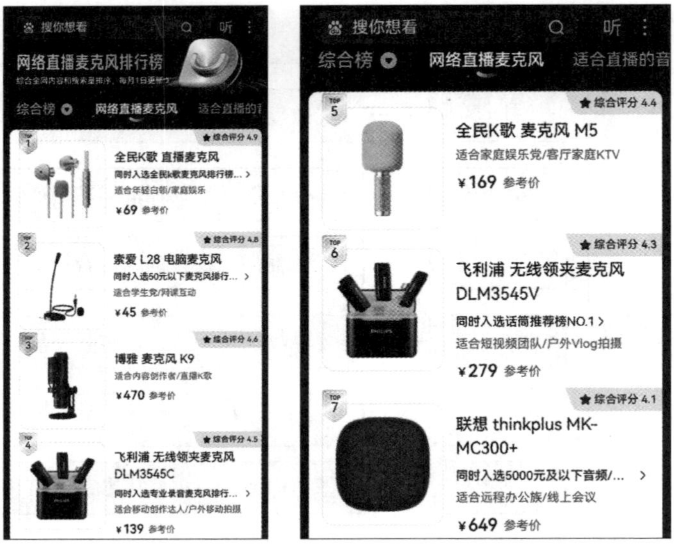

图 1-9　网络直播麦克风排行榜

如果预算有限，推荐 USB 电容麦克风（FIFINE、Blue Yeti），操作简单；如果想唱歌或走专业路线，推荐 XLR 电容麦克风（Shure、RODE）+ 声卡；如果是户外带货或短视频，推荐无线智能麦克风（RODE Wireless、DJI Mic 2）。

1.1.5　电脑和手机的选购

直播的方式主要分为两类：一是使用台式电脑或笔记本进行直播，二是使用手机进行直播。这两种方式各有优势和适用场景，下面将从配置要求和选购要点等方面进行分析。

1. 电脑直播

电脑直播更适合需要多机位切换、专业推流、虚拟背景、特效叠加等操作的场景。相比手机，电脑的可扩展性和稳定性更强，但对硬件配置的要求也更高。

1）CPU

CPU（central processing unit，中央处理器）的性能对电脑程序的处理速度来说至关重要，CPU 的性能越高，电脑的运行速度也就越快，所以在 CPU 的选择上千万不能马虎或将就。

推荐选择 Intel i7/i9（13 代以上）、Apple M2/M3 系列或 AMD Ryzen 7000 系列。这些处理器能更好地支持多任务并发，例如同时运行推流软件、互动插件和视频处理软件。

2）运行内存

直播软件和素材占用内存较大，16GB 是最低配置，32GB 更为推荐，以避免推流卡顿和多场景切换时掉帧。

3）硬盘类型

现在市面上流行的硬盘类型一共有两种，一种是机械硬盘，另一种是固态硬盘。下面是这两种硬盘各自的优缺点，如图 1-10 所示。

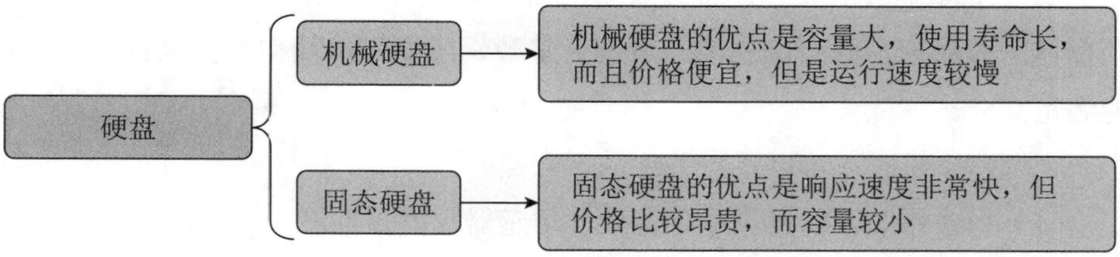

图 1-10　机械硬盘和固态硬盘的比较

4）显卡

显卡的硬件编码能力对直播非常重要。推荐选择 NVIDIA RTX 系列（支持 NVENC）或同等性能的显卡，能大幅降低 CPU 占用率，保证高码率推流的稳定性。

图 1-11 所示为笔记本产品推荐榜，仅供参考。

图 1-11　笔记本产品推荐榜

总体来说，直播用电脑的配置越高，画质越清晰，推流也越稳定。选择时建议优先考虑处理器、内存和显卡，再结合预算权衡。

2. 手机直播

随着 5G 全面普及，手机直播已经成为大多数入门主播和日常娱乐主播的首选方式。相比电脑，手机直播操作简单，只需一部手机、一副耳机和一个支架即可开始。

如今主流手机的直播功能已经非常完善，内置了 AI 美颜、实时字幕、自动翻译、商品橱窗管理等功能。对于大多数娱乐型和电商型直播来说，手机已能满足需求。

在选购手机时，可以重点关注以下几点。

（1）影像系统：前置摄像头像素、传感器和广角性能，决定画面效果。

（2）AI 芯片：是否支持实时美颜、降噪和自动字幕生成。

（3）续航与散热：长时间直播对电池和散热要求高，建议选择大电池和高效散热设计的机型。

（4）网络性能：支持 Wi-Fi 6/6E、5G SA 网络，可有效减少延迟。

图 1-12 所示为手机产品推荐榜和手机品牌榜，仅供参考。

图 1-12　热门手机和品牌排行榜

总体来说，手机适合移动化、娱乐化、短时段直播，而电脑更适合专业化、多机位、大型活动直播。主播可以根据自身直播内容和预算做选择，甚至在不同场景下搭配使用。

1.1.6　直播间的其他设备

除了前面所讲的摄像头、灯光、声卡、麦克风以及电脑和手机这些主要的直播设备之外，还有一些直播间的其他设备需要我们考虑，比如网络宽带、手机或电容麦克风的支架、监听耳机等。下面就来介绍这些设备的选择以及要求。

1. 网络宽带

直播主要是通过互联网与受众建立沟通与联系，所以没网是万万不行的，特别是对于专业主播来讲，必须在直播的地方安装一条网速足够的宽带，而且直播对于流量的消耗是巨大的，即便是业余直播，也要在有 Wi-Fi的环境下进行，不然光用流量的话，成本是难以承受的。

目前市面上的通信运营商主要有 3 家，分别是中国移动、中国联通和中国电信，大家根据自己的实际情况选择即可。至于宽带网速和套餐的选择，最好选择 50MB 以上的宽带套餐。

直播间的网络状况好坏决定了直播能否顺利地进行，如果宽带网速不给力，就会造成直播画面的延迟和卡顿，不仅会严重影响主播的直播进程，而且也会大大降低受众的观看体验，导致受众中途离去，造成直播间人气的下降。

2. 直播支架

不管是电脑直播还是手机直播，主播都不可能长时间用手拿着电容麦克风或手机。所以，这时候就需要用支架固定，这样主播便能更加轻松愉快地进行直播，非常实用和方便。

关于直播支架的选择，没有特定的产品或品牌，大家去京东、淘宝、天猫等电商平台购买即可，价格也很低廉，如图 1-13 所示。

3. 监听耳机

主播为了随时关注直播的效果，需要用到监听耳机，以便对直播的内容进行优化和调整。监听耳机是指没有加过音色渲染的耳机，可以听到最接近真实的、未加任何修饰的音质，它被广泛应用于各种领域，如录音棚、配音室、电视台，以及 MIDI（musical instrument digital interface，乐器数字接口）工作室等。

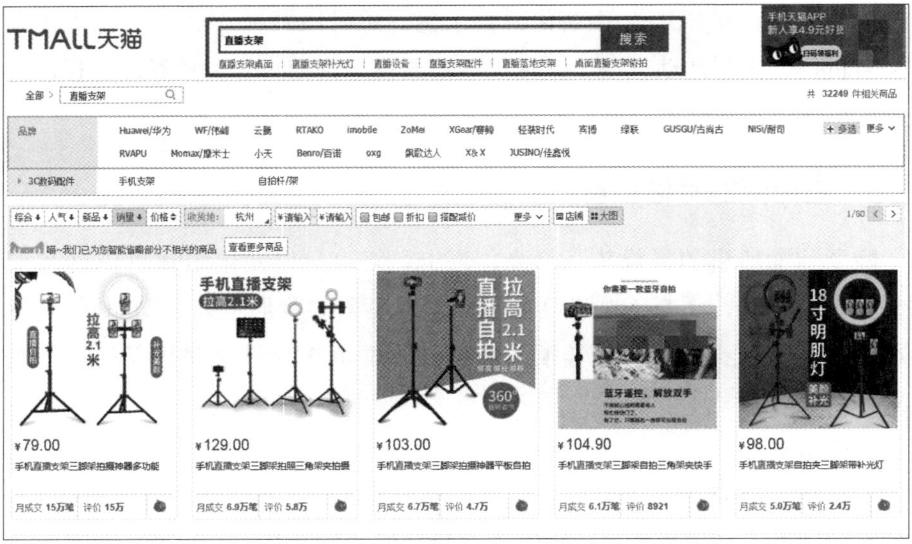

图 1-13　天猫平台关于直播支架的搜索页面

监听耳机主要具备两个特点：一是频率响应足够宽、速度够快，保证在监听的频带范围内信号失真尽量小，具有还原监听对象声音特点的能力；二是坚固耐用，容易维修和保养。

监听耳机和我们平时用的普通耳机究竟有什么不同呢？我们总结了它们之间的几点区别，如图 1-14 所示。

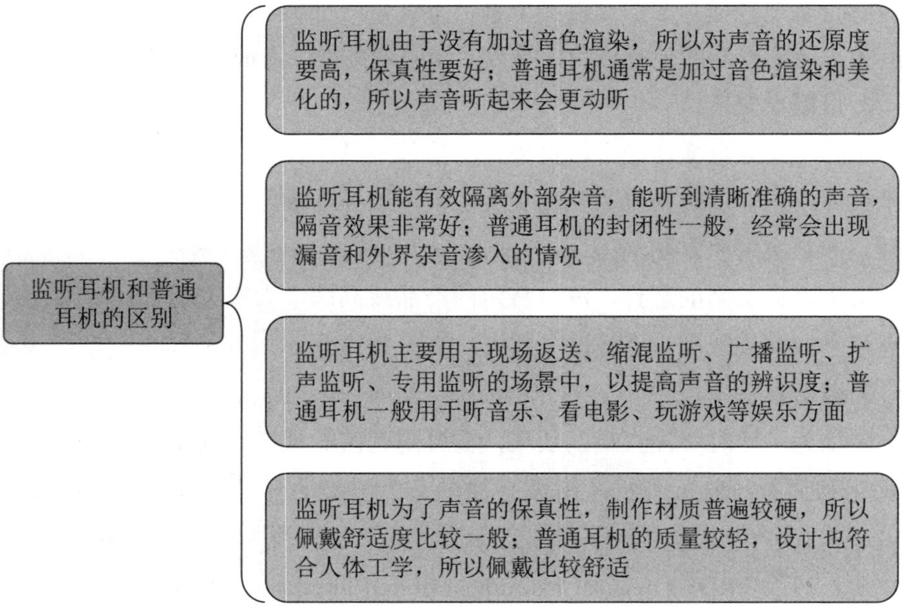

图 1-14　监听耳机和普通耳机的区别

关于监听耳机的选购，大家可以参照前面介绍过的直播支架购买方法，去京东、淘宝、天猫等电商平台搜索相应的关键词，选择自己喜欢或者合适的产品。

1.1.7　直播间的装修布置

购买到一整套直播必备的设备之后，就到了最重要的环节，那就是设计一个符合自己直播风格的直播间。漂亮美观的直播间能提升受众观看直播的体验感，为主播吸引更多的粉丝和人气。那么，如何打造较为完美的直播间呢？接下来将从直播间空间的大小、背景的设置、物品的陈设 3 个方面详细分析直播间的装修布置。

1. 空间大小

直播间的空间大小宜在 20~40 平方米之间，不能过大也不能太小，空间太小不利于物品的摆放和主播的行动，太大会造成空间资源的浪费。所以，主播在选择直播场地时，应该根据自己的实际情况来分配空间。

2. 背景设置

直播间背景的设计原则是简洁大方、干净整洁，不仅主播的外观造型能影响受众对直播的第一印象，直播间的背景同样也能给受众留下深刻的印象。直播间的背景墙纸或背景布的设计风格可以根据主播的人设、直播的主题，以及直播的类型来选择，但需要注意，不要过于个性和花里胡哨，否则会使受众产生反感。

例如，主播是一位元气满满的美少女，就可以选择可爱风格的 HelloKitty 主题墙纸作为直播间的背景，如图 1-15 所示；如果直播是以庆祝生日或节日为主题，那么就可以选择明亮鲜艳的墙纸作为直播间的背景，如图 1-16 所示。

图 1-15　可爱风格的直播背景

图 1-16　明亮鲜艳的直播背景

如果直播的类型是在线教育的知识干货分享，那么可以选择简洁清新的背景墙纸，如图 1-17 所示。

图 1-17　简洁清新的直播背景

3. 物品陈设

和背景设置一样，直播间物品的摆放也是有讲究的：房间的布置同样要干净整洁，物品的摆放和分类要整齐有序。这样做不仅能够在直播的时候做到有条不紊，还能给受众留下一个好的印象。

杂乱的房间布置会让用户体验不好，所以每一位新人主播都要注意这个问题。物品种类和陈设可以根据直播的类型来设置和确定。如果是美妆类的直播，可以放口红、散粉、眼线笔等相关产品，如图 1-18 所示；如果是服装类的直播，可以摆放衣服、裤子、鞋等相关产品，如图 1-19 所示。

图 1-18　美妆直播的物品摆放

图 1-19　服装直播的物品摆放

如果是美食类的直播，则可以展示各种零食、小吃、特产等相关产品，如图 1-20 所示。

图 1-20　美食直播的物品摆放

直播间物品的陈设一定要符合直播的风格或者类型，这样才能提升主播的专业度和直播间的档次，才会吸引更多用户和粉丝观看直播，这样的直播才会有意义。

1.2 直播间的预告设置

当我们把直播的设备都准备妥当，直播间的装修也布置好之后，就可以正式进行直播了。

不过在直播之前我们还需要做一件很重要的事情，那就是直播间的预告设置工作。预告设置包括直播时间的预告、直播封面的预告、直播标题的预告等一系列环节和步骤。本节主要讲解直播开始之前的预热工作，帮助主播们拥有一个良好的开端。

1.2.1　直播时间的预告准备

直播预告分为两个关键的时间节点：一个是直播开始时间，即主播正式开播的时间点；另一个是直播预告发布时间，即预告内容在各渠道发布的时间，这个时间需要早于开播时间。

要想让更多人提前锁定直播，预告不仅要明确时间，还应做到多渠道触达、多版本文案推送，发布时间越早越好。具体操作技巧如下。

1. 多渠道分发

仅靠单一渠道往往无法覆盖目标用户群，建议同步利用以下渠道。

（1）朋友圈 / 微信群：直达私域流量，增强熟人社交裂变效果。图 1-21 所示为朋友圈直播预告示例；图 1-22 所示为微信群直播预告示例。

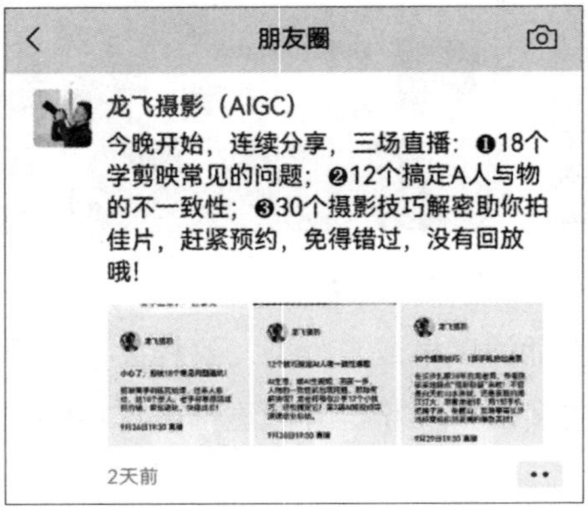

图 1-21　朋友圈直播预告示例

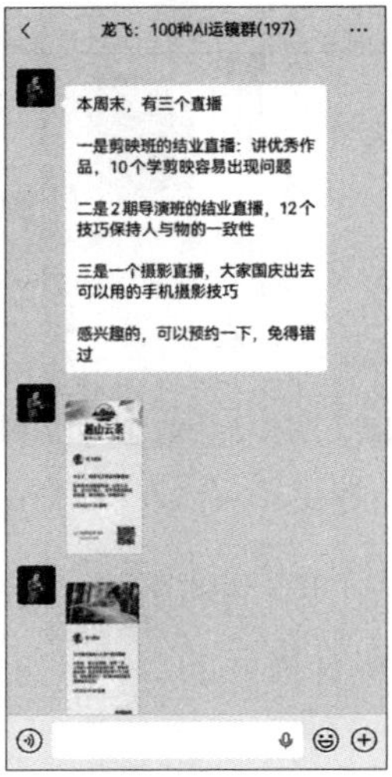

图 1-22　微信群直播预告示例

（2）公众号 / 企业号：适合沉淀长期粉丝，并且公众号推文、企业号群发推送都可以嵌入直播间链接。图 1-23 所示为公众号推文中的直播预告示例；图 1-24 所示为企业号推送直播预告示例。

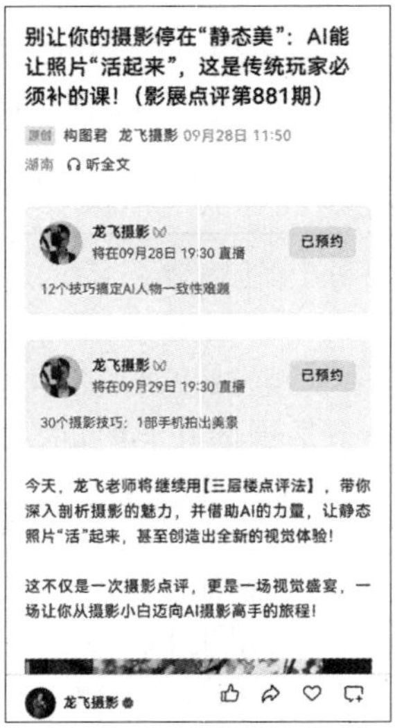

图 1-23　公众号直播预告示例

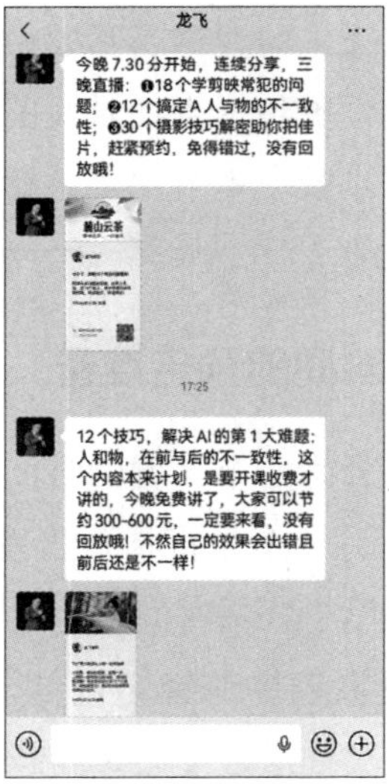

图 1-24　企业号直播预告示例

（3）短视频平台动态：借助短视频平台内部算法推荐，吸引潜在观众。图 1-25 所示为抖音直播预告示例；图 1-26 所示为快手直播预告示例；图 1-27 所示为视频号直播预告示例。

图 1-25　抖音直播预告示例

图 1-26　快手直播预告示例

图 1-27　视频号直播预告示例

（4）短信 / 邮件：若有用户留下联系方式且不反感推送，可以在开播前 1 小时提醒，精准召回。

2. 多文案设计

同一场直播可准备不同风格的预告文案，如图 1-28 所示。

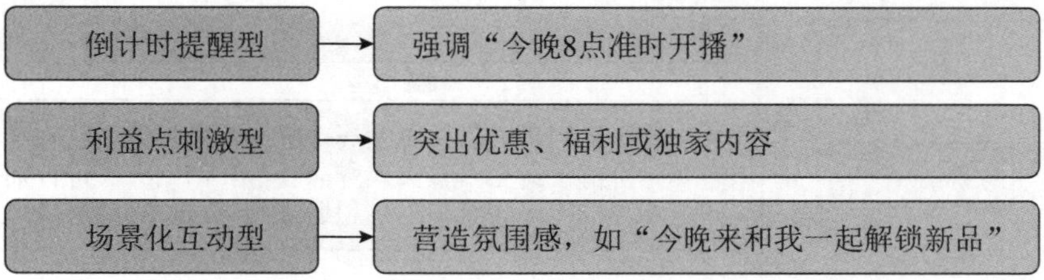

图 1-28　不同风格的预告文案设计示例

3. 发布时间策略

发布时间宜早不宜迟，具体的发布时间策略如下。

（1）提前预热：建议提前 2 ～ 3 天发布首轮预告。

（2）持续提醒：开播前 24 小时、1 小时再分别推送一轮。

（3）实时提醒：开播前 10 分钟进行最后一次提醒。

通过多渠道、多文案、分阶段的预告布局，可以最大化覆盖潜在观众群体，同时提升到场率和互动氛围。

1.2.2 直播预告的标题撰写

在直播预告中，标题是吸引用户点击的第一要素。用户看到你的直播预告时，标题要能快速传达价值点，并激发他们的好奇心。一个好的标题不仅能提高点击率，还能为封面设计提供明确的方向。

那么这样的直播标题该如何撰写呢？常见的直播标题主要有以下几种类型，如图 1-29 所示。

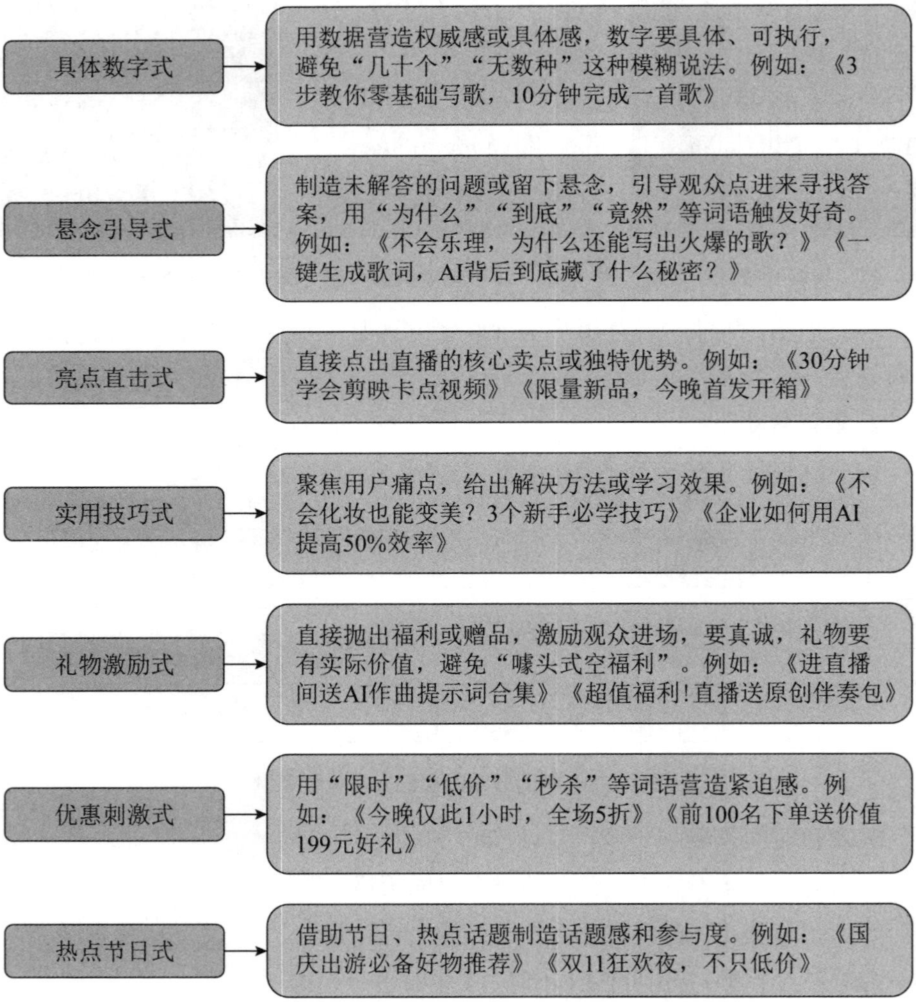

图 1-29 常见的直播预告标题类型

直播预告除了标题需要撰写，还需要撰写直播简介。标题吸引点击，简介决定用户“留”还是“走”。优秀的简介需要“利益点 + 行动点 + 信任背书”，写法框架如下。

（1）痛点切入——观众担心什么？例如：“不会乐理也能轻松写歌”“不会操作软件也能做 MV”。

（2）解决方案——直播能提供什么？例如：“现场演示 AI 一键生成歌词 + 曲调”“实操教学，手机就能完成创作”。

（3）价值承诺 / 福利强化——给用户留下“进来必有收获”的印象。例如：“送 AI 作曲提示词合集 + 专属伴奏素材”“直播间回答观众提问，解决创作困惑”。

（4）行动号召——明确引导用户留下来。例如：“快来一起用 AI 写第一首属于你的歌！”“锁定直播，不错过灵感瞬间！”

综上所述，“吸睛标题 + 优秀简介”可以提高用户点击率和留存率。需要注意的是，标题的字数尽量不要超过 15 个字，同时需要体现直播的亮点和核心；简介可以直接套用“痛点切入→解决方案→价值承诺→行动号召”的框架来写，示例如下。

示例 1

标题：《零基础也能写歌？今晚直播揭晓》

简介：不会乐理也没关系！本场直播手把手演示 AI 歌词 + 曲调一键生成，全程用手机操作，还送专属提示词合集，进来就能马上开写！

示例 2

标题：《3 步搞定 AI 作曲，送原创伴奏包》

简介：新手也能轻松写出动听旋律！直播中现场演示 3 步写歌法 + 实用技巧，进直播间即可领取原创伴奏包，限时发放！

1.2.3　直播预告的封面设计

直播预告的封面相当于一场直播的首张宣传海报，直接决定用户是否愿意点进来看。当然，一个吸睛的封面不仅要美观，还要与直播内容和主播人设相匹配，传递出“值得点进”的信号。

那么，该如何来设计出色的直播预告封面呢？以视频号为例，直播预告封面可以设计成以下 3 种类型。

1. 默认文字式

这种形式的封面，制作简单、省时省力，用户只需要创建直播预告，撰写好标题和简介后发布即可。但其仅有直播标题、直播简介、直播时间和直播预约二维码，无人物，也无场景，如图 1-30 所示。这种封面缺乏吸引力，用户点开的欲望较低，适合个人初期测试直播内容，但长期使用会限制曝光及转化。

2. 人物形象式

这种形式的封面会放上主播本人形象照或带人设的定制照片，更具亲和力和辨识度，方便用户快速记住主播，如图 1-31 所示，适合打造主播个人品牌或注重粉丝黏性的直播间。此外，还可以将预约直播的二维码抠出来，结合文字和个人形象照，制作一个自己专属的直播宣传图，如图 1-32 所示。

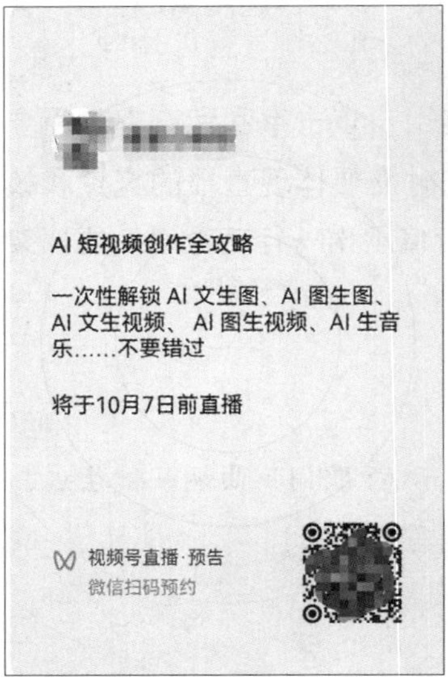

图 1-30　默认文字式

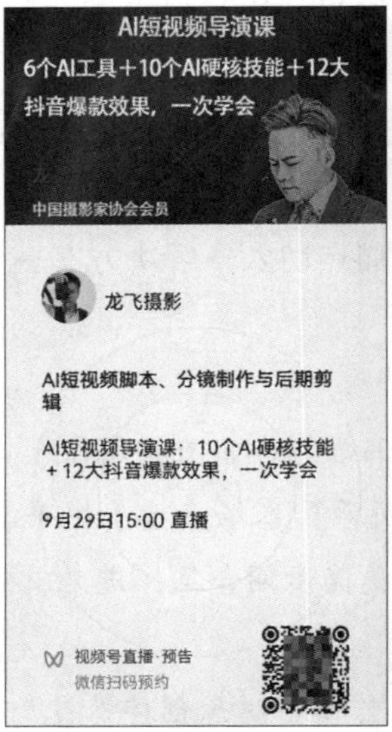

图 1-31　人物形象式

图 1-32　专属直播宣传图

想要在默认文字式的基础上修改封面样式，操作非常简单。首先进入自己的视频号，点击发布的直播预告，如图 1-33 所示。进入预览界面，点击底部的“编辑样式”按钮，如图 1-34 所示。

进入相应界面，点击底部的“换个样式”按钮，可以更换背景样式，如图 1-35 所示，多次点击“换个样式”按钮可以改回默认的样式。点击右上角的按钮，即可进入“所有图片”界面，选择一张人物形象照，如图 1-36 所示。进入图片编辑预览界面，裁剪图片的大小，点击“完成”按钮，即可在纯文字封面的上方添加人物形象照，如图 1-37 所示。点击“保存”按钮，即可保存修改的封面样式。

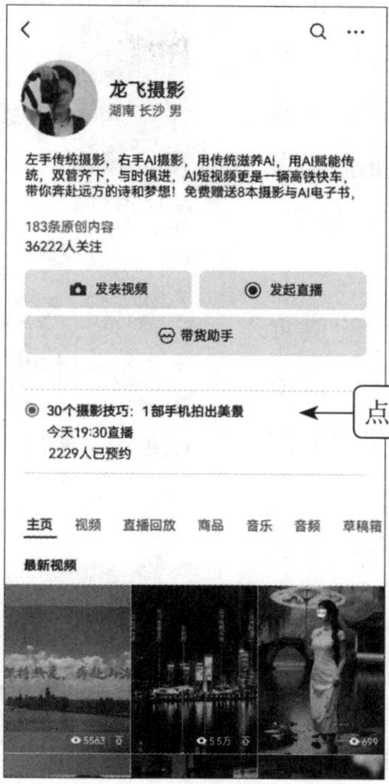

图 1-33　点击直播预告

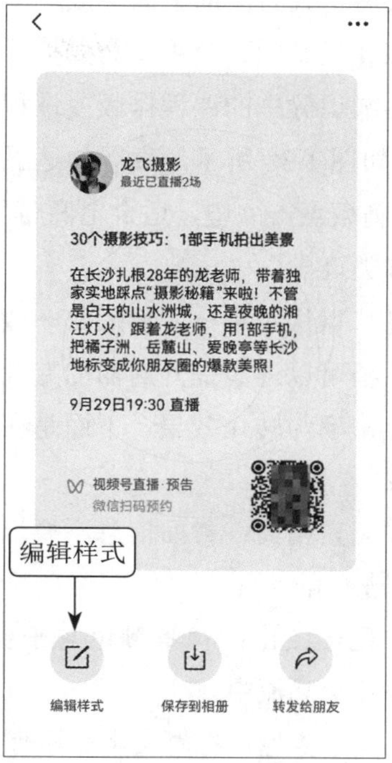

图 1-34　点击“编辑样式”按钮

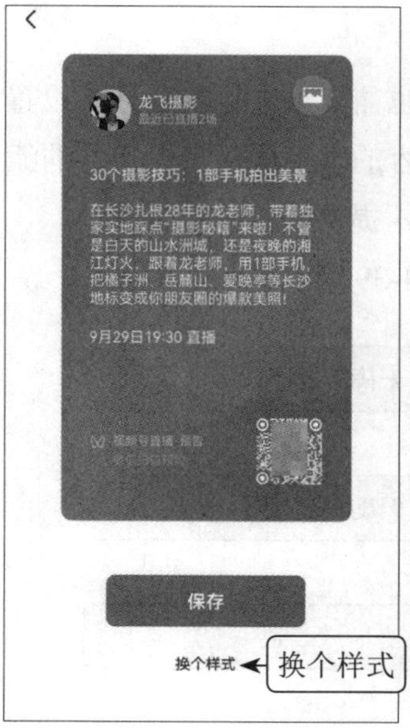

图 1-35　点击“换个样式”按钮

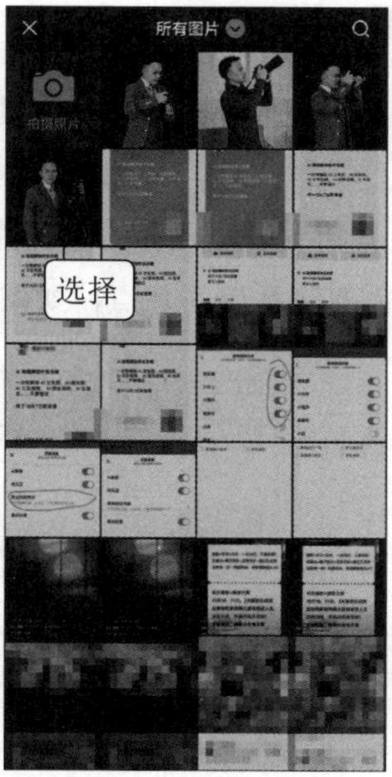

图 1-36　选择一张人物形象照

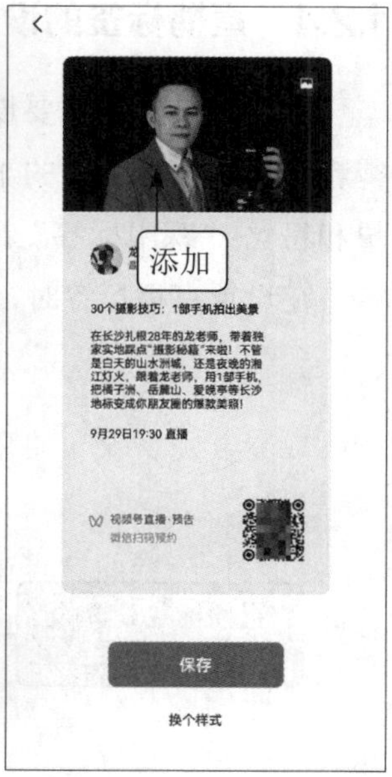

图 1-37　添加人物形象照

3.效果展示式

效果展示式封面的上面会放置与直播内容相关的实物图、场景图、效果图（如美妆前后对比、产品效果、知识分享的课程排版或课程中要展示的效果等），如图 1-38 所示，直观传达“看直播能获得什么”，刺激点击欲望，适合电商带货、知识付费、技能教学类直播。

图 1-38　效果展示式

通过从默认文字→人物形象→效果展示的进阶设计，主播可以逐步提升封面的专业度，从而带来更高的点击率与转化效果。下面是在封面设计上的相关建议。

（1）元素精简：封面信息不要堆砌过多，聚焦“人 + 主题 + 亮点”。

（2）色彩突出：背景颜色与平台风格区分开，避免埋没在信息流中。

（3）文字点题：标题文案简短有力，例如“限量抢购”“独家揭秘”。

（4）统一风格：如果有系列直播，建议保持封面风格一致，增强识别度。

1.2.4　直播标签的设置分类

就像做自媒体需要设置内容标签一样，做直播也需要设置标签。标签设置得精准可以获得更多的平台推荐次数，增加直播内容的曝光度，吸引更多的流量和粉丝；“踩中标签”还有利于增强内容的垂直性，提升账号的权重。

在设置直播标签时，需要注意以下几点，如图 1-39 所示。

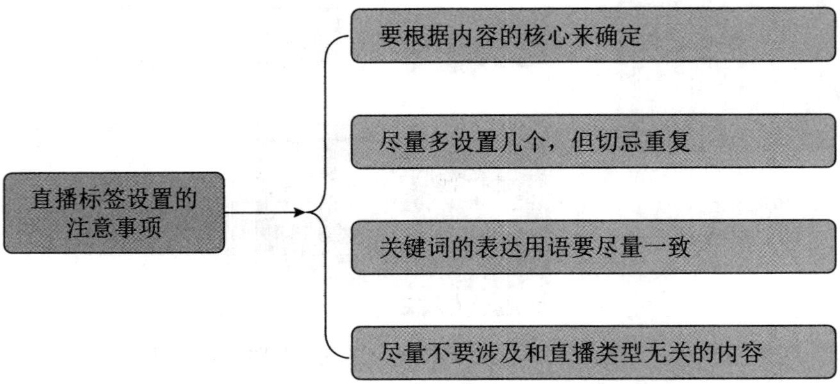

图 1-39　直播标签设置的注意事项

图 1-40 所示为哔哩哔哩直播平台的一些热门直播标签推荐。

图 1-40　哔哩哔哩热门直播标签推荐

1.2.5　直播商品的选择技巧

对于电商类主播的直播带货来说，直播产品的选品环节是非常重要的：产品选择是否合适决定了主播的销量和业绩的高低，进而影响主播的价值和收益。主播可以从以下几个方面来考虑产品的选择，如图 1-41 所示。

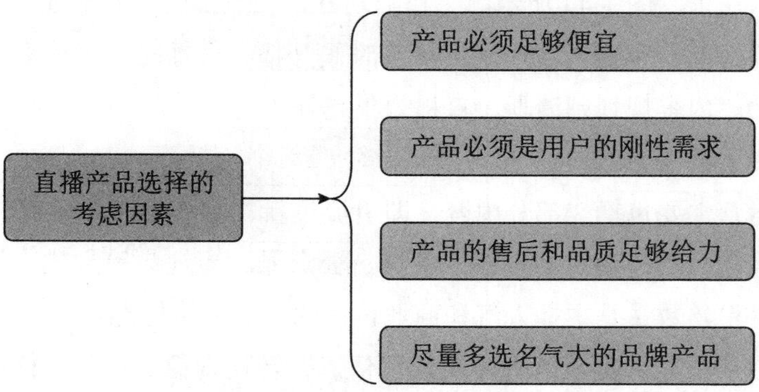

图 1-41　直播产品选择的考虑因素

其实，对于电商直播带货这个行业来说，真正重要的是产品和价格本身，以及整个供应链背后的运作团队。只要产品足够好，足够刚需，价格足够便宜，随便哪个主播都能卖出不错的销售业绩。

1.3 直播间的运营准备

对于新人主播来说，熟悉和掌握直播运营的工作流程是必备的技能之一。除此之外，新人主播还需要注意避免直播间常犯的错误。本节将详细讲解这两方面的内容，帮助大家更好地做直播。

1.3.1 掌握直播运营工作环节

直播运营工作可以分为 3 大板块，即内容运营、用户运营和数据运营。要想把直播做好，需要在这 3 个板块全面规划和执行。

1. 内容运营

内容运营包括内容形式、时间、时长和内容安排，它决定了一场直播的质量与效果。常见的直播内容形式主要有以下几种。

（1）介绍产品：主播或商家通过展示和讲解产品，促进销售转化。这种直播形式适用于电商类直播。图 1-42 所示案例为主播正在讲解可视掏耳勺的使用方式。

（2）讲故事、说段子、聊天：有才华和表达力的主播，可以充分发挥自己的特长和优势，利用语言魅力吸引用户停留。图 1-43 所示为主播一边写字一边和用户聊天。

（3）才艺展示（如唱歌）：颜值或唱功较好的主播可通过表演等方式满足观众的娱乐需求。图 1-44 所示，主播唱功好，在直播间一对一连麦教唱。

在直播之前，主播还要明确：什么时候开播、直播时长大概多久、每个环节要讲什么。内容规划越清晰，直播效果越好。

2. 用户运营

用户运营主要包括 3 部分内容，即引流拉新、用户留存和付费转化。

（1）引流拉新：通过朋友圈、社群、公众号、短视频等方式，把流量引导进直播间。粉丝数量是主播人气和商业价值的重要衡量标准。

（2）用户留存：把新进入的观众留住，并转化为稳定粉丝。核心方法就是持续输出优质、差异化的内容，增强用户黏性。

图 1-42　介绍产品

图 1-43　一边写字一边聊天

图 1-44　才艺展示

（3）付费转化：最终目标是流量变现，常见方式包括礼物打赏、产品销售、活动互动等。主播可以设计促销活动或会员福利，促进付费。

3. 数据运营

数据运营是复盘和优化的关键板块。通过对观看人数、停留时长、互动频次、成交转化率等数据的监测和分析，可以不断优化直播内容和流程。

当主播积累到一定人气后，就会形成 IP（intellectual property，知识产权）效应。此时不仅依赖个人，还会有专业的运营团队和产业链进行全方位支持。

4. 成功运营的 10 个细节把握

除了上述宏观的 3 大板块，还需要把握好执行中的关键细节，具体如下。

1）固定直播频率

保持规律的开播时间，比如每天晚上 8 点或每周固定 3 次。固定频率能让粉丝形成“习惯性等候”，提升忠诚度和到场率。

2）标题封面优化

封面要突出亮点，避免平淡无奇。标题最好结合数字、悬念或优惠，如“今晚限时秒杀 5 款新品”或“揭秘化妆师不外传的小技巧”。封面和标题结合，才能让点击率最大化。

3）直播氛围调动

一场直播不能冷场，可通过背景音乐、活跃气氛的话术、即时互动小游戏

（如弹幕答题、抽奖）来调动氛围，增强观众参与感。

4）用户分层运营

对不同层级的用户区别对待。新人观众要有欢迎语和简单介绍；老粉要及时点名互动，增强归属感；核心粉可以建立专属群或赠送定制礼物，增强黏性。

5）黄金时段把控

选择用户最活跃的时间段开播，例如晚上 8 点到 10 点是黄金时段。避免与头部主播正面冲突，同时要利用平台流量高峰来提升曝光度。

6）多渠道预热

通过朋友圈、微信群、公众号、短视频平台，甚至企业号来发布直播预告，多文案、多时间点、多渠道推广，确保有足够的观众提前知道开播信息。

7）互动话术脚本

提前准备欢迎语、产品介绍语、互动语和催单语，例如“进来的小伙伴抠个 1，让我看到你！”“这款是我今天强烈推荐的爆品，错过要等明年啦！”，避免直播过程中出现尴尬和冷场。

8）限时福利机制

通过限时秒杀、满减优惠、抽奖送礼物、买一送一等形式，制造紧迫感和稀缺感，激发用户的购买欲望。

9）数据复盘机制

直播结束后，整理观看人数、停留时长、成交转化率、互动频率等核心数据，分析哪些环节做得好，哪些需要优化。长期复盘能帮助快速提升运营能力。

10）团队分工明确

成熟的直播间团队需要懂得分工合作。主播专注于内容和表现，助理负责控场和产品展示，客服负责解答观众问题，技术人员保障设备和网络稳定。这样才能让直播顺畅、高效。

1.3.2 避免直播间常犯的错误

对于新手主播而言，由于不熟悉平台直播规则，他们常常会在有意或无意中犯下各类错误，结果轻则遭受平台警告和处罚，重则可能导致账号被封禁。这无疑是得不偿失的。还有一种情况是，虽然直播过程中没有违反平台的相关规定，但是因为自身的性格和行为导致直播的效果不尽如人意。所以，接下来将教大家如何规避直播间一些常犯的错误，以帮助新人主播少走弯路。

除了明显的违规行为，新人主播最容易忽视的失误点主要表现在10个方面。下面予以介绍并给出对应的规避建议。

1）忽视网络和设备检测

直播前不做设备检查，导致画面卡顿、声音断续。

对策：应提前半小时进行网络测试，检查摄像头、声卡、麦克风和灯光。

2）直播间背景杂乱

背景过于凌乱或花哨，容易让观众感觉不专业。

对策：建议保持简洁大方，避免出现生活杂物。

3）开场冷场

刚开播时因人少而冷清，容易让先来的观众直接退出。

对策：应准备好开场白，不管有多少观众都要热情开场。

4）话术过于僵硬

单纯照念稿子，缺乏情感和互动。

对策：可准备互动语句，如“点点小红心，让我看到你”，调动氛围。

5）过度推销

不停喊“买买买”，引起观众反感。

对策：应结合真实体验和场景进行分享，做到“讲故事+卖产品”相结合。

6）忽视用户评论

不看弹幕，只顾自己说，观众容易觉得被冷落。

对策：建议安排助理或实时关注弹幕，及时点名互动。

7）产品信息不清晰

规格、价格、发货时间等信息模糊，引发观众不满。

对策：建议提前整理FAQ（frequently asked questions，常见问题解答），并反复强调关键信息。

8）忽视违规风险

随意使用背景音乐、夸大宣传或说敏感词，极易被平台处罚。

对策：应熟悉平台规范，避免触碰红线。

9）时间把控不好

直播时间过短，则无法实现转化；过长则容易让用户疲惫。

对策：建议控制在1～2小时，根据内容灵活调整。

10）主动索要礼物

不断提醒观众“送礼物”“刷火箭”，会让观众反感，甚至会被平台判定为违规。

对策：建议通过优质内容和自然互动来激发用户自发打赏，而不是直接索要。

除了以上直播期间需要注意的 10 个规避点外，直播结束后，还应定期复盘观看人数、停留时长、互动率和转化率等指标，针对问题进行优化。

新人主播在正式直播之前，可以先向有直播经验的前辈请教，或者搜索自己所在平台的相关规则，这样可以在一定程度上规避上述误区，防止直播扣分的情况发生。

专家提醒

特别要强调的是，主播在直播的过程中一定不要违反国家的相关法律法规，比如不得传播色情、暴力、敏感等内容，也不要误导观众或与观众互怼、制造事端等，否则同样会导致用户流失、转化率下降甚至账号受限。

第 2 章

14 个方面：做好开播前的内容脚本策划

在如今互联网急速发展的时代，优质内容创作成为新媒体或主播吸引流量的根本手段。只有为用户提供优质且有创意的内容，才能打造爆款直播间，吸引更多的流量，形成自己的品牌或 IP。本章主要介绍优质直播内容的打造，以帮助主播做好直播内容。

2.1 直播内容的来源渠道

不管是做新媒体还是直播，内容的创作都是最为重要的。内容的来源可以是自己构思的，也可以借鉴别人好的创意再进一步改进和完善，并加入自己的特色。那么我们该如何寻找直播的内容素材呢？笔者给大家总结了以下几种方法，如图 2-1 所示。

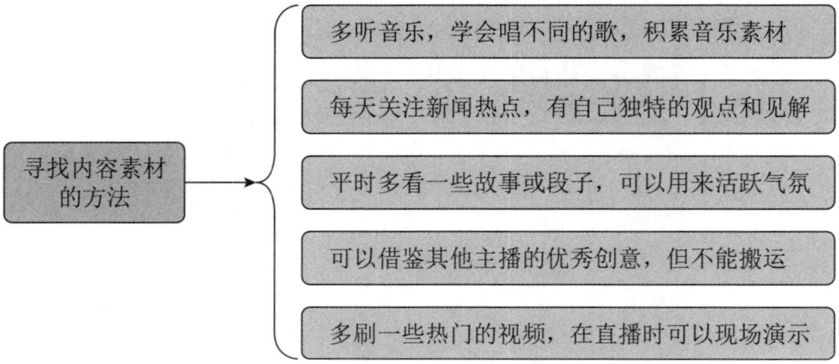

图 2-1　寻找直播内容素材的方法

俗话说：“艺术来源于生活。”主播的创意和灵感产生离不开丰富的内容素材，因为个人的想象能力毕竟是有限的，思维需要借助参考源才能得到启发。所以，对于主播来讲，要想源源不断地输出优质的直播内容，平时的内容素材积累就显得非常重要和必要。

需要注意的是，在寻找内容素材的过程中，一定不能选择那些色情、血腥、敏感的内容素材，也不要为了博取观众的眼球去“打擦边球”。

对于内容创作者而言，直播或新媒体的内容是 PGC、BGC、UGC 以及 AIGC 的相互融合。这几个名词的简要介绍如图 2-2 所示。

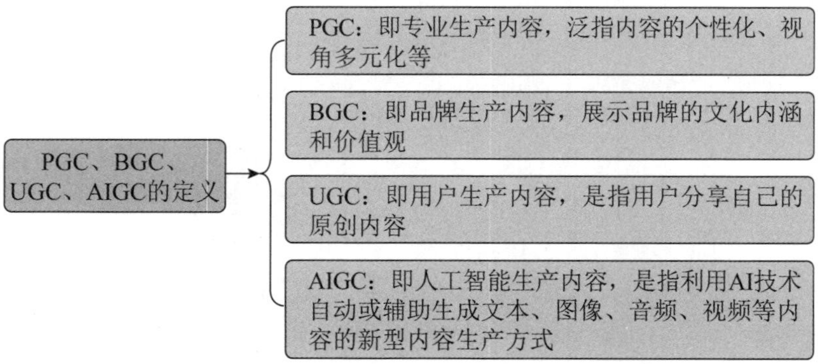

图 2-2　PGC、BGC、UGC、AIGC 的定义

本节将详细地介绍直播营销内容中的这 4 大要素，以加深大家的印象和理解。

2.1.1　PGC：专业生产内容

PGC（professional generated content）是一个互联网术语，是指专业生产内容。在直播营销的领域中，PGC 的“professional”主要指具有话题性和社会影响力的人群，通常分为 3 类：明星、网红和名人（非娱乐圈的）。

1. 明星

明星自带强大的粉丝基础和公众关注度，能够在短时间内为品牌带来巨大的曝光量和话题热度。但与早期单纯“带货”的模式不同，如今明星直播更强调“内容 + 消费场景”的结合。

例如，刘畊宏夫妇通过线上健身直播迅速出圈，并将运动场景与运动服饰、健身器材、健康食品等产品销售紧密结合，实现了专业内容与商业变现的统一，如图 2-3 所示。

图 2-3　明星直播

此外，还有不少音乐人、影视演员通过线上直播推广新作品，并联动周边产品销售。例如，某些歌手在新专辑发布时开设线上演唱会，直播中同步销售黑胶唱片和周边产品，形成“作品 + 商品”的双重收益模式。

因为有各大明星的参与，这种直播营销的内容才会受到用户喜爱，使品牌的产品销量取得不错的成绩。但是请明星直播营销产品的成本也是巨大的，其投入产出比还有待评估。并且，明星 PGC 正在从“流量带货”转型为“专业内容 + 场景化营销”，更注重与粉丝的价值共鸣和品牌调性相匹配。

2. 网红

相比明星，与网红的合作成本更低，操作更灵活。现在的网红营销趋势是矩阵化 + 垂直细分：不再依赖单一头部网红，而是通过大量中腰部网红覆盖不同圈层。

部分企业在请网红直播的时候，通常会采用“人海战术”，用多个网红在同一直播间一起进行产品的介绍和营销，如图 2-4 所示。

图 2-4　多人网红直播

除此之外，还会同时请数十位中腰部网红博主在不同平台同步开播，形成“分众覆盖”，使新品能快速触达目标消费群体。这种方式可避免单一头部网红的风险，同时降低获客成本。

在户外、母婴、宠物、数码等垂直细分领域，专业达人一般能通过长期内容积累建立起受众群的信任。例如，户外探险达人在直播中推荐专业装备，其转化率往往高于泛娱乐主播。

随着 AI 技术的发展，虚拟主播和数字人也开始进入主流电商直播场景。例如，某些平台推出的 AI 数字人 24 小时带货直播，帮助品牌实现低成本、规模化的常态化运营。网红 PGC 的方向正在从“人海战术”转向“人群精细化 + 虚拟化”。

3. 名人

名人更多指非娱乐圈的知名人士，如企业家、行业专家、意见领袖等。他们的专业背书和社会影响力，能够提升品牌信任度和产品溢价。

例如，著名经济学家林毅夫曾在某直播平台进行经济学讲座，当时吸引了大量对经济学感兴趣的观众。名人的参与能够提升直播内容的专业性和权威性，适合用于知识分享和品牌形象的提升。

此外，在很多产品发布会的直播中，公司 CEO 或者高管为了新产品成功地上市，亲自上阵直播介绍产品，利用自身的知名度和影响力来使产品获得更多的曝光度，从而为新产品的预约和销售做好铺垫。

综上所述，在直播营销中，PGC 的作用不可忽视。明星、网红和名人各有其特点和优势，品牌应根据自身的定位和目标受众，选择合适的 PGC 进行合作，以达到最佳的营销效果。

2.1.2　BGC：品牌生产内容

BGC（brand generated content）指品牌生产内容，即品牌通过自有渠道主动创作、发布和运营的内容，核心目的是传递品牌文化、价值观和产品卖点。与直播营销、视频营销、软文营销相比，BGC 更强调内容创意与品牌认知的结合，同时注重用户的互动体验。

1. 品牌直播内容类型

当前国内品牌在直播中的 BGC 主要可以分为以下几类。

1）新品发布

品牌通过直播向用户展示最新产品的功能、外观和使用场景。例如，完美日记在抖音直播间推出新品口红系列，主播演示上色效果，同时通过弹幕向观众推荐口红色号，增强互动，如图 2-5 所示。

2）品牌故事与幕后揭秘

展示品牌历史、理念及生产流程，让用户了解品牌价值观。例如，喜茶多次开设茶叶源头直播，实时展示茶园采摘、制茶流程，突出绿色环保与健康理念，如图 2-6 所示。

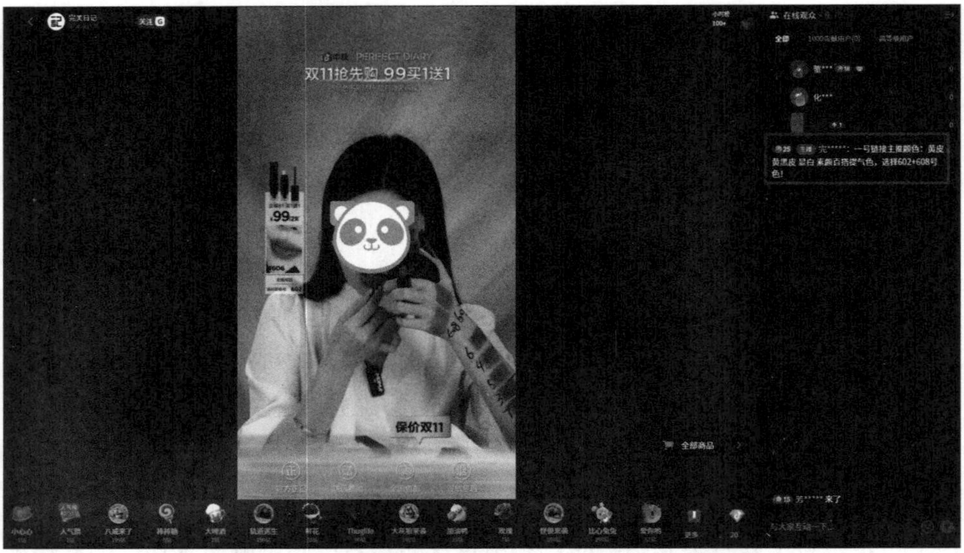

图 2-5　完美日记新品口红直播

图 2-6　喜茶茶叶源头直播

3）互动体验与定制化内容

利用弹幕、投票、抽奖等方式，让用户参与内容生成，增强品牌黏性。例如，元气森林直播通过现场调制饮料口味，让观众投票选择配方组合，形成

“边看边参与”的互动体验。

4）创意艺术或跨界合作

利用艺术、游戏化或跨界元素，提升品牌内容的趣味性和传播力。例如，阿迪达斯 Flux 系列在上海旗舰店举行的涂鸦创作直播，如图 2-7 所示，根据观众弹幕调整鞋面色彩，展示品牌创意与年轻化形象。

图 2-7　Flux 系列涂鸦创作直播

2. BGC 直播的新趋势

在了解了品牌直播的常见类型后，还需要关注当前行业的发展方向，才能把握内容创新的关键。

1）技术驱动

具体可以分为以下两种。

（1）虚拟主播和 AI 助手：利用 AI 生成虚拟主持人或品牌代言人，提高直播的可控性和创新性。

（2）AR（augmented reality，增强现实）/VR（virtual reality，虚拟现实）/3D 产品展示：观众可通过直播看到产品 360° 展示，甚至虚拟试用体验。

2）社交互动升级

弹幕、投票、小游戏、秒杀和抽奖等互动形式，使观众不仅是观看者，更是参与者。同时，数据实时反馈，能够帮助品牌优化内容节奏与展示顺序。

3）全渠道联动

BGC 内容不再局限于单一平台，品牌还会在抖音、淘宝、B 站、微信视频号等多平台同步发布，提高曝光量。

2.1.3 UGC：用户生产内容

UGC（user generated content）是指用户生产内容，即用户将自己的原创内容通过互联网平台进行分享或与他人互动。与传统的“单向输出”不同，UGC 的核心价值在于互动性和参与感，用户既是内容的接收者，也是内容的创造者和传播者。随着短视频与直播的发展，UGC 已成为品牌与用户建立深度连接的重要方式。

早期的 UGC 主要体现在直播间的弹幕评论和点赞互动，但现在已经扩展到更丰富的形式，具体如下。

（1）二次创作：用户对直播内容进行剪辑、合拍、二创，形成二次传播。

（2）实时共创：观众通过投票、连麦 PK、弹幕接龙等方式参与直播进程。

（3）AI 助力 UGC：用户借助 AI 滤镜、AI 生成图文 / 视频模板快速生产内容，降低创作门槛。

PGC、BGC 和 UGC 三者之间是可以互相转化且相互影响的。企业在进行直播营销时要考虑以下几个方面的问题，如图 2-8 所示。

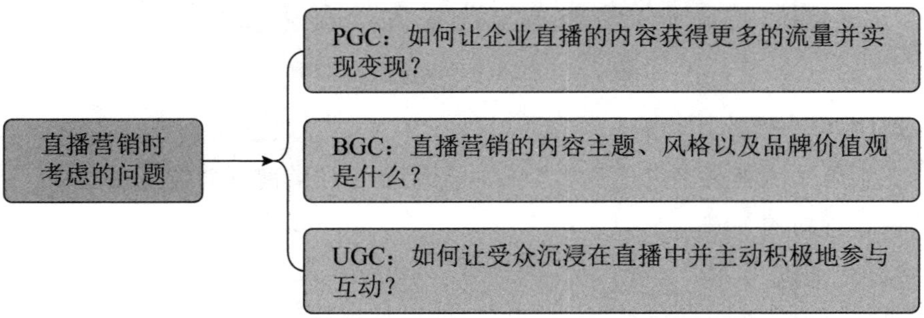

图 2-8 企业直播营销时要考虑的问题

2.1.4 AIGC：AI 生产内容

AIGC（AI generated content）是指人工智能生成内容。它作为直播内容的全新来源渠道，已经成为继 PGC、BGC 和 UGC 之后的重要组成部分。AIGC 的价值在于利用大语言模型、AI 绘图、AI 音乐、虚拟人等技术，帮助主播或品牌快速生成高质量的内容，从而降低成本、提高效率、拓展创意空间。

1. AIGC 在直播中的应用场景

随着 AIGC 技术的成熟，直播行业已经将其广泛应用于多个方面：

（1）虚拟主播：AI 驱动的虚拟形象可以进行全天候直播，不受时间、地点和人力限制，常见于电商、聊天、唱歌跳舞、游戏等领域，如图 2-9 所示。

（2）AI 脚本生成：通过大语言模型快速生成直播话术、产品卖点介绍或活动流程，大幅减少准备时间。

（3）AI 视觉创作：直播间背景、贴纸、滤镜，甚至商品展示图都可以通过 AI 绘画或 3D 建模即时生成。

图 2-9　虚拟主播

（4）AI 音乐与音效：主播可以调用 AI 音乐工具实时生成背景音乐或氛围音效，提升直播氛围感。

（5）互动问答机器人：AI 可以在后台实时回复观众问题，协助主播分担工作，提升用户体验。

2. AIGC 与 PGC、BGC、UGC 的关系

AIGC 并不是对传统内容生产模式的取代，而是补充与升级，如图 2-10 所示。

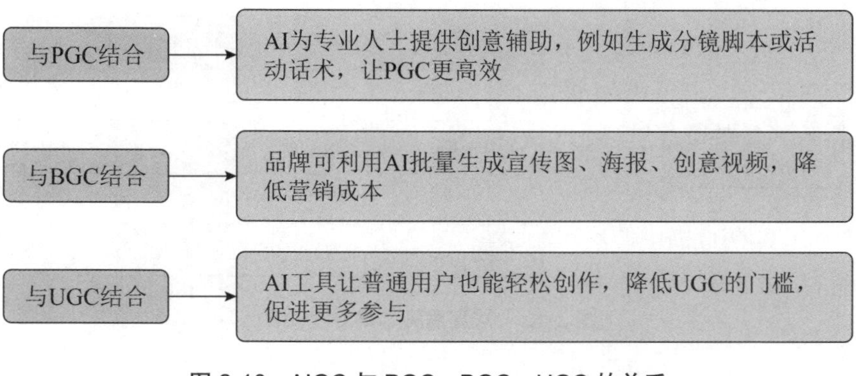

图 2-10　AIGC 与 PGC、BGC、UGC 的关系

三者形成“人机协同”的模式，即 AI 提供底层支持与创意生成，明星 / 品牌 / 用户则负责赋予内容情感与个性化。

3. AIGC 驱动的实操策略

企业或主播在直播中应用 AIGC 时，可以采用以下策略，如图 2-11 所示。

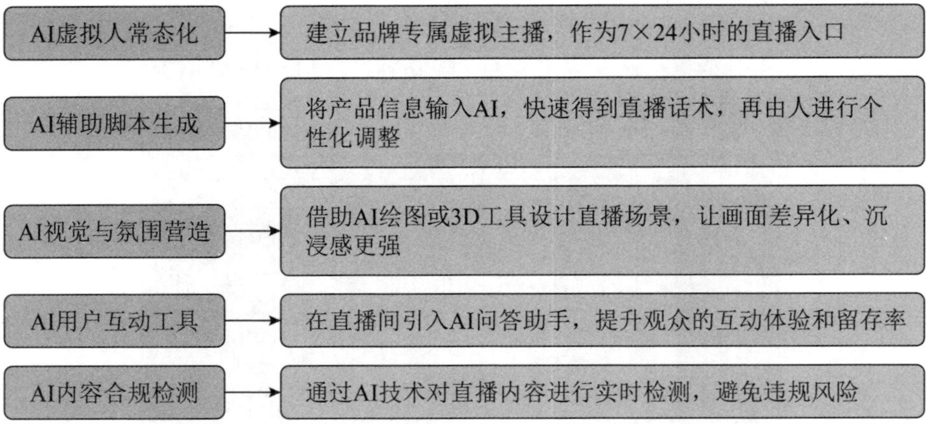

图 2-11　AIGC 驱动的实操策略

AIGC 为直播内容提供了前所未有的生产力，它不仅降低了内容生产的成本，还让创意更加多元化与个性化。未来的直播生态将逐步走向 PGC+BGC+UGC+AIGC 四位一体的格局，人机结合将成为主流，为直播营销创造更广阔的发展空间。

2.2 做好开播前的脚本策划

在正式开始直播之前，需要先做好直播脚本策划。为什么要写直播脚本呢？主要有 3 个方面的目的，如图 2-12 所示。

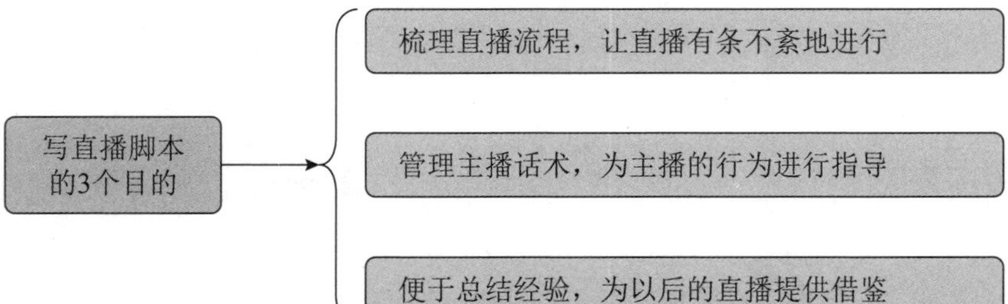

图 2-12　写直播脚本的 3 个目的

除此之外，直播脚本还能帮助主播避免冷场、预防突发状况、提升专业度，使观众在整个观看过程中保持良好的体验。那么直播脚本的意义和作用有哪些呢？具体内容如图 2-13 所示。

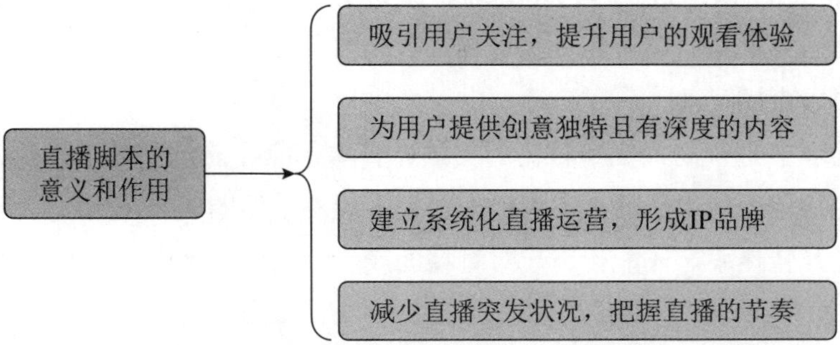

图 2-13　直播脚本的意义和作用

想要做好一场直播就得把握好直播的 4 大核心要素，具体内容如下。

1. 明确直播主题

直播必须围绕中心主题展开，避免内容与主题脱节。一个好的主题不仅关乎内容，更要考虑目标用户的兴趣点。例如，卖家电的直播间，可以设置“秋季家电焕新攻略”这样的主题，既贴近用户需求又能避免“标题党”的负面影响。

2. 把控直播节奏

直播节奏的把控，就是规划好时间节点。常见做法是“黄金 5 分钟留人”，即在开场阶段快速亮出福利或核心信息，吸引用户留下。随后在中场安排福利和互动，在尾声制造高潮，保持观众的持续参与感。

在直播过程中，直播的内容一定要和直播的目的相匹配，这样才有利于直播节奏的把控。那么，究竟该如何使直播内容围绕直播目的来进行呢？我们可以从以下 3 个方面来入手，如图 2-14 所示。

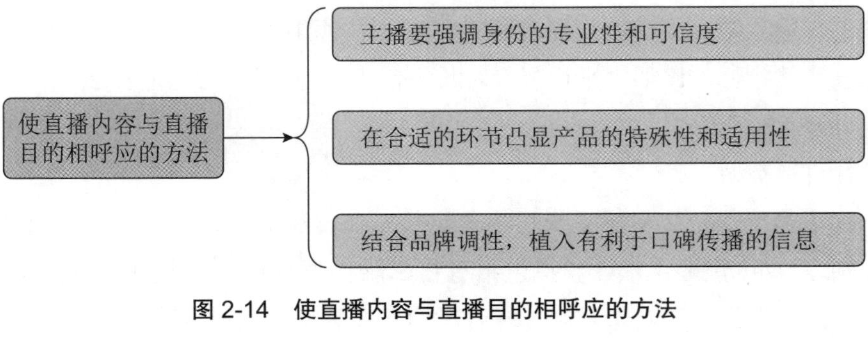

图 2-14　使直播内容与直播目的相呼应的方法

3. 直播分工安排

直播团队通常包括主播、场控、助理、技术支持等，脚本中要明确每个人的职责。例如，助理负责整理观众提问并提醒主播回答，场控负责活跃弹幕氛围。现在很多团队也会引入 AI 助理，比如实时识别弹幕关键词、提示库存变化或自动回复常见问题，让分工更加高效。

4. 引导直播互动

互动环节是拉高人气和转化的关键，脚本中应提前设置时间点与方式。除了常规的抽奖、优惠活动，还可以增加更多玩法，如图 2-15 所示。合理的互动不仅能提升转化率，还能让用户对直播间产生归属感，从而形成长期留存。

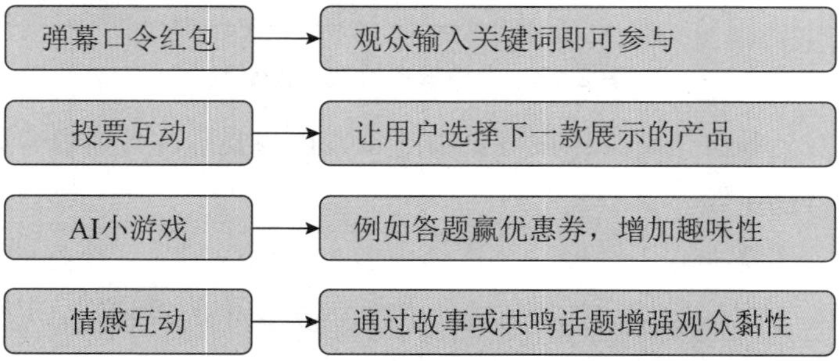

图 2-15　互动环节可增加的玩法

2.2.1　直播大纲：规划方案

一份清晰的直播大纲能够让直播流程有条不紊，同时也能提高观众体验与转化效果。结合当前最新的行业趋势与技术应用，直播大纲通常包含 9 个模块：直播目标、直播类型、直播简介、人员安排、直播时间、直播主题、流程细节、推广分享、直播总结，具体内容如下。

1. 直播目标

直播目标的设定一定要具体、量化，并与平台算法和用户体验挂钩。除了传统的观看人数、成交额，现在还应关注平均观看时长、互动率、复购率、粉丝增长率等指标。比如“平均观看时长不低于 3 分钟”“粉丝增长 20%”“转化率提升至 15%”。

2. 直播类型

直播类型决定了目标受众与内容定位。在传统的娱乐、游戏、电商之外，还出现了知识型直播、AI 虚拟主播直播、陪伴型直播、行业垂直直播（如教育、医疗、财经）等新形式。选择合适的直播类型，能形成独特风格并锁定核心人群。

3. 直播简介

简介要突出“核心价值 + 差异化亮点”，让用户快速了解为什么要看这场直播。推荐采用价值承诺式简介，例如，“本场直播揭秘限时优惠 + 独家技巧，帮助你用 10 分钟掌握 Excel 高效操作”。

4. 人员安排

对于较为大型的直播活动来说，单靠个人完成直播流程的整个过程是非常困难的。所以这时候就需要组建直播运营团队，安排人员来协助主播完成直播的各项工作。这样能集众人的力量把直播做得更好，同时也减轻主播的负担。

5. 直播时间

直播时间应结合目标人群的习惯与平台大数据，例如：抖音一般晚上 8 点～ 12 点为流量高峰；淘宝用户在中午 12 点～下午 1 点、晚上 7 点～ 9 点比较集中；B 站一般下午 5 点～ 7 点学生群体集中。固定时间开播，能逐渐培养用户的收看习惯并提升黏性。

6. 直播主题

主题需要清晰，既要符合品牌调性，又要与受众需求对接。当前趋势是采用“热点 + 产品 / 服务 + 利益点”的组合方式，如“双 11 必囤健康好物清单”“30 分钟学会短视频剪辑技巧”。主题应让用户立即感知“这场直播能带来什么”。

7. 流程细节

流程应有节奏感，通常分为 3 大阶段。

开场（1 ～ 3 分钟）：自我介绍 + 直播亮点预告 + 氛围破冰。

中段（20 ～ 40 分钟）：内容讲解或产品演示 + 多轮互动（抽奖、答疑、限时优惠、游戏等）。

收尾（5 ～ 10 分钟）：总结重点 + 强调福利稀缺性 + 行动号召。

同时可借助 AI 脚本生成工具，提升主播表达流畅度，避免冷场。

8. 推广分享

推广应在直播前、中、后全链路进行，具体如下。

（1）直播前：短视频预热视频 + 社群预告 + 倒计时提醒。

（2）直播中：跨平台同步直播 + 实时分享链接。

（3）直播后：精剪回放 + 二次传播。

借助 AI 工具可以批量生成短视频预告、宣传文案，提升效率。

9. 直播总结

总结不应只停留在经验层面，而要基于数据复盘。通过分析峰值在线人数、互动率、转化率、用户停留时长，来定位优势和问题。例如，发现“开场留存高但中段流失大”，就需要优化中段互动。现在很多平台还提供 AI 数据分析工具，能快速生成直播复盘报告，辅助团队优化下一场直播策略。

2.2.2 直播脚本：案例展示

前面介绍了直播内容的流程细节，那么一个完整的直播脚本策划究竟应该有哪些环节和步骤呢？下面将以抖音直播带货为例，展示一个可落地的直播脚本策划模板，帮助大家写好直播脚本。

1. 直播主题

直播主题即直播间的标题，要简洁并直击用户痛点。本场直播主题为“微胖女生夏季显瘦穿搭技巧”。

2. 主播介绍

主播身份：时尚博主 + 品牌主理人。

主播标签：真实体验 + 专业搭配 + 场景化讲解（贴近粉丝需求）。

3. 直播时间

2025 年 7 月 19 日 19 点到 22 点（黄金时段）。

4. 内容流程

该直播全部流程共分为 12 个环节，具体如下。

1）前期准备

直播前完成宣传预热、确定目标、分工安排、设备调试、货品梳理，并准备互动话术。

2）开场预热（19:00 ～ 19:10）

暖场互动，自我介绍 + 预告福利（例如“今晚有满减券 + 抽奖”），引导观众停留在直播间。

3）品牌介绍（19:10 ～ 19:20）

简要说明品牌定位，强化“专业 + 贴心”的人设，并引导用户关注账号。

4）直播活动介绍（19:20 ～ 19:30）

公布今晚的活动亮点：限量优惠券、专属折扣、互动抽奖。用悬念话术刺激观众留存。

5）产品讲解（19:30 ～ 20:30）

展示多款夏季新品，从整体穿搭效果到细节展示。重点强调“显瘦”“舒适”“百搭”卖点。

6）产品测评（20:30 ～ 20:50）

主播或助理真人上身试穿，并结合弹幕反馈即时调整讲解，突出真实感和场景化体验。

7）观众互动问答（20:50 ～ 21:10）

实时解答粉丝问题，例如“这条裙子适合多高的人穿”，并分享顾客案例。

8）试用分享、优缺点分析（21:10 ～ 21:20）

理性客观地介绍产品利与弊，避免夸大其词，以提高信任度。

9）抽取奖品（21:20 ～ 21:30）

设置弹幕抽奖或下单抽奖，穿插问答互动，提升活跃度。

10）活动总结（21:30 ～ 21:45）

回顾重点产品和优惠，再次强化稀缺性和限时性。

11）结束语与预告（21:45 ～ 22:00）

感谢观众支持，引导关注 + 点赞 + 加粉丝群，并预告下一场直播主题。

12）复盘（直播后进行）

团队复盘，分析数据指标（观看人数、转化率、互动率、停留时长），调整脚本和内容节奏。

以上就是抖音直播脚本策划的整个流程和步骤。制作一份详细、清晰和可执行的脚本，还要考虑各种突发状况的应对方案，只有这样才能最大限度地保证直播的顺畅进行和达到主播的预期目标。

需要注意的是，直播脚本的内容并不是一成不变的。只有不断地优化和调整脚本，在直播的掌控上才能更加游刃有余。一份出色的直播脚本是直播取得不错效果的必要条件，可以让你的直播有质的提升和飞跃。

2.2.3　直播金句：增强含金量

直播金句是指在直播中使用的精练、有力的话语，能够让观众快速抓住重点、记住核心内容，并激发兴趣和参与感。合理运用金句，可以增强直播的含金量、专业性、趣味性和互动性。常见的通用型直播金句可分为以下几类，如图 2-16 所示。

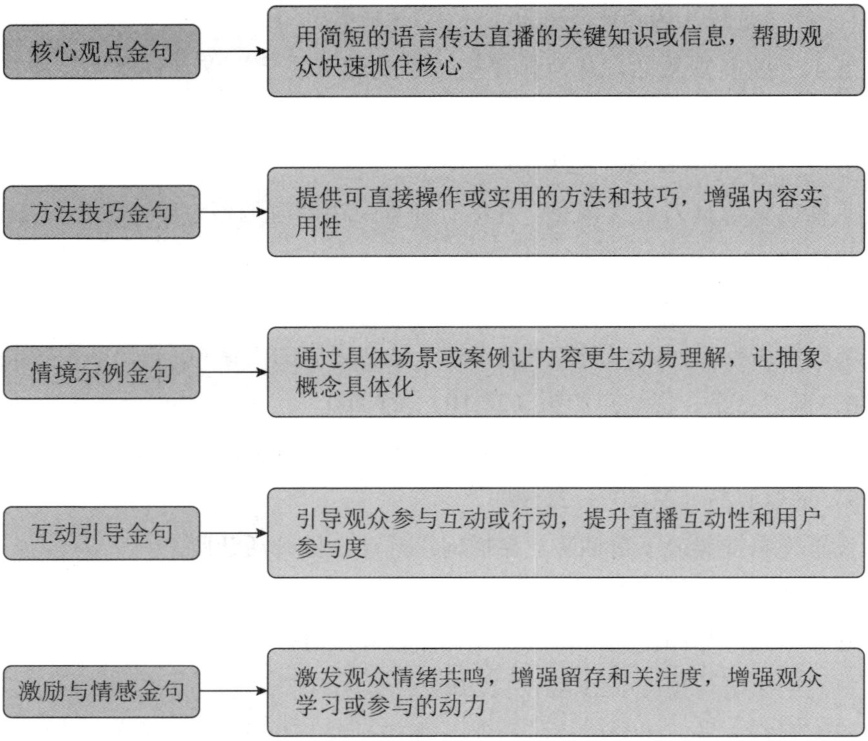

图 2-16　常见的通用型直播金句类型

需要注意的是：金句要短小精悍、易记易复述，避免空泛或夸张；可在直播的不同环节使用不同类型金句，配合节奏和互动设计，提升直播内容的“含金量”。

2.3 提炼自己的个人特色

对于主播而言，只有不断地输出有创意的优质内容，打造差异化，形成自己独特的风格和特色，才能在竞争激烈的直播行业中占据一席之地。本节主要介绍从粉丝的反馈和主播自身优势的发挥这两方面来打造和提炼直播内容的个人特色。

2.3.1 从评论和私信中了解粉丝需求

直播是一场主播和用户之间的互动与交流，所以对于内容的安排和把握除了按照自己的想法来展示给用户之外，还需要在直播的过程中通过和用户的互动来了解用户的想法和需求。

俗话说得好：“顾客就是上帝。”没有用户和粉丝的支持和关注，直播也就毫无意义，所以主播在考虑直播内容时要从用户的需求出发，抓住他们的痛点，给用户展示他们想看的内容，这样做会使粉丝产生一种“被宠爱”的感觉，从而更加喜欢主播、维护主播，增强粉丝对主播的信任，加深彼此之间的互动和联系，也有利于个人特色和 IP 的形成和打造。

例如，B 站的一个名叫“爱闹腾的老王”的 UP 主，在创作内容时就经常根据后台网友的留言和评论来选择直播或视频的内容话题，如图 2-17 所示。

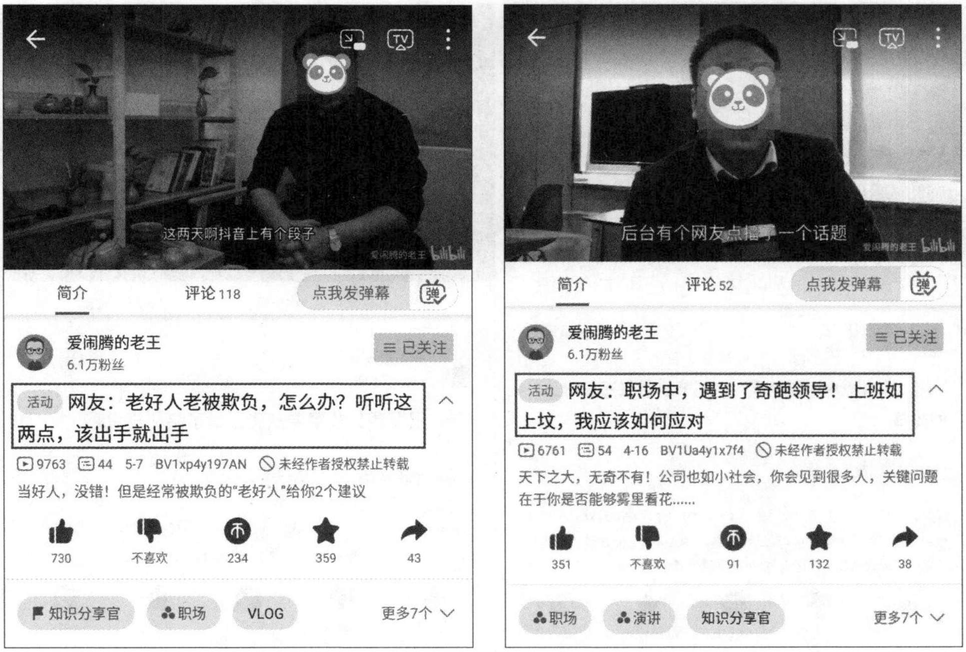

图 2-17　根据用户的需求来创作内容

从案例的内容标题中我们可以看出，该 UP 主的直播或视频的内容创作点是以网友或用户的切身利益来展开的。这样不仅能吸引大量的用户观看，而且还能帮助他们解决实际的问题。将自己所擅长的领域和用户的需求痛点结合起来，可形成自己独特的内容特色，提升粉丝的忠诚度和黏性。

2.3.2　利用自身优势来打造个人特色

对于新人主播来说，要想打造具有个人特色的直播内容，可以从自身优势入手，包括你的兴趣爱好、特长技能等。也就是说只做自己了解或者擅长的内容和领域，这样更有利于打造个人的特色风格。

例如 B 站 UP 主“罗翔说刑法”的罗翔老师是中国政法大学的教授，因为早期讲解厚大法考的知识点和案例的视频被大量在 B 站转载而走红，之后受邀入驻 B 站平台，分享一些法律知识和对刑事案件的分析。

他的内容观点见解独到，语言幽默风趣，特别是在进行知识点的举例时，经常拿虚构人物“张三”作为代表，以致被广大网友调侃为“法外狂徒张三”，从而成了一个网络流行的梗。图 2-18 所示为罗翔老师在 B 站上分享法律知识讲解的视频或直播，这样的内容便是利用自身的优势来打造个人特色风格的体现。

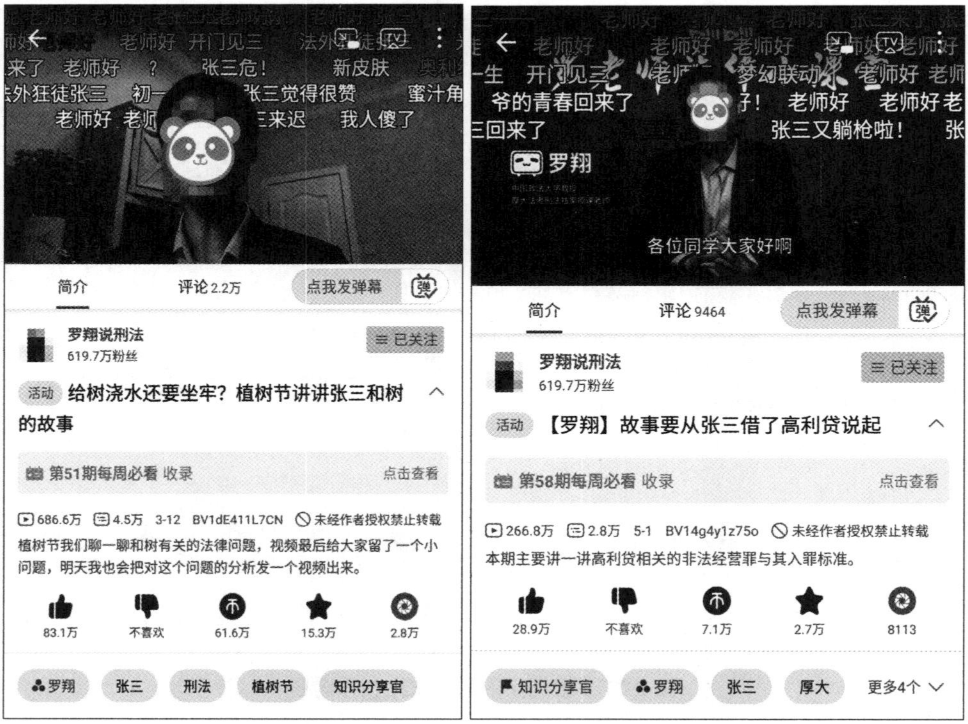

图 2-18 “罗翔说刑法”法律知识讲解

自身的优势可以是先天优势，也可以是后天优势。所谓先天优势指的是颜值高或者声音很好听；后天优势指的是通过学习所掌握的技能，比如才艺、知识等。

图 2-19 所示为 B 站 UP 主“封茗囧菌”的游戏直播录屏。因为这个主播的声音很好听，声线属于可爱少女型，所以吸引了一大批粉丝。她不仅歌唱得很好听，而且人也长得不错，还会打游戏，不过独特的嗓音是她最大的特色。

图 2-19 “封茗囧菌”直播录屏

2.3.3 竞品分析与差异化定位策略

在直播行业中，了解竞品内容和直播风格是打造个人特色的关键环节。通过竞品分析，可以发现行业趋势、受众喜好以及内容差异化的空间，从而为自己进行精准定位。

1. 竞品分析步骤

竞品分析步骤可分为以下 3 步：

（1）收集竞品信息：关注同领域的主播，包括内容主题、直播风格、互动方式、粉丝规模和粉丝活跃度。

（2）分析优劣势：明确竞品成功的原因（如独特风格、专业能力、互动技巧）以及存在的不足（如内容单一、缺乏互动）。

（3）总结可借鉴点：提取竞品亮点，结合自身优势形成创新策略。

2. 差异化定位策略

内容差异化定位可从如下 3 个方面进行：

（1）内容差异化：选择竞品未覆盖的细分领域或独特切入角度，确保内容新颖且有价值。

（2）风格差异化：通过语言表达、镜头呈现、互动方式等打造独特直播风格。

（3）价值输出差异化：围绕受众需求，提供实用、有趣或深度内容，让观众形成对主播的记忆点。

通过竞品分析和差异化定位，主播可以在同类直播中形成自己的核心竞争力，进一步强化个人品牌和 IP 价值。

2.4 直播的结构

明确直播结构可以让内容逻辑清晰、节奏合理，提升观众体验和参与感。不同结构适用于不同类型的直播。本节将详细介绍 4 种常用直播结构及优化策略，帮助主播提升内容呈现效果，并在实际操作中形成可执行的方案。

2.4.1 总—分—总式

总—分—总式结构先让观众快速抓住核心内容，再通过分模块讲解深化理解，最后总结巩固要点。这种结构是知识类或干货教学类直播中最常用的结构之一。

总—分—总式结构的应用说明和示例如图 2-20 所示。

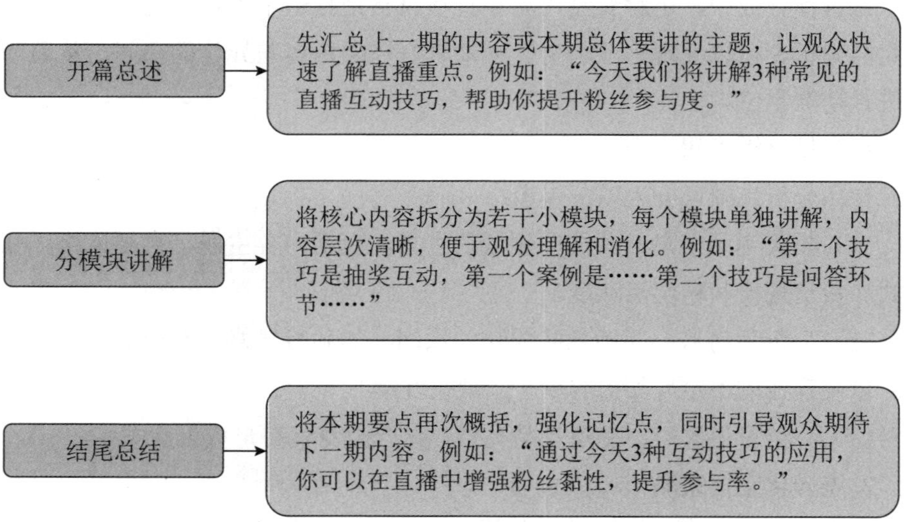

图 2-20　总—分—总式结构应用说明和示例

2.4.2 理论 + 案例式

在直播内容的设计与呈现中，采用理论结合案例的结构无疑是一种极为高效且富有吸引力的方式。这种结构将抽象、晦涩的理论知识，通过具体、生动的实际案例进行诠释与展现，让观众直观地理解内容。这种结构适合技能教学、产品演示、专业知识讲解等类型的直播。

理论 + 案例式结构的应用说明介绍如下。

（1）理论概要：先概括核心概念或制作思路，为观众打下基础。

（2）案例展示：通过真实案例或操作演示，帮助观众理解和应用理论，如图 2-21 所示。

（3）效果说明：展示结果或效果，让观众或学员看到知识的实际价值，如图 2-22 所示。

图 2-21　案例展示（直播回放示例）

图 2-22　效果说明（直播回放示例）

2.4.3　问题 + 方法式

问题 + 方法式结构通过先提出问题难点，再讲解解决方法，能够更直接地抓住观众痛点，增强实用性和互动感。这种结构特别适合解决方案类、教程类或产品使用指南的直播。

下面介绍问题 + 方法式结构的应用说明。

（1）提出问题：明确指出观众常遇到的问题或困惑。还可以提前设计问题或话题，使用小游戏或互动投票来吸引观众参与。

（2）分析原因：简要解释问题产生的背景或原因，让观众产生共鸣。

（3）提供方法：针对问题提供可操作的解决方案或技巧。

（4）引导实践：鼓励观众在直播中跟随操作或思考，增加参与感。例如：“在接下来的直播中，我们将实时演示 AI 设计宣传海报，大家可以一起参与进来。”

2.4.4 目标 + 技巧式

以观众目标为导向，讲解对应技巧或方法，可以让观众明确可获得的成果和收益，使直播内容更有价值感和可操作性。

目标 + 技巧式结构的应用说明如图 2-23 所示。

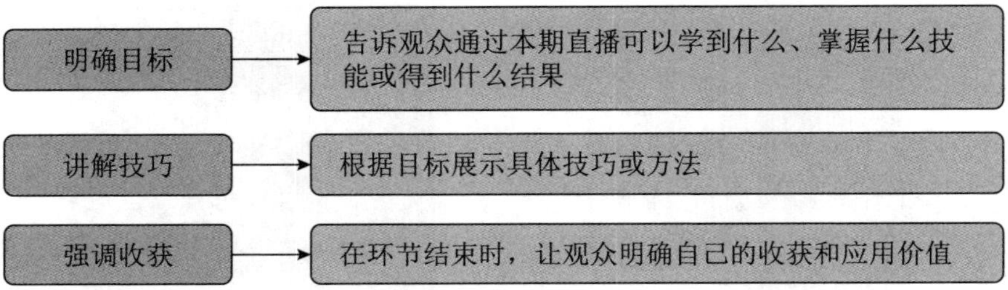

图 2-23　目标 + 技巧式结构应用说明和示例

例如，在举办一场关于职场沟通技巧的直播时，如果了解到观众的目标是希望在团队中更有效地表达自己的观点，与同事建立更好的合作关系，那么主播就不能泛泛而谈一些通用的沟通理论，而是要深入剖析职场场景，详细讲解如何在会议上清晰、有条理地阐述想法，如何运用恰当的语言和非语言方式来赢得同事的认可和支持，怎样处理沟通中可能出现的冲突和误解等具体技巧。

通过这种以观众目标为导向的讲解方式，观众能够非常清晰地知道自己通过观看这场直播可以获得什么样的成果和收益。对于那些想要提升职场沟通能力的观众来说，他们希望通过学习直播中的技巧，能够在今后的工作中更加自信地表达，减少沟通障碍，提高工作效率，甚至有可能获得更多的晋升机会。

这种讲解方式也可以极大地增强直播内容的可操作性。主播所讲解的技巧和方法都是针对观众的目标量身定制的，具有很强的针对性和实用性。观众在观看直播的过程中，可以一边学习一边记录，直播结束后就能立即将这些技巧和方法应用到实际生活中。比如在职场沟通直播中学到的表达技巧，观众可以在第二天的工作会议中尝试运用。

这种即学即用的特点，让观众能够切实感受到自己的进步和变化，进一步增强和提升他们对直播内容的认同感和忠诚度。

第 3 章

11 个方法：塑造直播主播的人设魅力

对于主播来说，主播的个人形象是非常重要的，它会直接影响主播的人气和直播的效果。因为人都是凭第一印象去论断别人，个人的形象决定了观众对主播的好感和喜爱程度。本章将从多个方面来帮助主播打造个人形象及人设魅力。

3.1 直播主播的人设塑造

随着直播行业的快速发展，入驻直播平台的主播越来越多，但在众多的主播中，能给人留下深刻印象的人却少之又少，原因在于大部分主播都没有一个属于自己的清晰的人设定位。清晰的人设定位是打造个人风格特色、形成自己的品牌和 IP 最为重要的条件。

通过对比那些顶级流量的网红主播不难发现，他们都有一个共同特征，那就是拥有属于自己个性鲜明且非常受欢迎的人设。这是他们区别于其他普通网红或主播的原因之一。那么什么是人设呢？人设的作用又是什么呢？究竟该如何打造适合自己的人设呢？本节将为大家一一揭晓。

3.1.1 人设的定义及作用

所谓人设是指人物形象的设定，通过设计人物的外貌特征、服装样式、身份背景、性格特点以及行为习惯等来营造在别人心中的印象。人设的概念最早起源于日本动漫产业的人物设定，是动画创作术语，后来被引用到剧本和故事的创作中，现在被普遍应用于个人形象的打造，尤其是娱乐明星。

人设的目的就是吸引特定的群体。比如，大家说某人的性格是积极乐观、善良宽容，非常受别人的欢迎和喜欢，当他得到这种评价越来越多、持续越来越久时，就会自发地去维持这种形象和表现，于是这种性格就变成了他的人设。

人设是一种当你负能量爆棚，出现黑暗面时，用来约束你平时行为表现的标准。人设会规范你的行为举止，让你知道什么样的话不能说，什么事情不能做，帮助你把损失范围控制到最小。

人设这个词在娱乐圈非常流行，明星给自己设立人设是为了吸引特定的粉丝人群。如今粉丝对明星的消费选择是基于个人爱好，“萝卜青菜，各有所爱”，一个明星是很难满足所有人的喜爱和需求的。所以明星需要打造自己特定的人设，垂直化运营，投其所好。

不仅是明星要给自己设立人设，普通人也会有意无意地给自己设立人设，比如宅男、腐女、学霸、吃货等。建立人设最常用的手段就是发朋友圈，通过分享自己的思想价值观、情绪喜好、生活场景等来提升自己在他人心目中的形象，获得更多的关注和认可。

在人际交往的过程中立人设还有利于快速建立人际关系。大家会根据一个人的标签来选择适合自己的人交往。物以类聚，人以群分，在这个信息爆炸的时代，别人没有时间慢慢了解你，为了高效地给别人留下印象，需要事先设立好自己的人设。

对于主播来说，建立人设是为了管理和控制观众对自己所形成的印象，这个过程在心理学上被称为“印象管理”。由于网络的虚拟性，要让大家了解完整真实的主播形象是不可能的，所以主播就需要集中力量打造出一种讨喜的、特定的人设来让受众快速地记住自己。

主播打造自己的人设就像是商品包装，为自己贴上个性化的标签；而受众则凭借主播身上的标签来寻找自己喜欢的主播，并对其产生认同。主播的人设是最容易辨识的标签，建立人设才能和受众产生联系和互动。尽管有时人设可能和主播的真实形象不一致，但也比什么特点、个性都没有的主播要好。

积极正面的人设能够给受众留下一个好印象，帮助主播快速吸引粉丝。不得不承认，人设如果运营得好，对主播的作用是非常大的。下面是快手某主播和抖音某主播在自己账号简介中设立的人设，如图 3-1 所示。

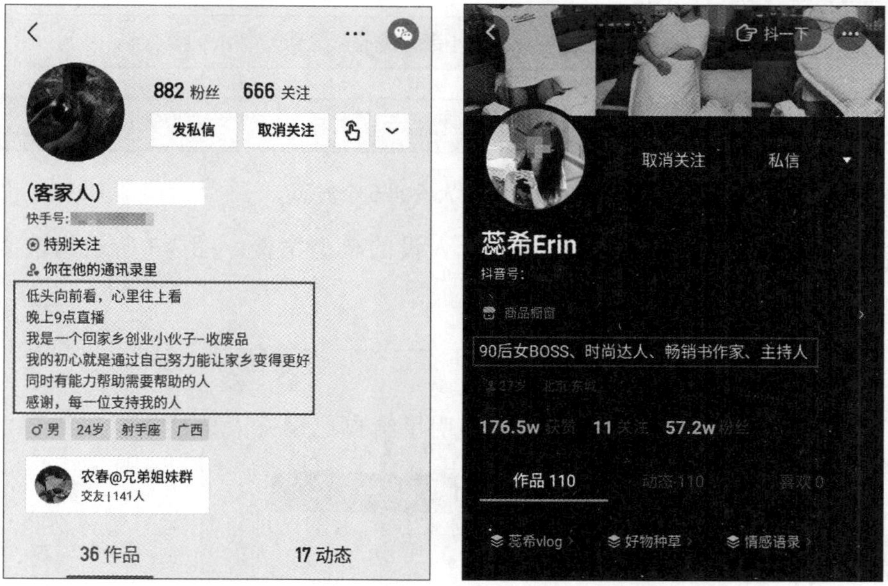

图 3-1 账号简介里的人设

从上面左图中我们可以看到，快手某主播给自己设立的人设是一个回乡创业的小伙子，想通过自己的努力来帮助别人。这位主播虽然粉丝不多，但是他这种积极向上的正能量是非常受大家欢迎的。而抖音平台的这位主播则是一位小有名气的女作家、主持人，同时还是一位年轻的女“BOSS”（老板），这种人设是根据她自身的身份地位和成就来设立的，显得非常真实和专业。

当然凡事有利也有弊，如果人设过于完美无缺，严重脱离自己真实的形象，一旦哪一天某件负面事情曝光，就会导致自己长期苦心经营的人设崩塌。这种事情在娱乐圈的明星身上尤为常见。从印象管理的角度来看，很多人对外展示的形象只是他们希望别人看到的自己。

3.1.2 打造适合自己的人设

前面详细地介绍了人设的定义和作用，那么对于新人主播来说，该如何设立适合自己的人设呢？可以从以下 5 个方面着手，如图 3-2 所示。

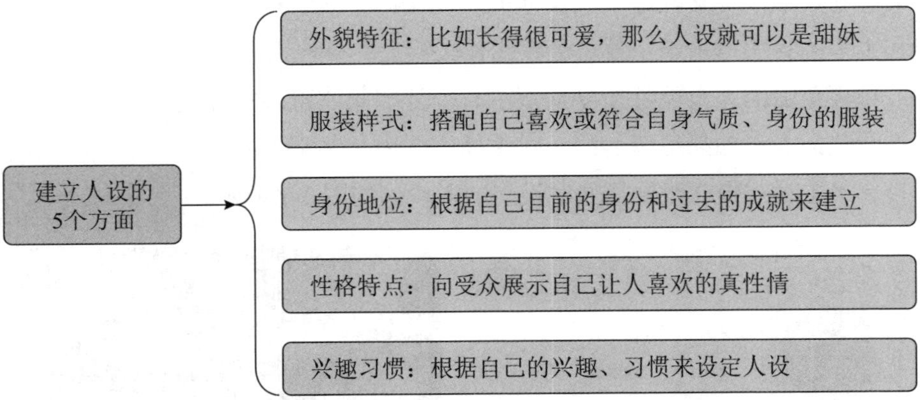

图 3-2 建立人设的 5 个方面

接下来，我们来看一个打造适合人设的典型案例。图 3-3 所示为快手号“白醋少女！”的账号简介和作品展示。

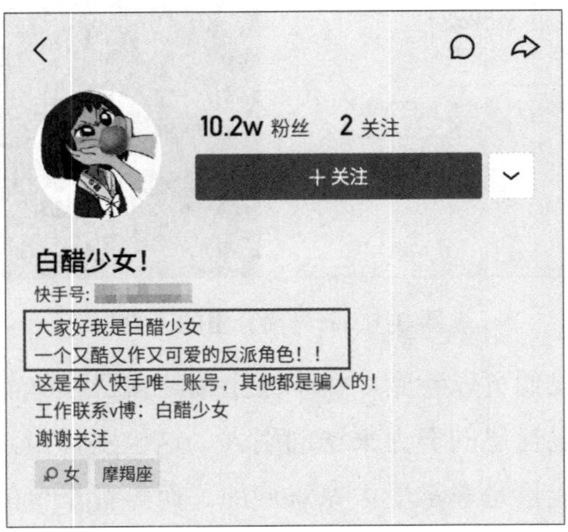

图 3-3 “白醋少女！”的账号简介

从这个案例我们不难看出，该快手主播给自己的人设定位是可爱少女形象，是“一个又酷又作又可爱的反派角色”，这种人设不仅符合她自身的真实形象，而且个性十足，惹人喜爱。那句“大家好，我是白醋少女，一个又酷又作又可爱的反派角色！”的口头禅成了她每次视频或直播的开场白。这样的做法使得她的这种人设不断得到强化，吸引了更多粉丝关注。

一个优秀的主播，除了展现优质的直播内容以外，通常都具有特定的人格魅力。所谓人格魅力，本质上就是主播对自己人设的定义。打造人设可以让主播的定位更加清晰独特，能使粉丝通过标签和关键词就记住你。所以，好的人设必须具有记忆点。

直播开始时的自我介绍是打造主播人设的一个绝佳机会。好的自我介绍能让你的人设更加立体饱满，并使受众对你产生信任和共鸣，从而印象深刻，让更多的人记住你。

主播在设定人设的时候，一定要考虑这个设定是否符合自身的性格。很多人一味地追求完美，但“金无足赤，人无完人”，一旦你有一点没做好的地方，就会被众人“口诛笔伐”，很多人会站在道德的制高点上来指责、绑架你，过分追求完美反而得不偿失。除此之外，人设的重点是要讨人喜欢，只有受人欢迎的人设才能吸引更多的粉丝和关注，也才能得到粉丝的认可。

专家提醒

人设不要选跟自己毫不相关或反差太大的，不然严重的违和感会让受众觉得很出戏，甚至会产生反感。

3.2 直播主播的形象塑造

在直播行业中，对主播来说，个人形象的塑造是非常重要的。特别是对于一些需要真人露镜的直播而言，主播的外貌、着装、形象气质在很大程度上影响着直播间的人气和直播的效果。

当然，颜值和外貌这种东西是相对的。美貌会随着时间的流逝和年龄的增长而不复存在，所以作为一名主播不能只靠颜值，还得有一定的才艺技能和人格魅力，这样直播事业才能做得长久。为了帮助主播打造高颜值的形象和外貌，本节将从以下 4 个方面来分别讲述。

3.2.1 选择合适的直播装束

俗话说得好："佛靠金装，人靠衣装。"一个人的穿着打扮能体现他的整体气质，对于主播来说更是如此。不同的服装搭配能给人不同的视觉感受，主播可以根据直播的主题和内容来选择合适的服装风格。这样不仅能满足不同受众群体的需求，还能给自己的直播增添色彩。

需要注意的是，并不是所有主播都适合尝试不同风格的服饰，有些主播由于外貌、身材、年龄的限制只适合一两种服装风格搭配，如果强行尝试其他类型的衣服，则会显得很不自然、不协调，反而会拉低主播的颜值。

对于主播的服装搭配，应该从自身条件、搭配协调和受众观感这 3 个因素考虑，如图 3-4 所示。

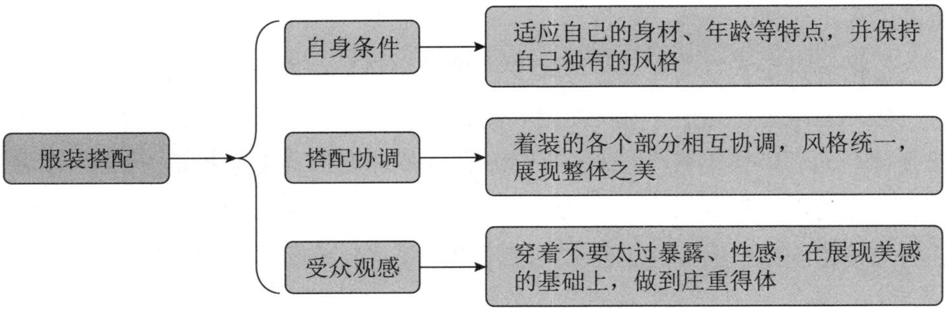

图 3-4 主播服装搭配选择考虑的 3 个因素

另外，主播的发饰也是一个重点。对于女主播来说，不管是长发还是短发，选择自己喜欢和合适的风格就好。但需要注意，头发尽量不要染色，也不能显得太过凌乱，要自然干净。至于男生的话，一般有刘海会显得比较阳光帅气。

3.2.2 直播主播的化妆技巧

除了服装搭配，化妆也是绝大部分主播的必备技能之一。主播要想吸引更多的受众观看直播，就得学会化妆，提高自己的颜值。接下来笔者就为新人主播介绍一些常用的化妆技巧。

1. 清洁护肤

先用洗面奶清洁皮肤，然后用爽肤水和乳液给皮肤补充水分，使皮肤保持滋润，为化妆做好准备。

2. 遮瑕美化

涂抹隔离霜、BB 霜遮掉脸部的瑕疵，然后根据自己的肤色选择与之相同或者接近的粉底液，这样看起来会显得更加自然、真实，上完粉底之后用散粉定妆。

3. 眉毛和眼影

紧接着就是画眉毛和眼影。一般是先画眉毛再画眼影，画眉毛使五官轮廓更有型，画眼影使眼睛变大、更加漂亮。选择适合自己颜色的眉笔，先勾勒出眉形的框架，再填充。眼影的话，建议新手主播选择单色眼影。图 3-5 所示为眉妆和眼影的效果参考。

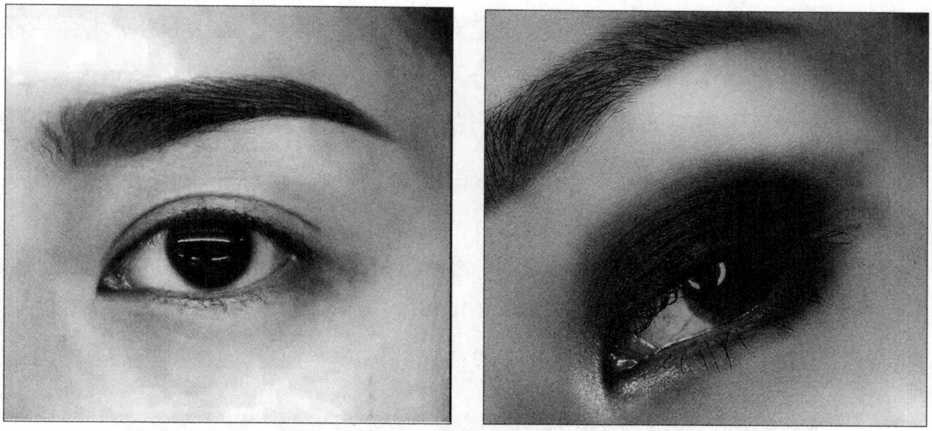

图 3-5　眉妆和眼影的效果参考

4.腮红和口红

画完眉毛和眼影之后，涂腮红和口红同样根据自己的肤色选择。当然，每个人的脸型不同，涂腮红的位置也会有所不同。最简单的腮红画法是在苹果肌处由外向内画圆。至于口红，则根据自己喜欢的颜色、款式来选择。

以上就是主播化妆技巧的基本步骤。精致的妆容能让更多的受众变成你的粉丝，化妆不仅能提升主播的个人形象，而且能提升受众的观看体验。对于直播来说，化妆是快速提高主播颜值最实用的方法。相对于整容，化妆具有以下几个优势，如图 3-6 所示。

除美妆类的直播以外，主播在化妆的过程中应该考虑受众的视觉感受，第一要求就是让人赏心悦目。当然，主播的妆容还要考虑其自身的形象和气质，不要因为化妆而破坏了原本独有的气质。

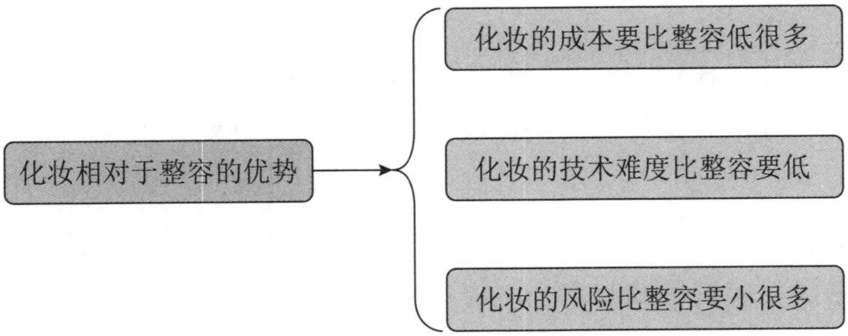

图 3-6　化妆相对于整容的优势

3.2.3　选择合适的直播角度

在直播过程中，镜头角度不仅决定观众的视觉体验，还会直接影响内容的专业度与吸引力。不同类型的直播适合不同的取景方式，合理选择角度能更好地传达情绪、突出重点，还能提升用户的停留时长和互动率。下面给大家介绍几种直播中常见的角度。

1. 俯视角度

俯视角度常用于开箱、手工制作、美食烹饪等内容，能够让观众更清晰地看到操作细节，如图 3-7 所示。这种角度营造出“上帝视角”的观察感，画面信息量大、节奏紧凑，非常适合教学或演示类直播。

图 3-7　俯视的直播角度

2. 近景和远景

近景镜头能够强调主播表情、手势或产品细节，增强情感表达；远景镜头则能展示整体布局、空间氛围或舞台效果。两者示例如图 3-8 所示。

图 3-8　近景和远景的直播角度

对于知识型或讲解型直播，可以采用“远近切换”的拍摄方式：开场使用远景建立场景感，中段切入近景突出内容要点，收尾再拉远形成视觉呼吸感。

3. 正面和侧面

正面角度能体现主播的亲和力与情绪表达，常用于访谈、答疑、教学类直播；侧面角度则更具叙事性和空间感，适合展示多人物或动态操作场景，例如，在摄影教学直播中，侧面角度可用于展示拍摄姿势与光线布局。两者角度的示例如图 3-9 所示。

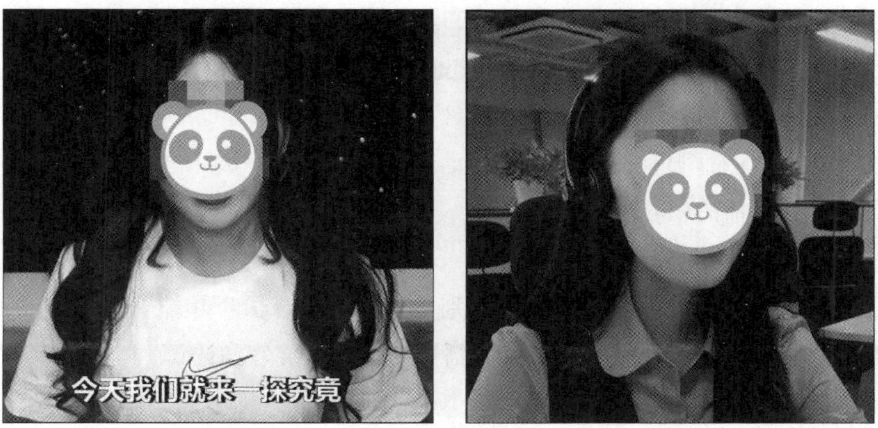

图 3-9　正面和侧面的直播角度

4. 不露脸与虚拟替身直播

近年来，不露脸直播成为一种新趋势，尤其在知识讲解、配音教学、游戏解说中常见。主播可以通过 PPT 演示、AI 虚拟形象或语音合成技术进行内容输出。这种方式能让观众专注于知识本身，同时保护主播隐私。例如，使用 OBS 虚拟角色插件或“字节跳动智能分身”，可让 AI 角色在直播中完成讲解与互动。

3.2.4 主播精神面貌很重要

主播的精神面貌直接决定直播的感染力与专业度，是维持观众留存率的重要因素之一。一个精神十足、情绪饱满的主播，能在短时间内吸引观众注意力并带动直播间氛围；反之，如果主播表现出疲惫、情绪低落或注意力分散，观众会迅速流失。

良好的精神面貌不仅仅是“看起来有精神”，更体现在表情、语气、姿态和互动反应上。知识类或教学型主播需要保持语速清晰、语调有层次、表情自然，以传递专业与可信度；而娱乐、访谈类直播则要求情绪更外放、语气更活泼、反应更及时，以营造亲近感与参与感。

在实际操作中，主播可通过以下方式提升精神状态与镜头表现。

1. 调整心理状态

开播前可进行深呼吸、微笑练习或短时间放松，帮助进入“表演状态”。一些主播会使用冥想 App 或 AI 心理助理（如 MindEase、Kimi 心理陪练）调节情绪。

2. 优化外在形象

精致的妆容、得体的服装和整洁的背景能让画面显得更专业。AI 取景功能可自动调节光线和肤色，让主播的状态更加自然。

3. 保持互动活力

多与观众进行眼神交流、点名互动或回应弹幕，有助于建立真实连接，让观众感受到主播的积极能量。

4. 利用 AI 进行状态反馈

如今部分直播软件内置“表情识别”与“语气分析”功能，可实时监测主播的情绪表现，并给予提醒，帮助主播调整语速、笑容与语调。

总体而言，主播的精神面貌是一场直播中最具感染力的“第一印象”。保持积极、自信、饱满的状态，能让内容更具吸引力，也能在潜移默化中增强观众对主播的信任感与好感度。

3.3 掌握直播常见的话术

掌握常见的直播话术是一个主播必备的技能，能够为主播带来更好的直播效果。本节主要对 5 种常见的直播话术进行介绍和分析，以帮助新人主播更好地提升直播的能力和效果。

3.3.1 定制适合自己的欢迎话术

当有用户进入直播间时，直播的评论区会自动显示其昵称信息；主播在看到消息动态之后，需要对进入直播间的用户表示热烈的欢迎，向观众打招呼。这不仅是一种礼貌，更是建立连接、提升用户停留率的重要环节。

当然，为了避免欢迎语过于单一，主播可以在进行一定的分析之后，根据自身的习惯风格和用户群体的特征等准备相应的欢迎话术。一个得体、自然、带有个人风格的欢迎话术，能让观众在几秒钟内感受到被重视，从而更愿意留下来互动。

一般来说，常见的欢迎话术主要有以下几种，如图 3-10 所示。

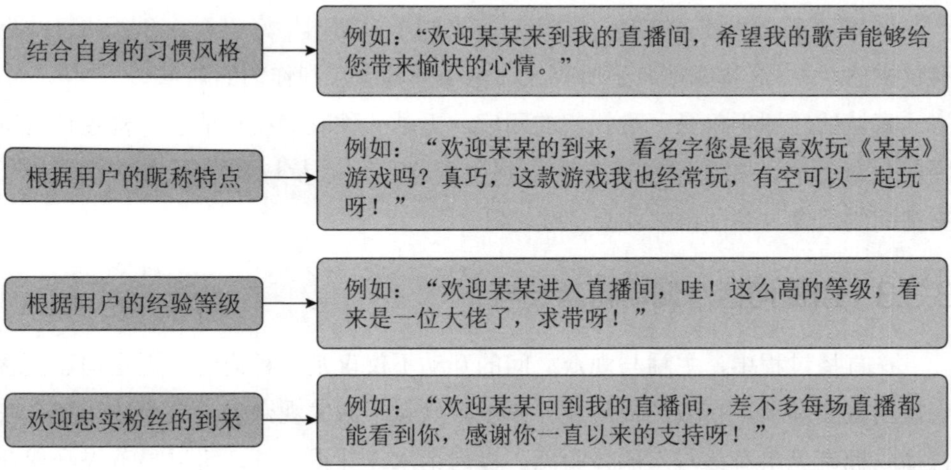

图 3-10　常见的欢迎话术

3.3.2 用感谢话术真诚表达感谢

当用户在直播中购买产品、赠送礼物或积极参与互动时，主播及时、真诚地表达感谢，既是礼貌的体现，也能有效增强观众的情感认同感与归属感。一句温暖、富有感染力的感谢语，往往能让观众感受到自己被重视，从而愿意持续关注与互动。

常见的感谢话术，如图 3-11 所示。

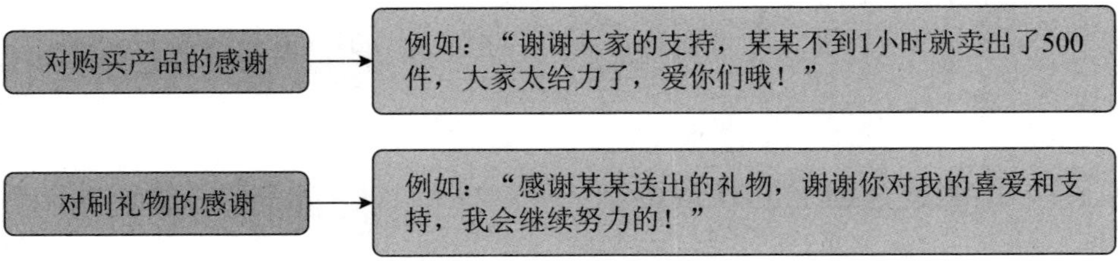

图 3-11　常见的感谢话术

真正有感染力的感谢，不只是单向的"感谢你"，而是让观众感到他们与主播共同创造了成果。

例如："今天的好成绩，不只是我的努力，更是大家一起的成就。""每一次点赞、留言、分享，都是直播间最闪亮的勋章。感谢你们和我一起让这个空间变得更有温度。""一场好的直播，不是一个人的舞台，而是我们共同搭建的舞台。"

主播还可以在感谢之后设置互动环节，如抽奖、点名感谢或用表情回应，让观众从"被感谢"升级为"主动参与"。

例如："感谢大家的支持，我们一起来刷个'谢谢'好吗？让今天的直播更有仪式感！""这波成绩属于所有人，想在弹幕上看到你们的勋章！"

真诚的感谢不仅是一种礼貌的回应，更是一种凝聚粉丝情感、构建社区氛围的关键行为。如果主播能让观众感受到自己是"参与者"而非"旁观者"，直播间的温度与黏性自然就会持续提升。

3.3.3　用提问话术调动粉丝参与

在直播过程中，主播与观众之间的互动不仅仅是一种沟通，更是构建情感连接的重要环节。有效的提问能打破沉默气氛，激发观众表达欲望，让观众在直播中拥有"亲身参与"的体验感。提问话术设计得巧妙，可以显著提升观众的评论、点赞与停留时长。对此，可以从如图 3-12 所示的几个方面进行思考。

需要注意的是，提问的节奏要自然，不宜过于频繁，否则会让观众感到疲惫或内容节奏被打断。合理的提问通常在每个内容段落结束后或转场时使用，让互动与讲解自然衔接。

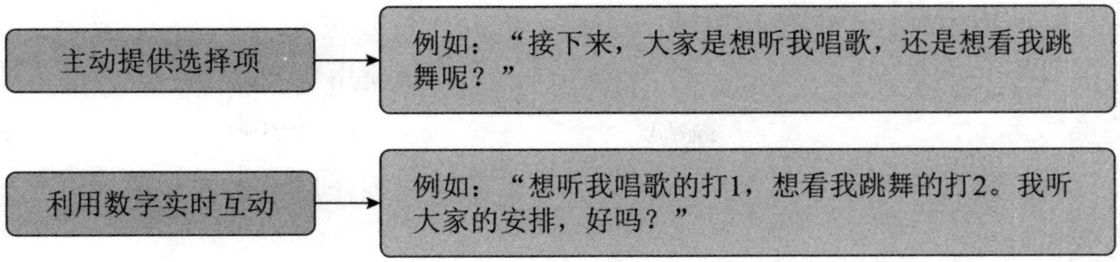

图 3-12　常见的提问话术

3.3.4　使用引导话术时注意技巧

在直播过程中，主播不仅要展示内容，还要善于运用“引导话术”来调动观众情绪、激发行动力。好的引导并非“强推”，而是一种巧妙的心理暗示与节奏掌控，能让观众在轻松氛围中自然地完成互动、下单或参与活动。下面将针对不同的引导目的，讲解具体话术类型及其使用技巧。

1. 引导购买：激发用户行动欲望

购物型直播最核心的目标是促成转化，因此在引导购买时，要注重“稀缺感”和“时效性”的营造。

例如：“才半个小时就已经只剩一半的库存了，要买的抓紧时间下单哦！”“今天只有前 100 名能享受折扣价，等会儿恢复原价就太可惜啦！”

在表达时，主播要保持自然语气，避免让观众感到被“催单”。用情绪渲染和真实体验带动观众，而非一味强调“买买买”。

2. 引导用户刷礼物：强化群体认同感

在娱乐型直播中，引导用户送礼需要技巧。直接索取往往引起反感，而通过“共同成就感”与“集体荣誉感”来激发行动更容易被接受。这类话术强调“我们一起赢”的情绪联结，让观众在助力时获得心理满足，而非单纯付出。

例如：“我被对方反超了，大家加把劲儿，让对方看看我们真正的实力！”“今天目标是冲进前十，有你们在我就有信心！”

3. 引导直播氛围：营造参与感与节奏感

良好的直播氛围是留住观众的重要因素。主播在气氛冷场或互动下降时，可以通过提问式或鼓励式话术重新激活节奏。这种引导话术能有效唤起观众的参与意识，让直播间重新热闹起来。

例如：“咦！怎么直播评论区一直没有变化呢？大家能听到我的声音吗？”“接下来将是压轴大戏，你们的鲜花刷得越多越有机会被看到哦！”

4. 使用引导话术的注意事项

引导并不是操控，而是一种节奏管理。主播在使用引导话术时应注意以下几点。

（1）真诚为先，不可滥用。过度引导容易造成观众反感，甚至被平台判定为诱导行为。

（2）语气自然，避免命令式表达。建议用“邀请语气”代替“强迫语气”，如“想了解更多的可以点击看看哦”。

（3）结合场景，顺势引导。例如，在展示产品细节时自然提及优惠信息，而非突然插入促销话题。

（4）控制频率，点到为止。频繁使用会让观众产生抗拒的心理，反而会降低信任度。

总之，引导话术的核心是让观众在心理上感到“被理解”与“被尊重”，并在愉快的氛围中自愿参与。高明的主播懂得在互动、促销与情绪表达之间取得平衡，用自然的语言与真诚的表达，让观众既愿意互动，又乐于留下。

3.3.5 下播的话术是必不可少的

一段得体的下播话术，不仅能让观众感受到主播的真诚与温度，还能为下一场直播埋下期待的伏笔，起到增强用户黏性和提升转化率的作用。在直播结束时，主播可以根据场景采用不同的表达方式，使结尾更加自然、有感染力。

下面向大家介绍 3 种常见的下播话术，具体如图 3-13 所示。

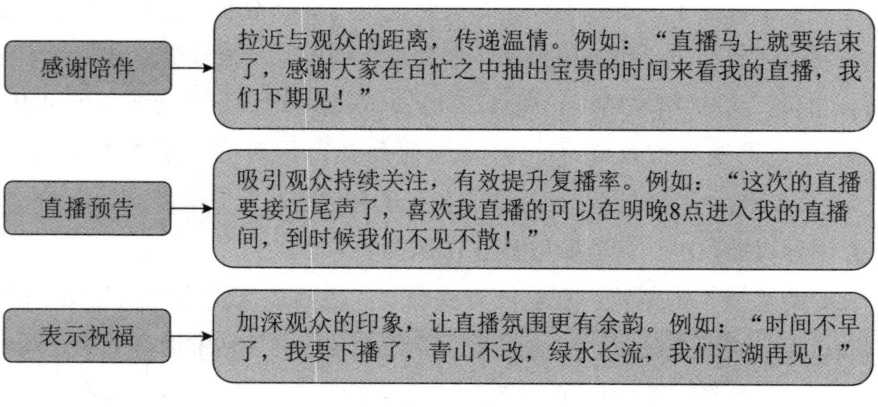

图 3-13 常见的下播话术

恰当的下播话术既是礼貌的体现，也是直播节奏管理的重要一环，它决定了观众是否愿意“留下来”等待下一次相见。

第4章

14个技能：快速提升主播的直播能力

掌握直播的各种技能对于新人主播来讲是十分必要的。只有培养主播自身的技能，提升主播的各种基本能力，才能将直播做好。本章将从培养主播技能的方法和提升主播的基本能力两方面，来介绍如何快速提升主播的直播能力。

4.1 培养主播技能的方法

作为一个刚进入直播行业的新人主播，要想快速获得更多的粉丝，就需要培养自身的直播技能。培养主播直播技能的方法有多种，本节将介绍其中最常见的 5 种方法，以帮助新人快速掌握直播的技巧。

4.1.1 学会控制场面

对于一名新人主播而言，学会控制直播间的场面与节奏，是建立专业形象与维持观众黏性的首要技能。如今的直播不再只是单纯的“说话 + 互动”，而是依托 AI 分析、数据反馈与情绪管理的综合能力展示。

在直播初期，观众数量有限、互动频率不高是常见情况。此时主播不能被动等待用户发言，而要主动营造话题氛围，通过提问、游戏或实时投票等形式激发用户参与感。例如，使用 AI 智能话术助手设置话题触发点，当弹幕情绪趋冷时自动提醒主播调整节奏或切换内容，从而避免冷场。

控场的核心不仅在“会说”，更在“会引”。主播应根据不同直播主题设置讨论方向，如通过热点话题、产品体验或粉丝故事，逐步带动气氛升温。同时，可以借助数据面板观察实时指标，如平均停留时长、评论频率、转化率等，判断场面是否处于理想状态。

在应对突发情况时，主播需要保持冷静。遇到恶意评论或节奏破坏者，可使用平台提供的关键词屏蔽或 AI 风控助手自动处理，避免将直播内容引入负面情绪旋涡。稳定的心态和专业的控场方式，是主播持久发展的关键。

此外，控制场面还意味着灵活把握“氛围节奏”。开场宜轻松自然，中段注重互动与节奏变化，结尾则可强化共鸣或引导下次关注。部分平台甚至支持“AI 节奏助手”，可根据观众反应自动调整背景音乐、灯光或视觉特效，帮助主播维持直播间的活跃气氛。

总体而言，优秀的控场能力来自技术、数据与人性化表达的结合。主播只有充分理解观众心理，善用 AI 工具与互动机制，才能真正掌控直播节奏，持续提升留存率与转化效果，在激烈的直播竞争中脱颖而出。

4.1.2 真诚对待粉丝

在当下的直播环境中，观众早已不再仅仅被颜值或滤镜吸引，他们更看重的是主播的真实感与互动温度。无论是直播带货、知识分享还是情绪陪伴，真诚始终是维系粉丝关系的核心。

有不少新人主播担心“没有高颜值就难以出圈”，但如今的成功主播往往靠的是人格魅力与情绪价值。粉丝之所以愿意留下，并不是因为主播完美无瑕，而是因为他们在直播中感受到了被关注、被理解、被尊重。

真诚的核心在于“用心交流”。主播可以通过以下几个方面来建立粉丝的信任与归属感。

（1）真情反馈：当粉丝评论、点赞或提问时，及时回应，带着温度去互动，而不是机械化回复。

（2）日常陪伴：利用 AI 粉丝管理工具（如智能 CRM 系统）记录粉丝的生日、喜好或常聊话题，在直播或私信中适时提及，增进情感联系。

（3）共创感：鼓励粉丝参与内容创作，比如投票选主题、提供素材、共建社群。让他们觉得“直播间是我们共同的舞台”。

与粉丝的关系更像是一种长期的“社群经营”，而非一次性交易。主播下播后也可以通过短视频、动态或社群互动延续情感触点。

如今很多头部主播会使用“AI 助理号”帮助维护粉丝情绪，通过语气仿真和定制回复，让每一位粉丝都能感受到被关注。

粉丝的支持往往源于被理解的满足感。礼物、打赏或复购并非目的，而是信任与共鸣的结果。主播的真诚能形成持续的正向循环——观众越信任，直播氛围越好，主播能量也越足。

真正有感染力的主播，是懂得让粉丝感受到“被需要”的人。真诚不只是技巧，而是一种长期的内容态度。只有用心交流、持续共鸣，才能在快节奏的直播世界中建立稳固的粉丝关系，实现长期成长。

4.1.3　学习多种才艺

对于新人主播而言，要想进行一场精彩的直播，光有真诚是不够的，还得要有能力。也就是说，作为一个主播，要学习多种才艺来获得观众的喜爱和认可。才艺的种类非常之多，主要的才艺类型有唱歌跳舞、乐器表演、书法绘画、游戏竞技等。不管你学哪种才艺，都能为你的直播吸引更多的粉丝。当然，如果你全部都能学会，那就更好了。下面笔者就来分别介绍几种才艺类型的直播。

1. 唱歌跳舞

基本上每个人都会唱歌，只是好听与难听的区别。对于那些天生音色和嗓音比较好听的主播来说，就可以充分利用自身的优势来为自己吸粉。还有那些天生身材很好、喜欢跳舞的主播，也可以利用自己优美的舞姿吸引受众前来观看。

图 4-1 所示为歌手“封茗囧菌”在直播间唱歌；图 4-2 所示为某几个网红直播跳舞。

图 4-1　直播唱歌

图 4-2　直播跳舞

2. 乐器表演

乐器表演也是吸引受众观看直播的一种很好的方法。乐器的种类有很多种，但最主流的乐器表演是钢琴，钢琴表演的才艺直播如图 4-3 所示。

3. 书法绘画

书法和绘画的才艺表演要求主播的作品必须足够优秀和好看，才能吸引受众的注意力，获得受众的欣赏和赞美。图 4-4 所示为某主播进行绘画演示的直播。

4. 游戏竞技

游戏竞技类的直播可谓是最常见也是最主流的一类直播类型了，虎牙、斗鱼这一类的直播平台都是以游戏直播为主。如果主播喜欢玩游戏，对主流的热门游戏（如英雄联盟、绝地求生、穿越火线等）有所深入的了解，并且游戏战绩都还可以，对游戏的操作和玩法也有自己独到的见解，那么就可以做游戏直播来吸粉。图 4-5 所示为某主播的英雄联盟游戏直播。

图 4-3　钢琴演奏直播

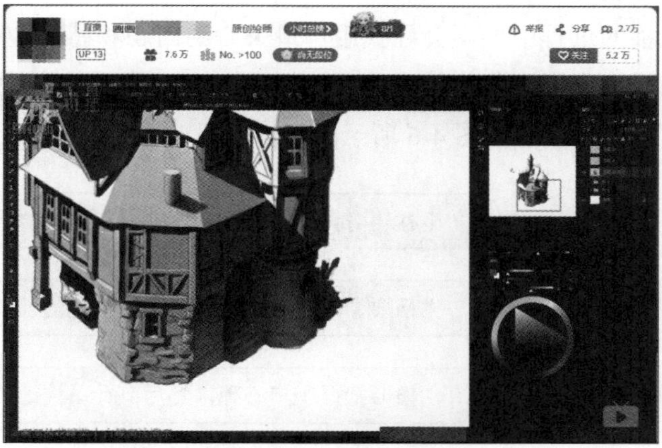

图 4-4　直播绘画

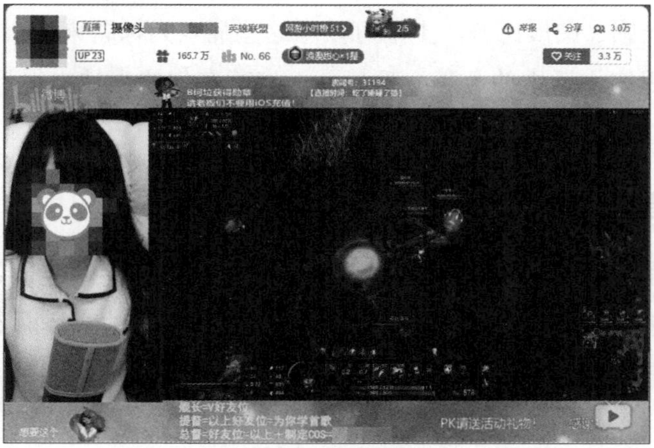

图 4-5　游戏竞技直播

不管什么类型的才艺表演，只要你的才艺能够让受众觉得耳目一新，能够吸引他们的兴趣和注意，并且为你的才艺打赏喝彩，那么你的直播就是成功的。在各大直播平台上，有着无数的主播，只有向受众展示你独特的才艺，并且你的技术或者作品足够精彩和优秀，才能抢占流量，在众多主播中脱颖而出。

学习多种才艺对主播的个人成长和直播效果的提升作用非常之大，这也是主播培养自己直播技能最重要的方法之一。所以对于新人主播来说，只有不断充实自己，提升自己，才能在直播行业的发展道路上走得更远。

4.1.4　深挖痛点需求

在主播专业能力培养的道路上，最重要的一点就是抓住受众的痛点和需求。主播在直播的过程中要学会寻找用户最关心的问题和感兴趣的点，从而更有针对性地为受众带来有价值的内容。挖掘受众痛点是一个长期的过程，在这个过程中，主播需要注意如图 4-6 所示的几点。

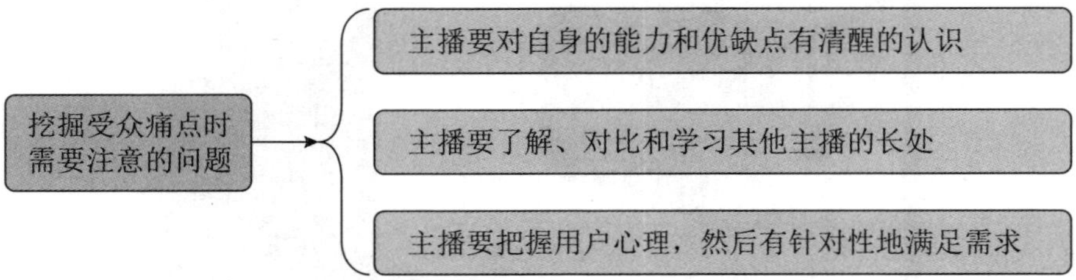

图 4-6　挖掘受众痛点时需要注意的问题

主播在创作内容时，要抓住受众的主要痛点，受众的主要痛点有安全感、价值感、支配感、归属感等。主播可以用这些痛点为标题来吸引受众的关注，弥补受众在现实生活中的各种心理落差，让其在你的直播中得到心理安慰和满足。

4.1.5　垂直输出内容

如果仔细观察那些热门的主播不难发现，他们的直播内容具有高度垂直的特点，像李佳琦专注于电商直播带货领域，冯提莫因游戏直播而走红。什么是垂直呢？垂直就是专注于一个领域来深耕内容；领域越细分，直播内容的垂直度就越高。

其实，对于所有的内容创作领域而言，都非常注重账号内容的垂直度。内容的垂直度影响账号权重的高低，也影响平台对发布内容的推荐，更重要的是还影响受众对内容创作者专业程度的判断。也就是说，内容的垂直度越高，吸引过来的粉丝群体精准度就越高，也越优质。

那么对于主播来说，该如何打造自己高度垂直的直播内容呢？笔者建议主播拥有一项自己最擅长的技能。俗话说得好："三百六十行，行行出状元。"只有深挖自身的优势，了解自己的兴趣特长所在，才能打造出属于自己的直播特色。

找到自己最擅长的技能和领域之后，就要往这个方向不断地去深耕内容，进行垂直化运营。例如：有的人玩游戏的水平很高，于是他专门做游戏直播；有的人非常擅长画画，于是她在直播中展示自己的作品；有的人热爱时尚美妆，于是她直播分享化妆技术和教程。

图 4-7 所示为 B 站某 UP 主直播分享自己化妆的过程。

图 4-7　美妆直播

只要精通一门专业技能，然后依靠自身的专业技能来垂直输出直播内容，那么吸粉和变现自然就轻而易举。

当然，主播在直播之前还需要做足功课，准备充分，才能在直播的时候从容不迫，最终取得良好的直播效果。

4.2 提升主播的基本能力

对于新人主播来讲，从各个方面提升自身的基本能力是打好直播基础的重要前提。本节主要介绍提升主播能力的 9 个方面，以帮助新人主播全面提升直播能力，完成“脱胎换骨”的转变。

4.2.1 数据分析能力

在现代直播运营中，数据分析能力已经成为主播必备的核心技能之一。通过科学的数据分析，不仅可以了解自身账号的运营状况，还能指导内容优化、提升互动和转化效果，从而增强直播竞争力。

1. 核心数据指标

核心数据指标主要分为以下 4 大类：

1）观看数据

观看人数总量：衡量直播的吸引力。应注意观察不同时间段观众峰值。

人均观看时长：反映直播内容的吸引力和观众留存情况。时长低意味着内容节奏或互动方式有待优化。

2）互动数据

评论数、点赞数、分享数：衡量观众参与度。互动率高的直播通常更容易被平台推荐。

弹幕 / 问答频率：尤其适用于知识分享和教育类直播，能够反映观众学习或参与的积极性。

3）粉丝数据

新增粉丝数、粉丝活跃度：可观察直播对粉丝增长和粉丝黏性的作用。

粉丝留存率：分析同一批粉丝在多次直播中是否持续观看，帮助判断直播内容和风格是否符合用户期待。

4）收益与转化数据

打赏、礼物和购买转化率：用于评估直播商业价值。

转化路径分析：追踪观众从进入直播到购买或互动的完整流程，以便优化话术、活动和产品展示顺序。

2. 数据分析工具

下面给大家推荐一些数据分析工具，具体如图 4-8 所示。

3. 数据驱动优化策略

在直播运营中，数据为直播效果的持续优化提供了有力支撑。以下便是基于数据驱动的一系列优化策略。

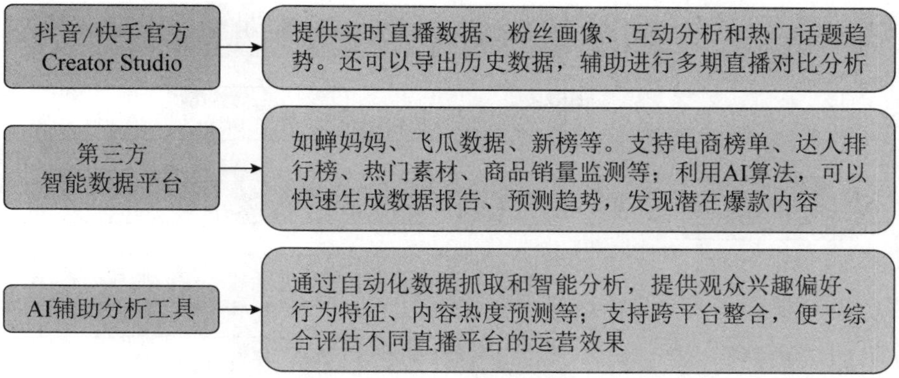

图 4-8　数据分析工具

1）根据观看时长优化内容节奏

若观众在某个时间段流失过多，可调整话题顺序或增加互动环节，保持观众的注意力。

2）根据互动数据调整话术

弹幕和评论活跃度低时，可使用提问话术、小游戏、投票等方式调动观众参与。

3）粉丝留存与忠诚度提升

对活跃粉丝及时点赞、私信或设置专属福利，增强粉丝黏性；分析新粉丝来源和兴趣偏好，有针对性地策划直播主题和内容。

4）商业转化优化

通过数据观察不同产品或活动的转化效果，优化产品展示顺序和直播优惠策略；针对高转化率观众群体，进行定向推广或个性化推荐，提高收益。

数据分析不是简单地看数字，而是通过数据洞察用户行为和偏好，为直播内容、互动形式和商业策略提供决策依据。掌握了数据分析能力，主播不仅能实时调整直播策略，新人主播还可以得到快速成长，提高直播间活跃度、粉丝忠诚度和变现能力。

4.2.2　平台运营能力

既然入驻了直播平台，成为一名主播，就必须掌握直播的平台运营能力。那么直播平台运营的主要内容有哪些呢？下面以图解的形式来分析，如图 4-9 所示。

对于新人主播来说，建议先把一个直播平台运营好再去考虑其他平台，这样主播的基础会更加牢固。还有一点千万要记住：不可同时签约两个直播平台，否则将要支付巨额的违约金。

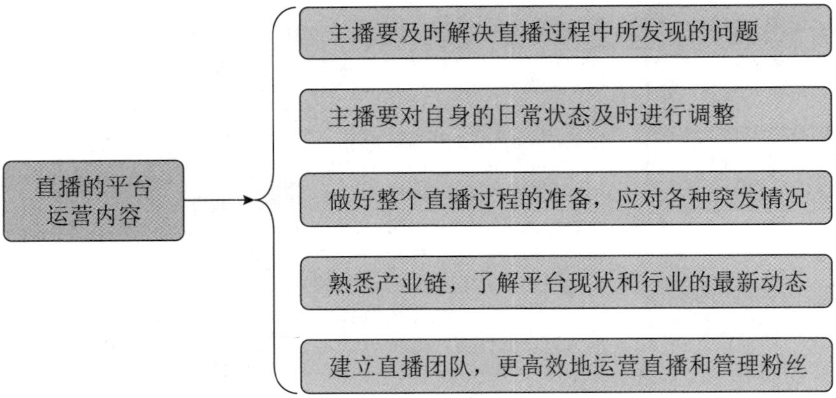

图 4-9　直播的平台运营内容

4.2.3　供应支持能力

所谓供应支持能力指的是主播直播带货背后的产品供应链。产品的供应链主要是针对电商直播这一类型来说的，像疯狂小杨哥、广东夫妇、辛巴等顶级流量的带货主播，他们之所以能取得如此惊人的产品销售业绩，其关键因素在于拥有完整且成熟的产品供应链，以及专业的直播运营团队。

那么，主播应该如何建立稳定的产品供应链呢？给直播带货的主播提供以下几条建议，如图 4-10 所示。

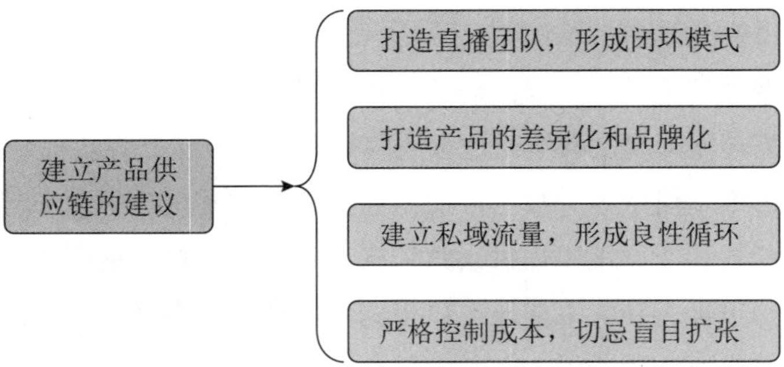

图 4-10　建立产品供应链的建议

对于电商主播而言，要么是自己寻找拥有货源的产品供应链厂家进行合作，要么就是自己本身就是电商商家，能独立生产产品。不管是哪种情况，主播在选择商品时一定要注意价格和品质这两个方面。只有产品价格足够低、质量足够好，才能激发消费者的购买欲望。另外，所选择的产品一定要满足绝大多数人的需求。

4.2.4　粉丝运营能力

对于主播来说，直播最重要的就是粉丝。只有粉丝数量不断增加，和粉丝之间的情感关系越来越好，直播才能实现变现，为主播带来收益。所以主播要学会系统地运营和管理自己的粉丝，以便实现效益最大化。

那么，主播应该如何有效地进行粉丝运营，维护与粉丝之间的关系，增强粉丝对主播的凝聚力和忠诚度呢？关于直播粉丝运营的方法和技巧，主要有以下几个方面。

1. 满足粉丝的心理需求

很多人都有自己喜欢的明星或偶像，甚至曾经有过疯狂追星的经历。如果得到了和自己偶像明星互动的机会或者其个性签名，粉丝们往往都会欣喜若狂，激动不已，从而使自己的“虚荣心”得到极大的满足。

之所以会有这种现象，是因为粉丝对偶像的崇拜会让其产生一种优越感。主播和粉丝之间的关系也是如此。所以，主播要想办法满足粉丝的这种心理需求，这样能进一步加深粉丝对主播的喜爱程度，从而达到粉丝运营的目的。

2. 建立粉丝群

要想更好地管理和维护粉丝，最直接、最有效的方法就是建立粉丝 QQ 群或微信群，同时设置几名管理员或者助理帮助主播运营粉丝群。主播平时有空就到粉丝群和群成员交流互动，还可以举办群活动提高粉丝的参与度和活跃度，增进彼此之间的情感和信任。图 4-11 所示为主播“封茗囧菌”的 QQ 粉丝群；图 4-12 所示为主播“蕊希”的 QQ 粉丝群。

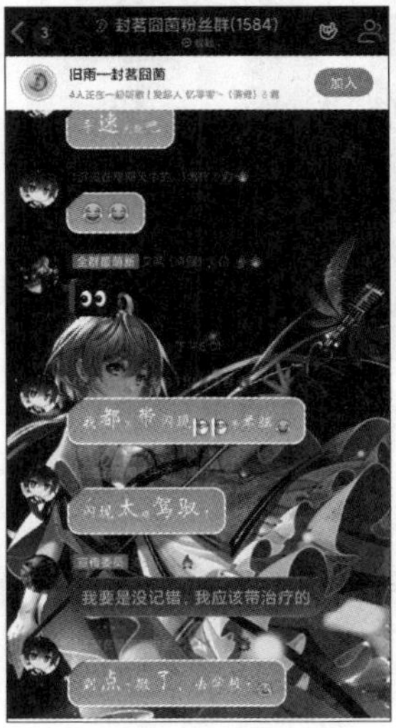

图 4-11　“封茗囧菌”的粉丝群

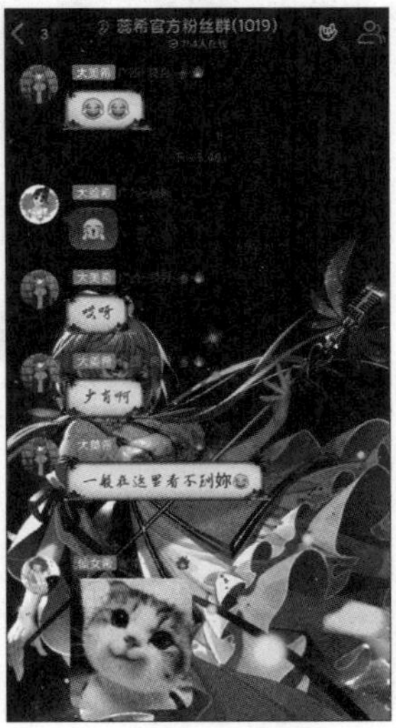

图 4-12　“蕊希”的粉丝群

另外，主播在直播的时候可以将自己的粉丝群号码留在直播公屏上，以便不断地将新的粉丝引流至粉丝群，搭建自己的私域流量池，如图 4-13 所示。

图 4-13　直播时将用户引流至粉丝群

3. 举办粉丝线下见面会

举办粉丝线下见面会能满足粉丝和主播近距离接触的愿望，有利于主播更直接地了解粉丝的需求，进一步加深彼此之间的联系，显得主播平易近人，增强粉丝黏性和凝聚力。图 4-14 所示为某主播在线下见面会与粉丝拍照互动。

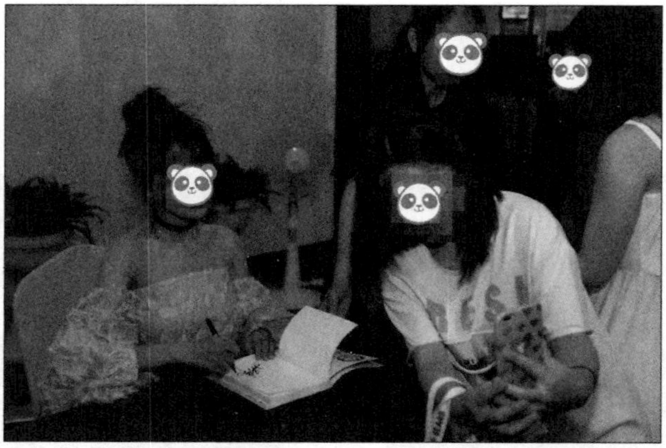

图 4-14　主播在线下见面会与粉丝拍照互动

专家提醒

为了双方的安全问题着想，主播尽量不要与某个粉丝单独在线下见面。

4.2.5　内容创作能力

直播内容的创作是每个主播必须具备的能力之一，提升主播的内容创作能力也是做好直播的一个关键。毕竟，在这个流量巨大的互联网时代，内容为王。只有那些可以为用户提供优质内容的主播，才能抢占更多的流量份额，获得更多的流量变现收益，将自己的直播事业发展壮大。

主播要想提升内容创作的能力，就必须在平日里多积累直播素材，努力学习各种专业知识和技能，不断充实自己，开阔自己的视野。只有这样，主播在策划直播内容时才会有源源不断的创作灵感，也才能持续地输出优质的直播内容。

主播不能原地踏步、故步自封，要不断地推陈出新，创作有创意的内容，让受众看到你的能力和努力，这样你的直播事业才会做得更长久。

4.2.6　语言沟通能力

主播在与粉丝互动的过程中一定要十分注意自己的一言一行。作为一个公众人物，主播的言行举止有可能会对观众产生巨大的影响，尤其是那些顶级流量的网红主播。此外，主播还要避免一些可能会对受众造成心理伤害的玩笑。

主播在与粉丝沟通交流时要考虑以下 3 个问题，如图 4-15 所示。

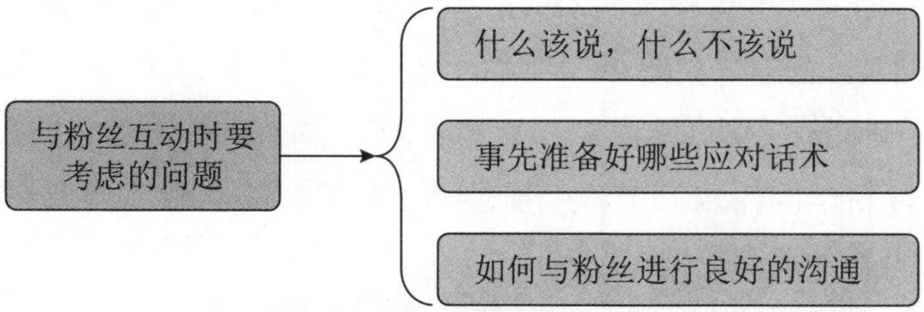

图 4-15　直播互动要考虑的问题

注意说话的时机是反映一个人语言沟通能力的重要表现，所以主播在说话之前必须把握好受众的心理状态，考虑对方的感受。举个例子，在现实生活当中，当你向某人提出意见或请求时，如果他当时正在气头上，那么你说什么他都听不进去；如果你选择在他遇到好事而高兴的时候讲，他就会欣然接受，马上答应你的请求。可见，之所以会产生两种截然不同的结果，关键在于说话的时机以及听话人当时的心理状态。

图 4-16 所示为 B 站 UP主兼主播“硬核的半佛仙人”在投稿的视频中大加赞扬 B 站用户的优秀和潜力，让受众听了非常受用和舒服，同时 UP 主也暗示

观看视频的受众给他三连投币和支持。受众被 UP 主夸奖了之后心情很好，自然就很愿意给 UP 主的视频一键三连以及投币支持。

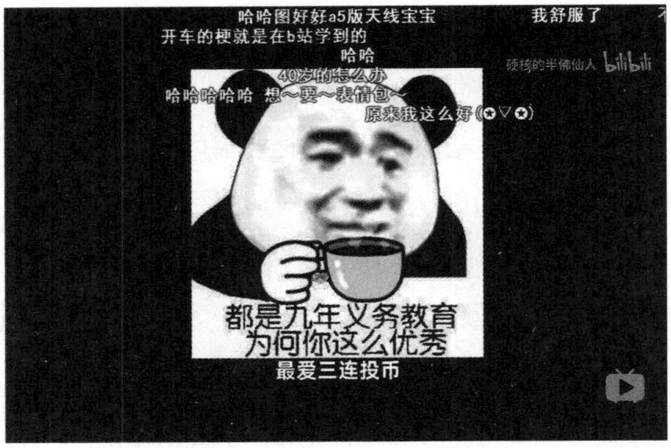

图 4-16　把握说话时机的案例

上面这个就是把握说话时机的典型案例。总而言之，只有选对说话的时机，才能让受众接受主播的意见，这样双方的交流互动才有效果。

除了要把握说话的时机之外，学会倾听也是主播在和粉丝沟通交流中必须要养成的习惯。懂得倾听别人说话是尊重他人的表现，这样做能使主播快速获得受众的好感，同时在倾听的过程中也能了解受众的需求，可谓一举两得。

例如，B 站 UP 主兼主播“爱闹腾的老王”经常对粉丝和网友的私信和留言认真地阅读并回复，甚至转发他们的问题，发动群众的力量，尽自己最大的努力来解决他们的实际问题，如图 4-17 所示。这种就属于懂得倾听他人诉求的表现。

在主播与粉丝的互动过程中，虽然表面上看起来好像是主播在主导话题，但实际上是以粉丝的需求为主。主播想要了解粉丝的需求和痛点，就一定要认真地倾听他们的诉求和反馈。

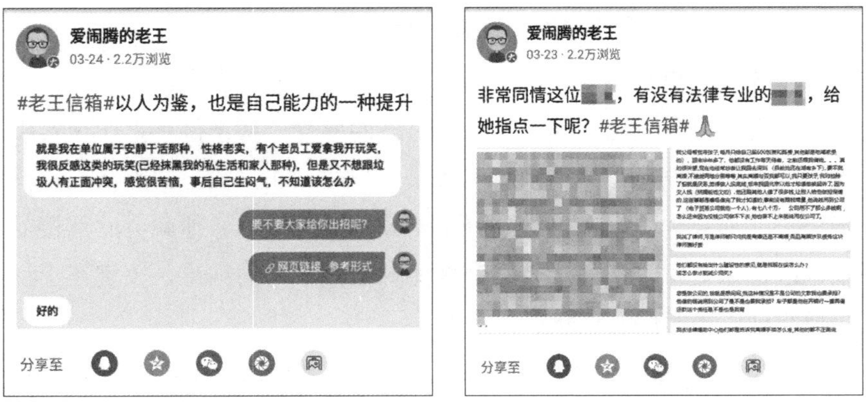

图 4-17　懂得倾听诉求的案例

主播在和受众沟通交流时，态度要谦和友好。聊天不是辩论比赛，每个人的观点主张虽然会不完全一样，但没必要分出个对错输赢。主播要明白，人与人之间的交往最重要的是彼此尊重，互相理解。

主播在与受众交流沟通时，应该做到以下 3 个方面，如图 4-18 所示。

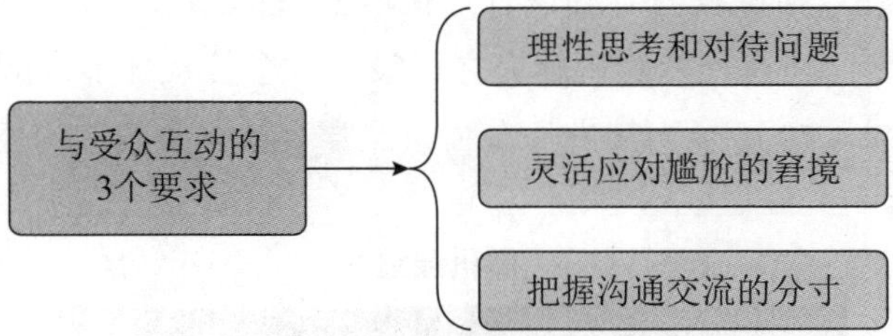

图 4-18　直播互动的 3 个要求

在直播互动过程中，主播有时候会遇到这样的用户群体，他们敏感、脆弱，容易发脾气，容不得别人说他的不是，否则就会觉得自己的尊严受到了侵犯。这种人是典型的“玻璃心”，也就是大家常说的自卑心理。

对于这一类人，想必大家在现实生活中也遇到过。这里给主播的建议是，尽量不要去触碰他们的敏感神经，不予理睬就好。因为自卑的人的典型特征就是完全以自我为中心，听不进其他意见，也不会顾及他人感受。如果他无理取闹，扰乱直播间的正常秩序，必要时可以将其踢出直播间。

4.2.7　应对提问能力

随机应变是一名优秀的主播所要具备的能力。直播是一种互动性很强的活动，粉丝会向主播提出各种各样的问题；对于这些问题，主播要在脑海中快速找到应对的话术。

如果问的是关于主播年龄、真实姓名、兴趣爱好等隐私类的问题，那么主播可以根据自己的意愿，选择性地进行回答；如果是关于知识专业类的问题，主播知道的就予以回答，不知道的完全可以大方地表明自己对这个问题不是很了解，千万不要不懂装懂，撑面子，这样不仅会误导粉丝，还会降低主播在粉丝心中的形象。反之，大方地承认不仅不会影响粉丝对主播的看法，反而会让粉丝觉得主播很诚实。

还有一种情况就是，如果粉丝就自己遇到的问题和烦恼向主播求助，那么主播可像前面笔者提到过的那位主播一样，尽自己所能去帮助粉丝。如果主播能力有限，还可以借助众人的力量。

对于新人主播来说，在前期起步阶段就要在直播中不断锻炼自己随机应变的能力，总结经验和话术，这样到后期主播成长起来之后，便可应对自如了。

主播在进行直播之前一定要做好充分准备，特别是对于和自身专业技能相关的直播。这种情况在在线教育行业的直播中十分普遍。通常讲师在正式直播上课前都会做好直播课程内容的课件，把所要讲的相关知识点全部梳理一遍。还有的讲师会专门在课程内容讲解完之后设置一个答疑环节来解决受众提出的疑问和问题。图 4-19 所示为某讲师在腾讯课堂直播关于股票的公开课。

图 4-19　直播公开课

再比如进行户外旅行的直播，主播不一定要有像导游一样的专业能力，对任何问题都能对答如流，但也要在直播之前把旅游地点的相关情况了解好。图 4-20 所示为旅游直播的相关画面。

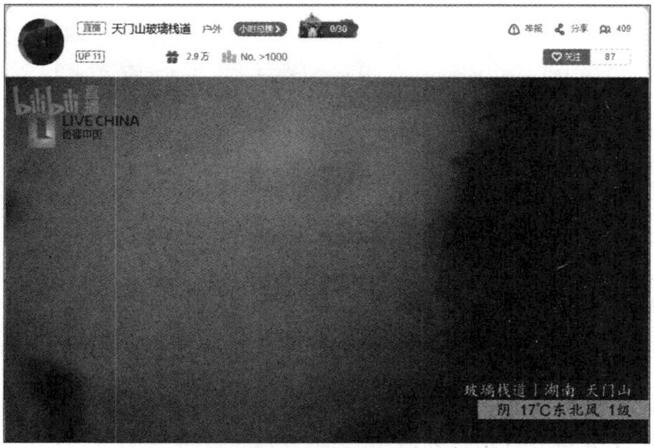

图 4-20　旅游直播

主播在回答粉丝提问的过程中，如果涉及当下社会热点事件和时事的话题，一定要慎重，充分思考之后再做回答：如果是正面积极的事件，那就予以肯定和提倡；如果是负面、敏感的新闻，则不要发表任何观点或看法，可想办法转移话题。因为每个人的思想价值观、对事物的看法和主张都不尽相同，主播无法保证自己的观点一定是客观正确的，弄不好可能会误导舆论导向，对社会产生一定的不良影响。

专家提醒

主播身为公众人物一定要对自己的言行负责，谨防影响力失控。

4.2.8　状况应对能力

在直播的过程中，主播难免会遇到各种突发状况，这时就非常考验主播的应变能力和心理素质了。一般在直播中遇到的突发状况主要有两种，一种是客观发生的，还有一种是主观人为的。接下来分别就这两种情况进行具体分析。

1. 直播突然中断

主播是通过互联网与受众建立联系的，而要想直播就必须搭建好网络环境。有时候主播会因为一些不可抗拒的客观因素而导致直播无法正常继续下去，比如网络波动、突然停电而断网等。

面对这种情况，主播不要惊慌失措，应该马上用手机重新连接直播，或者在粉丝群告知受众直播中断的原因，向他们真诚地道歉，并给予一定的补偿。粉丝得知缘由就会体谅主播，不会因为这次的小意外而不愉快。

2. 突发事件处理

客观的突发情况通常来说发生的概率比较小，最多的还是人为导致的因素。比如，一些讨厌主播的人或恶意竞争的同行，为了干扰主播的正常直播，故意在直播间和主播唱反调，破坏直播间的秩序，影响主播的直播节奏，影响直播的效果。

这类现象在各个行业都存在。一旦在直播间出现这样的故意捣乱的人，主播需要做的就是迅速做出反应，先好言相劝，如果对方不听，再将其踢出直播间。

面对人为的突发情况，主播要具备良好的心理素质，从容不迫地应对和处理。这样才能使直播顺利进行下去，而不会影响直播的整体效果。例如，在某演讲大会上，某演讲人正在兴致勃勃地给观众演讲，突然一名手拿矿泉水的观众走上台，把整瓶矿泉水直接从演讲人的头上倒下，给演讲人来了个“透心凉，心飞扬”。

但是最让人佩服的是，该演讲者在面对这种尴尬的突发情况时非常淡定自若，反应过来之后整理了一下发型，擦掉脸上的水，对泼水的那名观众心平气和地问了一句：“你有什么问题？”随后他迅速调整状态，继续演讲。他的这种表现获得了在场所有人的称赞和掌声。当然，那位肇事者也被安保人员及时控制住了。图 4-21 所示为事件发生时的场景。

图 4-21　突发事件

主播们应该多多向案例中的这位演讲者学习，锻炼自己面对突发情况时这种稳如泰山的强大心理素质，这样才能把直播做得更好。

4.2.9　调节气氛能力

由于直播的时间一般来说比较长，所以在直播的过程中不可避免地会出现冷场的情况。这是因为不管是主播还是观众，都无法一直保持高昂的情绪和高度集中的注意力，时间一久难免会产生疲惫的感觉。此时，需要主播想办法调节直播间的气氛，调动受众的兴趣和积极性。

那么，主播应该如何调节直播间的气氛避免冷场呢？可以从如图 4-22 所示的几个方面来做。

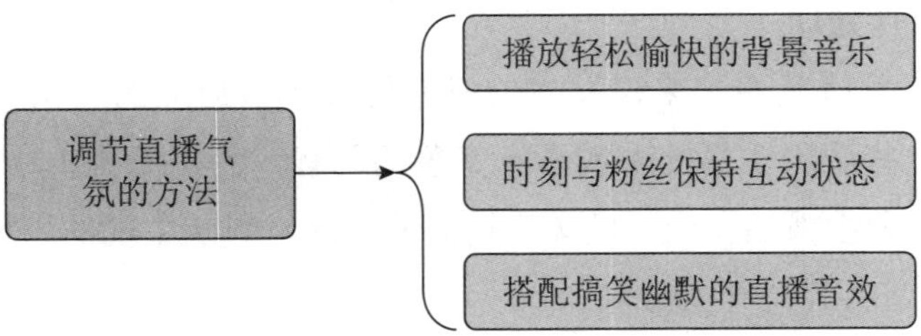

图 4-22　调节直播气氛的方法

第 5 章

13 种话术：增强主播日常讲话的技巧

在直播过程中，主播的日常话术是必不可少的。只有准备好必要的话术模板，主播才能在和粉丝的互动中轻松应对，也才能让粉丝感受到直播的乐趣和主播的个人魅力。本章主要介绍主播应掌握的讲话技巧和常用的话术模板，以增强主播的语言表达能力。

5.1 增强主播的表达能力

语言表达能力是主播与粉丝互动交流所必备的一种能力。本节主要从肢体动作、幽默技巧、学会赞美、分寸尺度等 6 个方面来讲述增强主播表达能力的方法，以帮助主播更好地与粉丝交流沟通。

5.1.1 配合肢体动作

在直播场景中，语言表达并不是唯一的沟通手段。恰当的肢体动作、面部表情和姿态变化，能够显著提升主播的感染力，使受众在视觉与情感上都能更好地理解和接受信息。相比单纯的口头表达，肢体语言更具直观性和情绪传递力，是塑造主播个人风格与沟通魅力的重要组成部分。提升肢体语言表达能力至少有以下几个方面的好处，如图 5-1 所示。

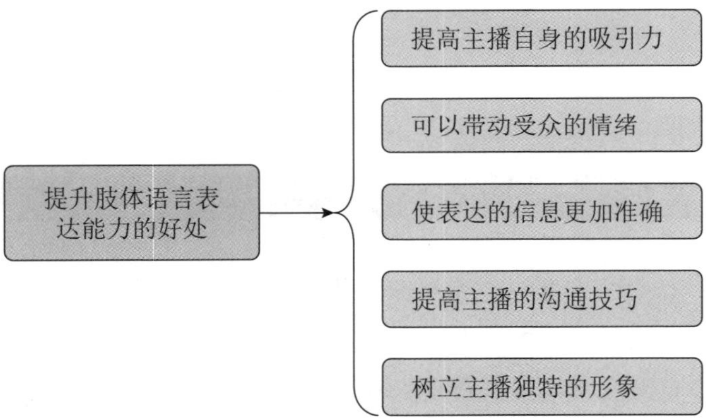

图 5-1　提升肢体语言表达能力的好处

在实际直播中，肢体语言应当与语音语调保持一致，做到“声形合一”。例如，在强调重点时可配合手势变化，在表达惊喜或好奇时配合面部表情，在展示产品时适度倾身靠近镜头，这些都能拉近与观众的心理距离。与舞台表演不同，直播镜头空间有限，因此动作幅度要适中，保持在“镜头安全区”内（通常为胸口以上），以免动作过大导致画面凌乱或超出取景范围。

优秀的主播往往能通过肢体动作与表情形成独特的个人风格。例如，一些知识类主播会使用简洁有力的手势配合条理分明的语言，使逻辑更加清晰；而生活类主播则常通过微笑、点头或轻微摆手，营造自然亲和的氛围。图 5-2 所示为知识类主播和生活类主播直播时的肢体语言。这些动作让观众更容易信任、愿意互动，从而延长停留时间，提高直播转化率。

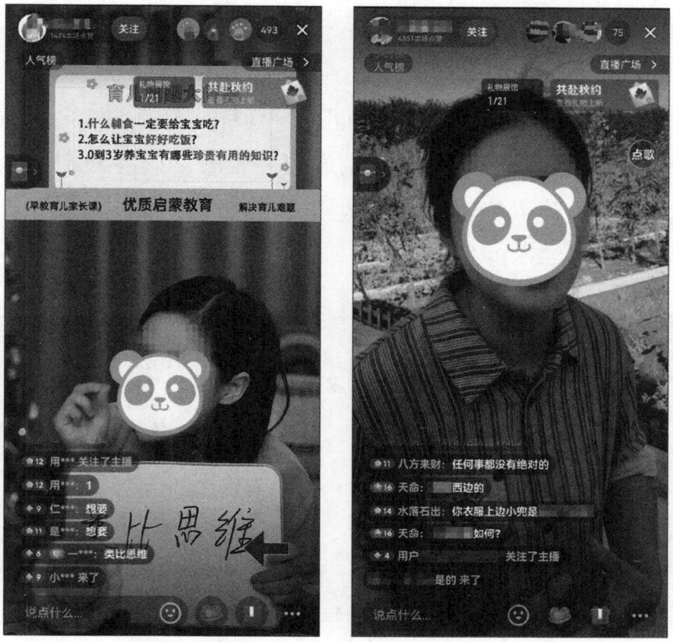

图 5-2　直播中的肢体语言

在教学、带货或访谈类直播中，肢体语言的运用尤其关键。合理的动作能够强化信息表达、突出产品特征、增加画面层次感；而过度夸张或频繁重复的动作则会分散注意力，削弱专业形象。在实践中，主播应不断复盘和调整，确保动作自然、表情真诚、节奏得当。

通过系统训练与技术辅助，肢体动作不再只是“附加表演”，而是构建个人风格与强化表达的核心工具。掌握了这一技能，能让直播内容更具感染力与视觉吸引力，而这是观众愿意停留并给予信任的重要原因。

5.1.2　掌握幽默技巧

在直播这个行业中，虽然高颜值是吸引受众的一大法宝，但是要想在直播的道路上走得更远，光靠颜值还是远远不够的。颜值并不是决定主播发展的唯一因素。如果你没有好看的颜值，那你可以选择让自己成为一个幽默的人。拥有幽默口才的人不仅让人觉得很风趣，还能折射出一个人的内涵和修养。所以，一个专业主播的养成也必然少不了幽默技巧。

善于运用幽默技巧是主播培养表达能力的必修课。生活离不开幽默，就好像鱼儿离不开水、呼吸离不开空气。学习幽默技巧的第一件事情就是搜集幽默素材。主播在平时要注意收集各种幽默素材，多看喜剧，全力培养自己的幽默感，学会把故事讲得生动有趣，让受众开怀大笑。受众是喜欢听故事的，而把故事讲得更幽默会让受众更加全神贯注，将心思都集中到直播中。

图 5-3 所示，为 B 站 UP 主兼主播“大蟀蝈”投稿的配音剪辑视频。他的视频题材主要以四大名著央视版电视剧为主，走的是搞笑喜剧路线，通过视频剪辑和配音，重新设计人物台词以及故事情节，使得内容非常搞笑幽默，让观众看得津津有味、欲罢不能。

图 5-3　幽默搞笑的内容创作

他之所以能够有如此好的创意呈现给受众，除了他本人具有喜剧天赋和幽默细胞外，更重要的一点是他对四大名著的喜爱和了解，平时喜欢看各种搞笑幽默的段子和故事，所以才能源源不断地创作出幽默风趣的作品。

当主播和粉丝相处了一段时间之后，对自己的粉丝会比较熟悉，了解了对方的喜好厌恶，那么就可以适当地吐槽他讨厌的事物以达到幽默的效果。比如他在公司食堂的饭菜里吃出过异物，那么你就可以这样说：“那天我买了个包子，吃完之后从嘴里拽出了两米长的绳子。”抓住事物的主要矛盾，这样才能摩擦出不一样的火花。

段子原本是相声艺术中的一个术语。随着时代的变化，它的含义不断拓展，也多了一些“红段子”“冷段子”“黑段子”的独特内涵。近几年频繁活跃在互联网的各大社交平台上。

而幽默段子作为最受人们欢迎的幽默方式之一，也得到了广泛的传播。微博、综艺节目、朋友圈里将幽默段子运用得出神入化的人比比皆是，这样的幽默方式也赢得了众多粉丝的追捧。

例如，B 站一个名叫“短的发布会”的 UP 主兼主播，他的视频以手机行业各企业的新品发布会为素材，将时长两个多小时的发布会视频通过剪辑压缩到 3 分钟左右，并用自己幽默风趣的语言对发布会的核心内容重新进行解说。

在解说的过程中，该 UP 主运用大量的段子和网络用语，对发布会的产品以及主持发布会的总裁或产品经理进行大胆的吐槽。因其经常吐槽各种发布会的产品或公司高管，而被广大受众戏称为“杠精”。

讽刺是幽默的一种形式，相声就是一种讽刺与幽默相结合的艺术。讽刺和幽默是分不开的，要想学会幽默技巧，就得先学会巧妙地讽刺。最好的讽刺方法就是自黑。自黑既能逗粉丝开心，又不会伤了和气。因为粉丝毕竟不是亲密的朋友，如果对其进行讽刺或吐槽，很容易引起他们的反感和愤怒。比如，很多演说者为了达到演讲的效果，经常会进行自黑，逗观众开心。

例如，《超级演说家》第二季总冠军刘媛媛在一次主题为“寒门再难出贵子”的演讲中自黑说自己家都不算寒门，因为连“门”都没有，如图 5-4 所示，成功把在场的导师和观众给逗乐了，为演讲效果增添了几分幽默色彩。

图 5-4　刘媛媛的演讲现场

5.1.3 学会赞美粉丝

主播在与粉丝进行互动交流的时候，一定要学会赞美粉丝的优点和长处。诚心赞美和欣赏他人是尊重别人的一种表现。只有当你表现出对粉丝的尊重，粉丝才会反过来尊重你，甚至倍加尊崇。

粉丝受到主播的赞美和表扬之后，会有一种莫大的荣誉感和自豪感，从而对主播更加喜爱和信任。这对增进彼此之间的感情和关系，起到很大的推动作用。主播这样做不仅能增强粉丝的黏性和忠诚度，还能给粉丝留下良好的印象，赢得粉丝的尊重和拥护。这个过程中，双方都很愉快，可谓双赢。

在电商直播带货中，主播可以通过赞美粉丝来达到销售产品的目的。例如，当粉丝担心自己的身材不适合某款裙子时，主播就可以向粉丝说，这款裙子不挑人，大家都可以穿，虽然你可能有点不适合这款裙子的版型，但是你非常适合这款裙子的风格，不如尝试一下。

5.1.4 多为他人着想

面对用户进行个人建议的表达时，主播需要站在用户的角度，进行换位思考。这样做可以让你更容易了解回馈信息的用户感受。要做到为他人着想，需要心思细腻。主播可以细致地观察直播互动时粉丝的态度，并且思考总结，用心去感受粉丝的想法。为他人着想可以体现在以下几个方面，如图 5-5 所示。

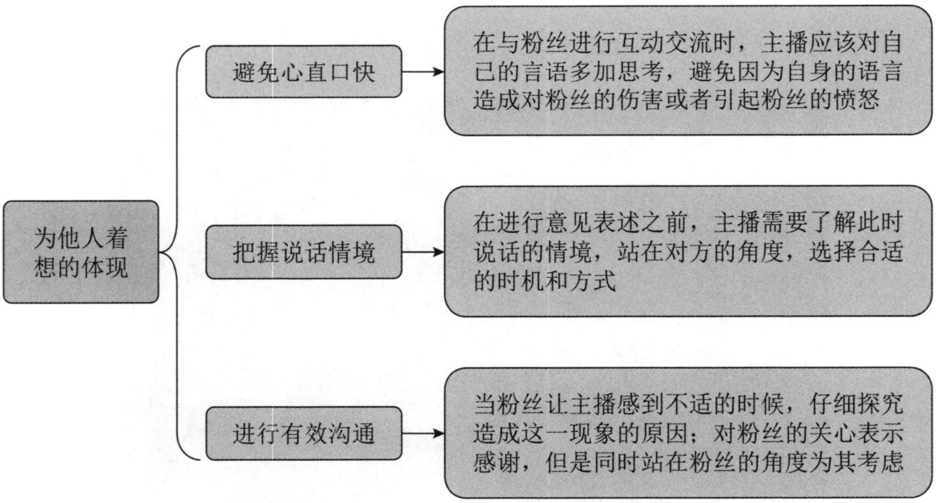

图 5-5　为他人着想的体现

为他人着想也是一种尊重别人的表现，主播只有站在粉丝的角度去思考问题，才能真正地了解粉丝的需求和痛点，也才能更好地为粉丝服务。

5.1.5 保持谦虚礼貌

主播在面对粉丝的夸奖或批评时，都需要保持谦虚礼貌的态度，即使成为热门的主播也需要保持谦虚。谦虚低调会让主播获得更多粉丝的喜爱，能让主播的直播生涯更加顺畅，并且获得更多的路人缘。

例如斗鱼游戏主播“大司马”，因其独特幽默的解说风格被粉丝亲切地称为马老师。尽管他在圈内的地位非常高，影响力非常大，直播事业也非常成功，但是为人却十分低调。这也是他为什么这么受人尊敬的原因。图 5-6 所示，为“大司马”的英雄联盟游戏解说直播。

图 5-6　“大司马”的游戏直播

谦虚低调的主播还有斗鱼的“女流”。此人是北京大学和清华大学的双料高才生，可以说是典型的学霸，但是她却非常谦虚低调，从来不在直播间炫耀自己的学历。图 5-7 所示为“女流”正在进行直播。

图 5-7　主播“女流”正在直播

5.1.6 把握分寸尺度

在直播聊天的过程中，主播需要时刻注意言行的尺度。良好的分寸感不仅体现主播的职业素养，也是维系观众信任和保障账号安全的重要因素。轻松幽默的氛围确实能拉近与粉丝的距离，但任何话题都应建立在尊重与适度的基础上。

近年来，随着直播行业监管趋严，各大平台陆续推出了智能内容识别系统，对直播过程中的言语、表情、动作甚至弹幕互动进行实时监测。一旦出现涉及低俗、歧视、攻击性或敏感政治话题的内容，系统会自动警示甚至中断直播。因此，主播在表达观点或调节气氛时，应避免“挑战边界”或刻意制造争议，以免造成不必要的舆论风险。

把握尺度主要体现在以下 3 个方面，如图 5-8 所示。

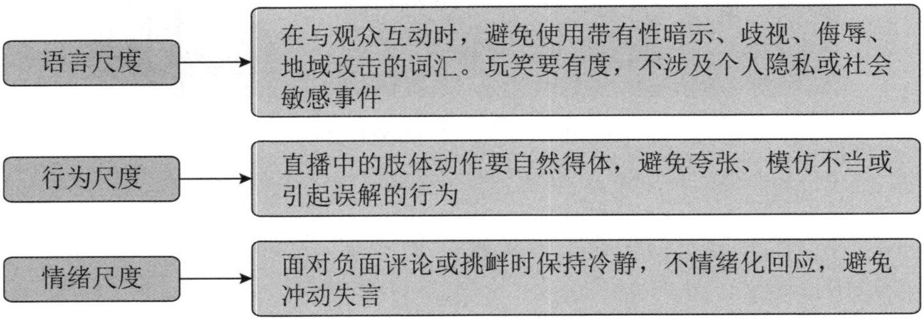

图 5-8　把握尺度体现的 3 个方面

此外，部分主播为了博取关注，故意蹭社会热点或灾难事件。这种做法不仅损害公众情感，也会被平台判定为“负面炒作”，严重者会导致账号被封禁。相反，具备社会责任感的主播会以客观、正面的方式参与话题讨论，传递理性声音，这样更能树立专业、温暖的公众形象。

当出现不当言论或误会时，及时沟通和真诚道歉是最有效的补救方式。应在第一时间发布正式声明，说明情况并表达歉意。多平台同步发布有助于挽回信任、稳定粉丝情绪。与此同时，还可以借助 AI 舆情监测工具，分析受众反馈，调整内容策略，防止类似问题再次发生。

5.2 培养主播的讲话技巧

直播从本质上看就是个开口说话的自由职业。不论是与粉丝互动，还是直播解说，抑或是直播带货，都需要讲究讲话的技巧。本节将从话题切入、个性化语言风格以及卖货话术这 3 个方面来讲解如何培养主播的讲话技巧。

5.2.1 选择适合的话题切入

对于新人主播来说，在直播中最大的问题就是不知道找什么话题和粉丝互动，也不知道用什么话题才能切入直播的内容，从而导致直播间冷场的尴尬局面。造成这种现象的根本原因是主播在直播前没有做好充分的准备，再加上没什么经验，心里有点紧张，所以效果不佳。

那么，主播在直播的过程中该如何选择合适的话题来切入呢？具体方法如下。

（1）从粉丝的兴趣爱好中寻找话题。

（2）根据自身才艺特长来展开话题。

（3）做好直播内容的大纲规划方案。

（4）从当下的时事热点来引入话题。

（5）在平时的生活动态中切入话题。

（6）根据粉丝的提问求助展开话题。

例如，电影解说主播“谷阿莫”在直播中根据群里粉丝提出的问题产生话题来展开直播，如图 5-9 所示。这样做不仅能解决粉丝的需求和问题，增加和粉丝之间的互动，还能为直播的内容提供话题和素材。

图 5-9 谷阿莫直播

5.2.2 培养个性化语言风格

关于主播个性化语言风格的培养，并没有具体的模板和方法供大家学习和参考，因为每个人说话的方式和语言风格都是不一样的。主播的个性化语言风格取决于主播个人的性格特点以及行为习惯。

下面我们来看一个具体的案例——B 站非常火爆的 UP 主兼主播“硬核的半佛仙人”。他直播的内容以及投稿的视频语言风格幽默有趣，非常具有个性和特色，特别是那句“是一个每天都在镜子前给自己磕头的硬核男人”的自我介绍早已深入人心。他还不忘给自己起一些极具个性的头号和称呼，比如“恰饭天王”“甲方克星”“预算黑洞”等。图 5-10 所示为硬核的半佛仙人的视频。

图 5-10 硬核的半佛仙人

5.2.3 直播卖货的常见问题

在直播带货过程中，主播想要营销产品，让用户下单，自己的引导话术是必不可少的。接下来笔者就向大家介绍直播卖货时用户常见的几种问题，为主播直播带货提供帮助和示范。

1. 提问一：“1 号宝贝能不能试一下？”

第一种常见的提问为：“1 号宝贝（或者是其他的产品）能不能试一下？”这一类型的提问，表示用户在观看的时候对该产品产生了兴趣，想要知道产品的体验感受和效果。例如，在服装直播中，粉丝要求主播试穿牛仔裤，如图 5-11 所示。

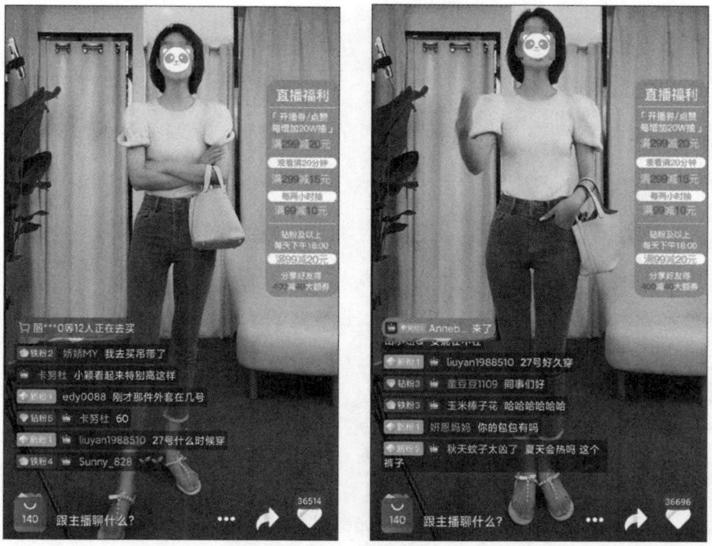

图 5-11　粉丝提出试穿要求

如果有的产品主播已经进行过试穿，观众就可以直接点击下方商品详情中的“看讲解”，进行直播回顾，如图 5-12 所示。

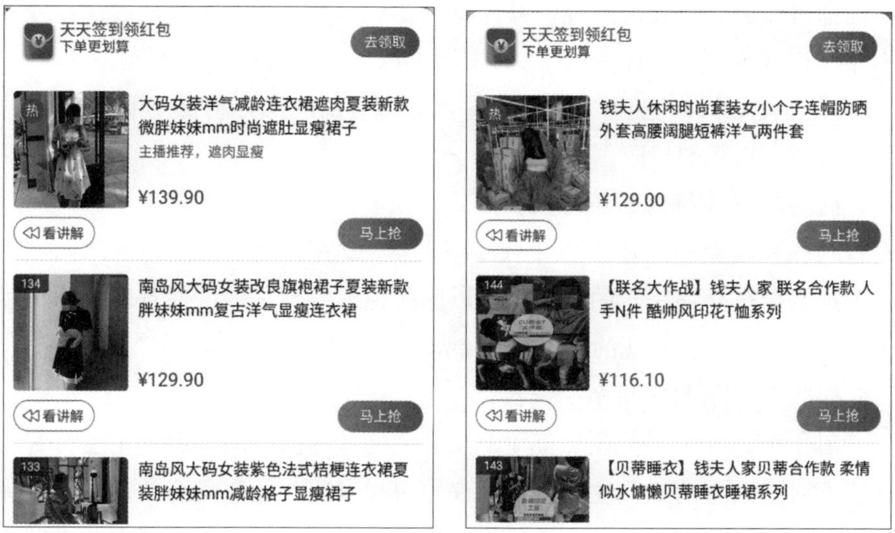

图 5-12　“看讲解”回顾主播试穿

2. 提问二:“主播身高体重多少？”

第二个常问的问题是问主播的身高和体重。有的直播间会显示主播的身高和体重信息，但是有的观众没有注意到，主播可以直接回复她，并且提醒一下上方有信息，有其他的问题可以继续留言。图 5-13 所示为淘宝直播的主播信息。

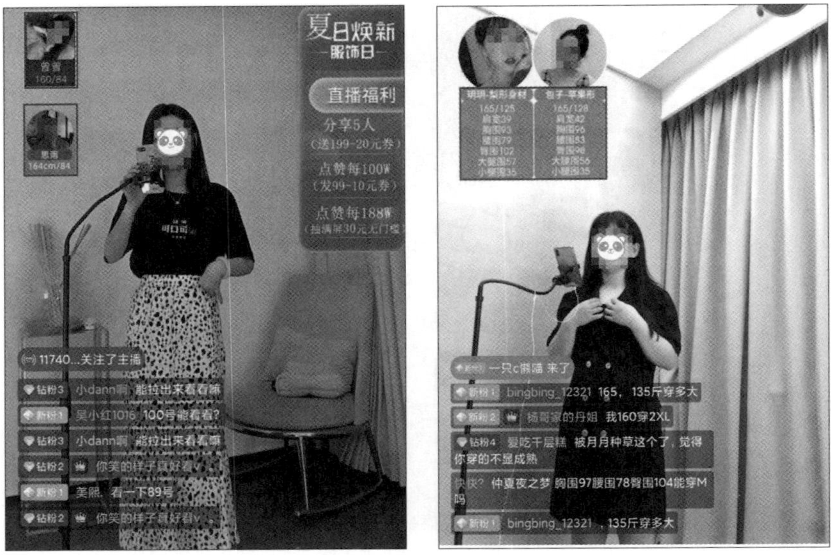

图 5-13　主播身高体重信息栏

3. 提问三：“身高不高能穿吗？”

第三类问题是观众在直播间内问主播：“身高不高能穿吗？”对于这类问题，主播可以解释需要用户提供具体身高体重信息，再给予合理建议；或者询问用户平时所穿的尺码，例如连衣裙，可以说是标准尺码，平时穿 L 码的用户，可以选择 L 码，也可以自行测量一下自身的腰围，再参考裙子的详情信息，选择适合自己的尺码。

4. 提问四：“主播怎么不理人？”

有时候粉丝会问主播“为什么不理人”，或者责怪主播无视他的问题。这时，主播需要安抚该用户的情绪，可以回复说没有不理他，并且建议用户多刷几次就看见了。没有安抚的话，可能会流失掉这个用户。

5. 提问五：“五号宝贝多少钱？”

最后一个是针对用户观看直播，想买主播试用的产品，但是她没有看商品的详情。对于这种情况，主播可以建议她去找客服，领取优惠券，以享受优惠价。用户在询问该宝贝多少钱的时候，如果这个宝贝主播正在试用并讲解，系统一般会自动弹出该宝贝的商品购买链接。

5.3 掌握常用的话术模板

主播在销售过程中，除了要把产品很好地展示给顾客以外，最好还要掌握一些销售技巧和话术，这样才可以更好地进行商品的推销，提高主播自身的带货能力，从而让主播的商业价值得到提升。

由于顾客的消费心理和消费关注点都不一样，在找到合适、有需求的商品前，一个顾客仍然会因为各种细节因素导致最后没有采取实际行动下单。

面对这种情况，主播需要借助一定的销售技巧和话语来突破顾客最后的心理防线，促使顾客下单。本节将介绍几种销售的话术技巧，帮助主播提升带货能力，创造产品的高销量和高成交额。

5.3.1 “介绍”式直播话术

主播在直播间直播时，可以用一些生动形象、有画面感的话语来进行介绍，以达到劝说消费者购买产品的目的。下面向大家介绍一下介绍法的 3 种具体方法，如图 5-14 所示。

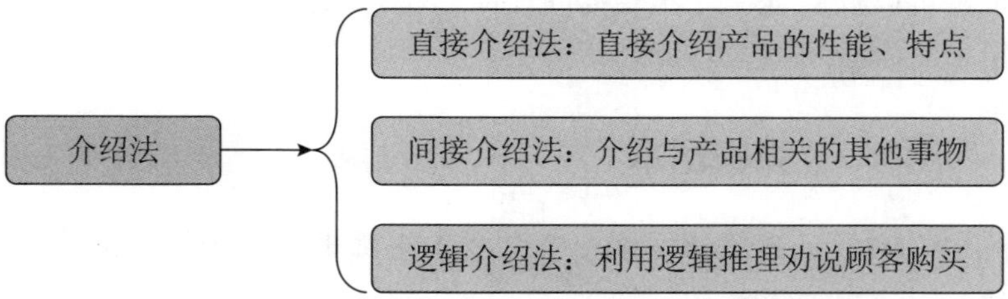

图 5-14　介绍法的 3 种具体方法

1. 直接介绍法

直接介绍法是主播直接向顾客介绍、讲述产品的优势和特色，从而劝说顾客购买的一种方法。这种介绍方法的优势是非常节约时间的，直接让顾客了解产品的优势，省略不必要的询问过程。

例如，一款材质非常轻薄贴身、适合夏季穿着的衣服，主播可直接介绍服装的优点，亮出产品优势，或者在直播间标明购买服装有优惠券，以此吸引顾客购买。

2. 间接介绍法

间接介绍法是向顾客介绍与产品关系密切的其他事物来间接地介绍产品的方法。例如，如果主播想向观众介绍服装的质量，不直接说服装质量好，而是通过介绍服装的做工、面料来表明服装的质量过硬，值得购买。这就是间接介绍法。

3. 逻辑介绍法

逻辑介绍法是主播采取逻辑推理的方式，来说服顾客购买产品的一种沟通方法。

主播在进行推销时，可以向顾客说“用几次奶茶钱就可以买到一件漂亮的服装，你肯定会喜欢”。这就是一种较为典型的推理介绍，表现为有理有据、顺理成章、说服力很强。

5.3.2 “强调”式直播话术

所谓强调法就是不断地向顾客强调产品有多么好、多么适合粉丝，买下来是多么划算。其具体表现为“重要的话说三遍”。

当主播想大力推荐一款产品时，就可以不断地强调这款产品的特点，以此来营造一种热烈的氛围。粉丝很容易被这种氛围所感染，不由自主地下单。主播在带货时可以反复强调此次直播间产品的优惠力度，例如福利价五折、超值优惠、购买即送赠品等。

5.3.3 “示范”式直播话术

示范法也叫示范推销法。这一方法要求主播把要推销的产品展示给顾客，从而激起顾客的购买欲望。

直播销售具有天然的局限性——顾客无法亲自体验产品。这时，可以让主播代替消费者来对产品进行体验。对于粉丝来说，由于主播相对更加了解产品的类型和款式，由主播代替自己来体验产品，粉丝也会更加放心。下面是示范法的操作方法。

1. 灵活展示自己的产品

示范推销法是日常生活中常见的产品销售方法，其涉及的内容较复杂，因为不管是商品陈列摆放、当场演示，还是模特展示商品的试用、试穿、试吃等，都可以称之为示范推销法。

示范推销法的目的就是希望达到一种让消费者像是在亲身感受产品优势的效果，同时通过把商品优势尽可能地全部展示出来，以吸引顾客的兴趣。现在的电商直播都会选择这种方式对产品细节、产品效果进行展示。

图 5-15 所示为美食主播展示特色美食的直播间。看着各种味道鲜美的食物，屏幕前的观众无疑会羡慕不已，口水直流，从而产生购买的欲望。

图 5-15　美食展示

2. 善于演示和讲解产品

对于带货主播来说，演示和讲解产品是非常有必要掌握的，毕竟说再多不如让顾客亲自体验一下产品，尤其能让顾客亲自来试用商品会更好。但是直播这种线上销售方式，无法做到让顾客亲自使用和体验产品。这时，主播就可以在直播过程中，代替顾客使用产品，通过镜头展现产品的使用效果，如图 5-16 所示。

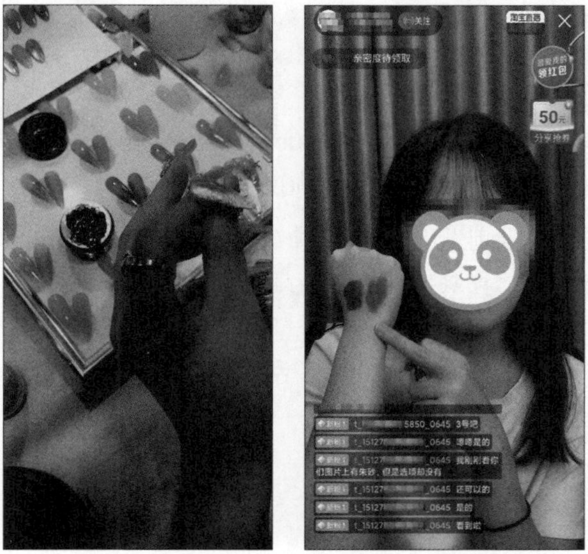

图 5-16　展示产品的使用效果

5.3.4 “限时”式直播话术

限时法是直接告诉消费者现在正在举行某项优惠活动，这个活动什么时候截止，在活动期间顾客能够得到的好处是什么；同时也提醒消费者，在活动期结束后再想购买，就享受不到优惠而花费更多的金钱。

常见的话术例如：“亲，这款服装我们正在做优惠降价活动，今天就是最后一天了，明天价格就会回到原价位，和现在的价位相比足足贵了好几百呢！如果你想购买该产品的话，请尽快下单哦。机不可失，时不再来！”

主播在直播间向顾客、粉丝推荐时，就可以积极运用这种手法，给他们制造紧迫感，也可以在直播界面显示文字来提醒顾客，如图 5-17 所示。

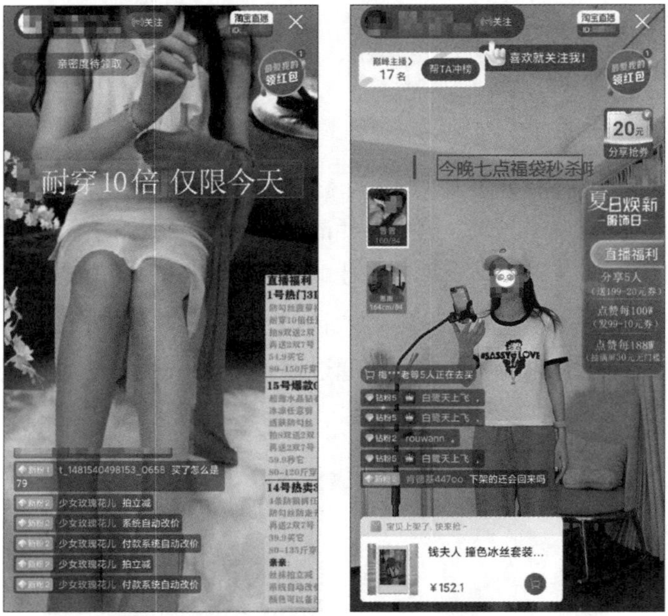

图 5-17　直播间限时法的展示

通过这种方法，会让顾客产生一种错过这次活动之后再买就吃亏的想法，从而给顾客造成一种心理紧迫感。

第 6 章

11 个细节：借助 AI 提升文案写作效率

直播文案是直播引流和营销的重要组成部分。想要吸引受众眼球，关键在于直播文案要有足够的创意。本章主要讲解如何借助 AI 工具快速生成标题、优化语言表达、强化传播效果，并结合实际案例与 AI 提示词，介绍提高直播间人气、更好地引流和营销的方法。

6.1 AI生成直播标题的创作技巧

直播标题是影响点击率的“第一道门槛”。一个吸睛的标题不仅能增加曝光，还能吸引用户停留观看。借助 AI 的语言分析与趋势捕捉能力，主播可以快速生成多种风格的标题模板，从创意、话题、情绪到节奏，都能实现个性化表达。

AI 工具（如 ChatGPT、Kimi、DeepSeek、豆包等）可根据产品类型、受众群体、平台热点生成标题建议，并可自动测试关键词的热度匹配程度，帮助主播精准找到最具传播力的标题方案。本节将以 DeepSeek 为例，向大家介绍用 AI 生成直播标题的创作技巧。

DeepSeek 是由杭州深度求索人工智能基础技术研究有限公司开发的一款人工智能工具，集成了自然语言处理、机器学习等先进技术。通过精准的数据分析和智能推理，DeepSeek 能够为主播提供更为个性化和高效的服务。其页面中的各主要功能如图 6-1 所示。

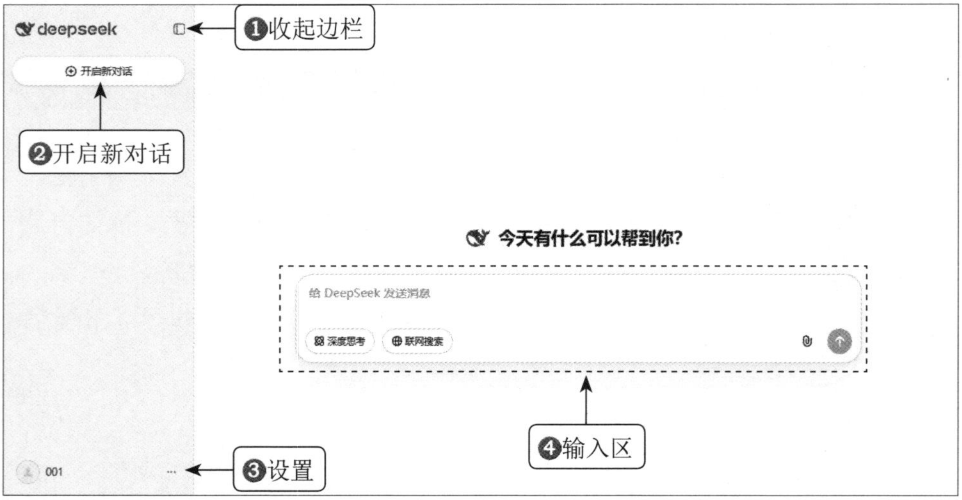

图 6-1　DeepSeek 页面中的各主要功能

下面对 DeepSeek 页面中的各主要功能进行讲解。

❶ 收起边栏▢：单击该按钮，即可收起左侧的导航栏，隐藏对话记录，只展示正在对话的窗口；再次单击该按钮，即可展开导航栏，展示对话记录。

❷ 开启新对话：单击该按钮，可为用户开启一个全新的、独立的对话窗口。

❸ 设置 ⋯ ：单击该按钮，即可弹出相应列表框，其中包括了“下载手机应

用”“系统设置”“联系我们”“退出登录”4 个选项，用户可根据需要进行设置。

❹ 输入区：该区域包括输入框、“深度思考”按钮、“联网搜索”按钮、“上传附件（仅识别文字）”按钮 4 个部分。其中，输入框是用户输入文字提示词的位置；“深度思考”模式在逻辑推理和复杂问题处理方面表现出色，能够深入剖析问题的本质并给出有价值的解决方案；“联网搜索”模式，能够搜索实时信息，快速整合并给出详尽的回答；“上传附件（仅识别文字）”功能可以上传图片或文件，并进行文字识别、阅读理解和分析总结等。

6.1.1　流行创意词汇标题夺人眼球

扫码
看教学

在信息过载的时代，只有具备视觉冲击力的标题，才能在短时间内抓住用户注意力。流行创意词汇通常具有“节奏感 + 视觉感 + 新鲜感”的特点，例如“爆改”“秒杀”“隐藏玩法”“真香现场”“人手必备”“全网疯传”等。

AI 可以通过趋势模型自动识别这些高频热词，并结合主播的产品内容生成多维标题。例如，某美妆主播想推广一款新上市的气垫粉底，她希望标题既能突出产品亮点，又能紧贴当下流行语风格。

进入 DeepSeek 官网并登录账号，在对话页面的输入框中，输入提示词并发送，让 AI 生成流行创意词汇标题。相关提示词和回复内容如下。

提示词

请帮我生成 10 个适合抖音平台的直播标题，主题是“新款气垫粉底”，要求包含当前流行词汇，风格要年轻化、有代入感，标题长度控制在 20 字以内

DeepSeek

没问题！这 10 个直播标题紧扣流行词，风格年轻有网感，绝对能吸引目标用户点击：

1. 救命！这款气垫是来报恩的吧！

（使用“报恩”梗，强调产品超乎预期）

2. 黑马气垫实测！瑕疵皮给我直接冲！

（“黑马”“冲”是种草常用语，有号召力）

3. 妈生好皮养成记！伪素颜天花板来了

（“妈生好皮”“天花板”是美妆区热门词）

4. 一秒换头术？新款气垫的魔法现场

（“换头术”夸张有趣，激发好奇心）

5. 社畜的早八之光！ 10 秒搞定水光肌

……

专家提醒

因为本书篇幅有限，AI 工具回复的内容只展示要点，详细的回复内容，请查阅随书提供的完整效果文件。

主播可以根据自己的喜好或者需求，从 AI 回复的结果中选择相应的标题加以使用或者二次创作。

6.1.2 借势型标题强化传播影响力

扫码
看教学

借势型标题，指的是巧妙地借助热点事件、节日活动、流行人物或网络话题来放大传播效果的标题类型。这类标题利用了受众的“信息跟随心理”，能让内容在更短时间内获得更多曝光与讨论度。

AI 在借势标题创作中能运用其强大的趋势分析能力，实时捕捉全网热门话题，识别关联关键词，并智能生成与品牌或直播主题高度相关的标题方案，让内容自然融入热点，而非生硬蹭热度。

常见的借势场景有以下 3 类，如图 6-2 所示。

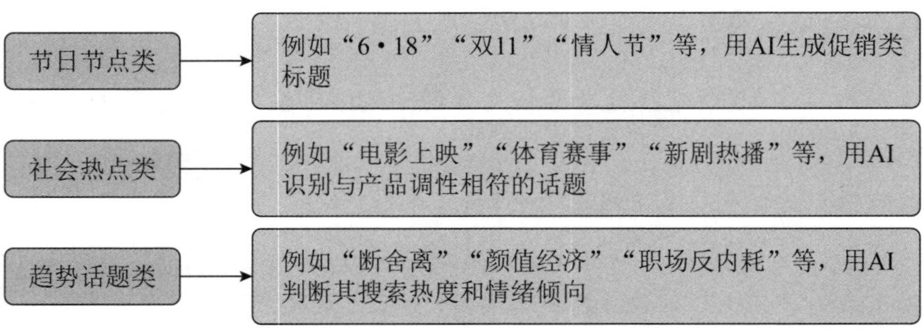

图 6-2 常见的借势场景类型

例如，一位数码主播计划在“苹果新品发布会”当天进行直播带货，他希望利用苹果新品热度吸引更多关注。可以在 DeepSeek 对话页面的输入框中，输入相关提示词后发送，让 AI 生成借势型标题。相关提示词和回复内容如下。

提示词

请帮我生成10个直播标题,主题是“数码好物带货”,要与“苹果新品发布会”热点结合，语言风格年轻化，语气自然，标题需控制在 25 字以内，避免刻意蹭热度

DeepSeek

【数码好物带货 × 苹果热点】年轻化直播标题（10 个）：

1. 苹果发布会刚结束，这些新品平替更香！
2. 除了新 iPhone，这些数码神器更值得蹲
3. 苹果同厂黑科技！这些配件让手机更好用
4. 不只有新机，这些数码好物同样惊艳
5. 看完发布会，来种草这些实用数码神器
6. 苹果生态搭档！这些配件用过的都说真香

……

AI 借势标题的关键技巧需要注意以下 3 点：

（1）热点匹配要自然：避免强行蹭热度，可使用 AI 指令限定“语气需自然，不含夸张词”。

（2）关注情绪趋势：AI 能分析网络讨论情绪（正向 / 负向），避免选取争议性或敏感话题。

（3）时效性要强：让 AI 自动监测热点热度衰减曲线（如“微博话题指数”或“抖音热搜榜”），保证标题不过期。

6.1.3　提问型标题巧妙调动好奇心

扫码
看教学

提问型标题是一种极具吸引力的表达方式，它通过制造悬念或抛出问题，引导观众在心理上产生“想知道答案”的冲动。例如，标题“为什么她一周能瘦 10 斤？”“这支口红为什么女生都在抢？”或“你知道护肤品里的秘密成分

吗？”等，都能引起强烈的好奇心。

这种形式的标题在直播间促进点击转化方面尤为有效，因为人类天生倾向于寻找答案。若主播在开播前或预热阶段使用此类标题，更容易吸引用户进入直播间了解详情。相关案例提示词及回复内容如下。

提示词

请帮我生成 8 个用于护肤直播间的提问型标题，要求语气自然、有吸引力，突出悬念或反差，例如“为什么……”“你知道……吗”“竟然有人……”等

DeepSeek

这里为您生成 8 个语气自然、充满吸引力，并突出悬念或反差的护肤直播间提问型标题，非常适合用来吸引观众停留和互动：

1. 为什么你每天护肤，皮肤却越来越差？

（经典悬念式提问，直击痛点，让有同样困惑的用户立刻想点进来找答案。）

2. 你知道 90% 的人，洗面奶都用错了吗？

（利用“你知道……吗”的句式制造信息差，让人好奇自己是不是那 90%。）

3. 竟然有人不花一分钱，就把闭口解决了？

（“竟然有人”开头，制造惊奇感；“不花一分钱”形成巨大反差和诱惑。）

4. 这款被偷偷加购最多的面膜，到底有什么秘密？

（“偷偷加购”和“秘密”充满了诱惑力，激发人们的好奇心和从众心理。）

5. 为什么她天天熬夜，皮肤却比你亮一个度？

（制造对比和反差，指向一个令人羡慕的结果，让人想知道背后的“作弊”方法。）

……

该提示词重点强调了“提问句式”和“悬念反差”，能引导 AI 生成具有心理张力的标题。语气自然的要求可保证内容不会显得夸张或生硬，适用于真实场景中的直播文案。

6.1.4 语言型标题提升创意的艺术

扫码
看教学

语言型标题注重修辞与情绪感染力，往往通过押韵、拟人、夸张、双关

等语言技巧强化记忆点。它不是单纯的信息传递，而是一种“情感营销”的延伸。

例如，“不买不睡觉的口红”“一喷上头的香气”“懒人都爱的神奇洁面仪”等标题，语言灵动、有画面感，能在短时间内抓住受众注意力，让产品在众多直播间中脱颖而出。下面以服装直播为例进行说明。相关提示词及回复内容如下。

提示词

请帮我生成 8 个用于服装直播的语言创意型标题，要求具有押韵感、画面感或双关语效果，风格可幽默或温情，突出产品特点和场景感

DeepSeek

这里有 8 个为服装直播精心设计的语言创意型标题，融合了押韵、画面感和双关语，风格兼具幽默与温情，希望能为您的直播增添吸引力：

1. 韵律感 + 画面感

“微风拂长裙，步步生诗意，邂逅春日里的温柔一击。”

（突出产品：长裙。风格：温情。场景：春日户外。）

2. 双关语 + 幽默

“这件衬衫‘有料’，让你上班‘不慌不忙’，下班‘闪闪发光’。”

（突出产品：衬衫。风格：幽默。双关：“有料”既指面料好，也指人有本事；“不慌不忙”，指从容。）

3. 押韵 + 场景感

“软糯毛衣裹身，暖意与优雅并存，这个秋冬不再‘冷冰冰’！”

（突出产品：毛衣。风格：温情。场景：秋冬日常。）

4. 双关语 + 画面感

“一条‘包你满意’的神裤，藏肉显瘦，走路都带‘裤’气！”

（突出产品：裤子。风格：幽默。双关：“包你满意”谐音“保你满意”；“裤”气谐音“酷”气。）

5. 押韵 + 温情

“时光轻喃，棉麻相伴，把舒适穿成一首田园诗篇。”

……

此提示词强化了语言艺术的使用方向，通过明确“押韵、画面感、双关”3

类特征，使 AI 在生成标题时兼顾艺术性与传播性，既富创意又贴近用户感受。

6.2 AI生成直播过程的文案内容

在直播过程中，除了产品讲解与互动外，文案同样承担着“粘住观众”“引导购买”“强化品牌印象”的作用。优秀的直播文案不仅能提高观众的停留时长，还能刺激即时购买欲。AI 工具在此环节的应用，可以帮助主播快速生成不同类型、不同风格的直播文案，从而节省时间并提升转化效率。本节将向大家介绍如何用 AI（继续使用 DeepSeek）生成直播过程的文案内容。

6.2.1 直播宣传文案的类型

扫码
看教学

直播宣传文案通常分为 3 类：预热型文案、互动型文案和促销型文案。

1. 预热型文案

用于直播前期的内容曝光，制造期待感，例如：“今晚 8 点，限量秒杀，错过就要等一年！”

2. 互动型文案

用于调动氛围和促进互动，例如：“在评论区打出‘想要’，抽送惊喜礼物！”

3. 促销型文案

在直播高潮阶段强化转化，例如：“最后 10 分钟，下单立减 50 元！”

下面以 6·18 服装直播为例，让 AI 生成不同类型的宣传文案。相关提示词及回复内容如下。

提示词

请帮我生成 5 条适合 6·18 服装直播的宣传文案，分别包含预热型、互动型和促销型 3 种类型，语言简洁有力，能引起购买欲

DeepSeek

好的，没问题！这里有 5 条为 6·18 服装直播精心准备的宣传文案，涵盖您要求的 3 种类型，风格多样，直击痛点，激发购买欲。

一、预热型文案

（用于直播前造势，引发好奇与期待）

1.【终极剧透】6·18 宝藏衣橱抢先看！明晚 8 点，锁定直播间，今夏最显瘦 / 最时髦的款式都在这里！

类型：预热型

亮点："终极剧透""宝藏衣橱"引发好奇；"显瘦 / 时髦"直击用户核心需求。

2. 别等到 6·18 当天才后悔！我们准备了专属于你的"价格秘密"和"限量尖货"，锁定直播间，惊喜提前揭晓！

类型：预热型

亮点：制造稀缺感和紧迫感（"后悔""限量尖货"），并用"价格秘密"暗示有独家优惠。

二、互动型文案

（用于直播中或直播前，鼓励用户参与）

1. 直播进行中！评论区留下你的身高体重，主播现场为你精准搭配！搭得好看，立减券直接送你！

……

提示词清晰定义了 3 种文案类型，并强调语言节奏和转化导向；AI 生成结果更具实操性和场景适配度，便于主播快速挑选使用。

6.2.2　设置悬念引起受众好奇

扫码
看教学

设置悬念是一种制造期待感的文案技巧，尤其适合直播前的预告和直播初期。通过"隐藏关键信息"或"吊观众胃口"，可以有效提高点击率和停留率。

例如，"她用这个方法，一个月省下上千块！""你绝对想不到，为什么这支笔能爆卖 10 万支？"这类文案能促使观众想进入直播间寻找答案。

下面以某数码主播推广数码产品为例，让 AI 生成带有悬念的直播宣传文案。相关提示词及回复内容如下。

提示词

请帮我生成 10 条带有悬念的直播宣传文案，适合数码产品类直播，要求

语言简短、引人入胜，可引发观众好奇心

DeepSeek

好的，这里是 10 条为数码产品直播设计的简短悬念宣传文案，旨在激发观众的好奇心与期待感：

1. 明晚 8 点，见证“无声的革新”。这一次，我们重新定义 ______。

（悬念点：“无声的革新”和留白，引发对产品核心突破的猜测。）

2. 它，可能是你最后一件需要充电的设备。谜底即将揭晓。

（悬念点：颠覆性的续航能力或全新的充电方式，暗示产品将终结充电焦虑。）

3. 一个你从未见过的“视”界，正在直播开启。准备好惊讶了吗？

（悬念点：强调视觉体验的颠覆，暗示可能是屏幕、摄像头或 VR/AR 技术的突破。）

4. 我们藏了一个“彩蛋”，就在明晚的直播间。猜猜它藏在哪里？

（悬念点：用“彩蛋”一词，暗示产品有隐藏的惊喜功能或设计，吸引用户去发现。）

5. 告别________！一场关于效率的革命，明晚来袭。

（悬念点：直接点出要“告别”的痛点，如卡顿、延迟、烦琐操作等，引发共鸣和期待。）

6. 听说，它能让你的手机“羞愧”？来看真相。

（悬念点：用对比和挑衅的口吻，暗示新产品性能远超常见设备，极具话题性。）

……

此提示词强调“悬念感”与“好奇驱动”，AI 会重点生成具有反差、模糊性或未揭示信息的文案，能有效刺激观众的探索心理。

6.2.3 数字冲击增强视觉效果

扫码看教学

数字是最能吸引注意力的文案元素，它让抽象信息变得具象、有冲击力。通过“价格、数量、时间、速度”等数字信息，可以在直播宣传中制造视觉焦点。

例如，“3 分钟售罄 1000 单！”“全场 5 折，仅限今晚！”“10 秒成交一单！”等表达能迅速激发紧迫感与信任感。

下面以食品或日用品类直播为例，让 AI 生成带有数字冲击力的直播文案。相关提示词及回复内容如下。

提示词

请帮我生成 10 条带有数字冲击力的直播文案，要求数字真实合理，能体现销量、优惠或时间紧迫感，适用于食品或日用品类直播

DeepSeek

这里有 10 条针对食品和日用品的直播文案，每一句都注入了真实合理的数字和强烈的冲击力，旨在激发观众的购买欲。

食品类

1.【销量冲击型】

“直播间 5 分钟爆卖 10000 单！就是这个让 50 万人回购 3 次以上的麻辣牛肉干，今天破价首播，进来抢！”

2.【优惠力度型】

“不看血亏！原价 89 元的 4 斤装猫山王榴梿果肉，今天直播间前 500 单直接砍到 59.9！只剩最后 82 单了！”

3.【时间紧迫型】

“倒计时 3 小时！这个卖了 30 万箱的酸奶麦片，买 2 袋发 3 袋的活动马上结束！最后一波福利，手慢无！”

4.【组合优惠型】

“史上最强组合！ 99 元带走 8 包不同口味的螺蛳粉，再加送 3 包锅巴！这个套餐只在我们直播间有，库存告急！”

5.【新品首发型】

“首发 5000 单，买一送一！我们和网红茶餐厅联名的桶装奶茶，直播间新人再领 10 元券，19.9 元到手 2 桶！”

……

提示词通过限定“真实合理的数字”防止 AI 生成夸张数据，同时强化“时间紧迫”和“优惠力度”两大促销心理，确保文案既可信又有冲击力。

6.2.4 通过比较突出产品优势

扫码
看教学

对比是一种经典的说服性表达技巧，尤其在直播带货场景中，通过将产品与竞品、旧款或传统方案进行对比，能够更直观地凸显其优势与价值。AI 在生成此类文案时，能自动提炼差异点，并以用户关心的痛点为核心进行包装。

常见的对比方式有以下几种，如图 6-3 所示。

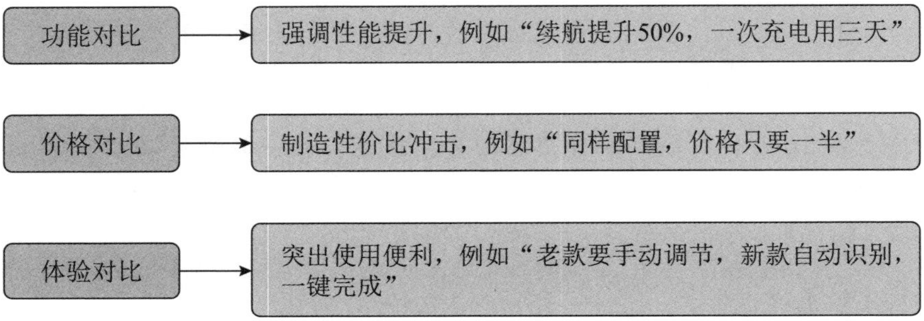

图 6-3　常见的对比方式

下面以厨房电器直播为例，让 AI 生成通过对比突出产品优势的直播文案。相关提示词及回复内容如下。

提示词

请帮我生成 8 条通过对比突出产品优势的直播文案，产品类型为厨房电器，重点体现健康、便捷、省时三大卖点，语言要有说服力

DeepSeek

这里有 8 条通过对比突出产品优势的厨房电器直播文案，围绕健康、便捷、省时三大卖点，语言充满说服力，可直接用于直播场景。

文案 1：【油烟对比篇——适用于空气炸锅 / 无油烟炒锅】

【对比场景】：传统油炸 vs. 我们的 ×× 健康空气炸锅

【文案】：“姐妹们，看看这个对比！左边是传统油炸，满屋子油烟，脸上身上都是油味，吃进去全是负担！右边用我们的 ×× 空气炸锅，不用一滴油，就能做出外酥里嫩的炸鸡！没有油烟，呵护你的皮肤和呼吸健康，从此告别油腻厨房，吃得更健康，身材更轻盈！”

文案 2：【时间对比篇——适用于破壁机 / 多功能料理机】

【对比场景】：手动备餐 vs. 使用我们的 ×× 破壁机

【文案】：“早上时间紧任务重？切水果、洗蔬菜、折腾半天？你 out（落伍）了！看好了——你手动切配需要 15 分钟，而用我们的 ×× 破壁机，只需要30 秒！把食材统统扔进去，一键启动，瞬间搞定一杯营养全面的健康果蔬汁。多出来的 15 分钟，让你多睡一个美容觉，它不香吗？”

文案 3：【清洁对比篇——适用于免手洗破壁机 / 豆浆机】

【对比场景】：清洗传统豆浆机 vs. 清洗我们的 ×× 免手洗破壁机

【文案】：“以前做完豆浆最头疼的是什么？对！刷那个黏糊糊的刀头和杯底，又麻烦又容易划伤手！现在你看我们的 ×× 破壁机，一键自清洁，高温蒸汽洗，比手洗还干净！你喝着热乎的豆浆，机器自己就把自己洗干净了。这才是真正的解放双手，把宝贵的时间留给自己！”

……

提示词在产品类型和核心卖点上限定明确，使 AI 输出的内容更贴近用户痛点。强调“语言要有说服力”可促使 AI 生成节奏感更强、逻辑更清晰的直播文案，适合口播或弹幕推广使用。

6.2.5　描述场景促使用户购买

扫码
看教学

场景化文案通过构建具体情境，让观众在心理上“代入”产品的使用过程，从而激发购买欲望。这种方式比单纯强调功能更能调动用户情绪，是当前 AI 直播文案中应用率极高的类型。

常见的场景描述技巧包括以下几点，如图 6-4 所示。

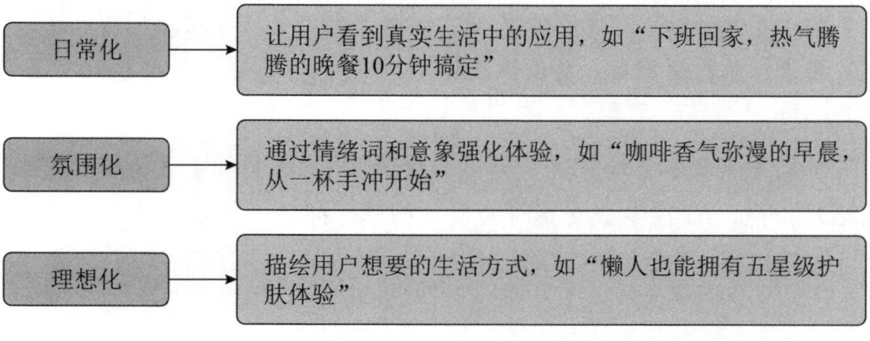

图 6-4　常见的场景描述技巧

下面以美妆类直播为例，让 AI 生成场景化的直播文案。相关提示词及回复内容如下。

提示词

请帮我生成 10 条适合美妆类直播的场景化文案，要求贴近日常生活，能激发购买欲，并包含使用后的感受描述

DeepSeek

这里有 10 条为美妆类直播精心准备的场景化文案，紧密贴合日常生活，旨在激发购买欲并包含真实的使用感受描述：

1. 场景：早起通勤，妆容持久一整天

文案：“姐妹们，是不是每到下午就变身‘大油田’，眼线也晕成熊猫眼？快来我直播间！今天这款‘越夜越美丽’粉底液，我早上挤地铁狂奔到公司，到现在晚上 8 点，妆容居然还牢牢扒在脸上，而且出油后反而像自带高光一样，是那种超美的奶油肌！真·通勤党救命神器！”

激发点：解决脱妆、暗沉的日常痛点。

感受：“牢牢扒在脸上”“超美的奶油肌”。

2. 场景：周末约会，打造心动伪素颜

文案：“周末和男神约会，千万别画大浓妆！心机伪素颜才是王道！看我直播，教你用这支‘能呼吸’的素颜霜，抹开瞬间提亮，像刚做完 SPA（Solus Por Aqua，拉丁语，意为通过水治疗）一样水润透亮，直男根本看不出你化了妆，只会觉得你今天皮肤好到发光！快来 get（获得）让 crush（心仪的人）心动的秘密武器！”

激发点：创造“伪素颜”的吸引力，满足约会场景需求。

感受：“能呼吸”“像刚做完 SPA 一样水润透亮”“皮肤好到发光”。

3. 场景：熬夜追剧后，急救憔悴脸

……

提示词不仅要求“场景化”与“情感带入”，还明确了“使用后感受”这一情绪转折点。AI 在生成文案时会自动构建“问题—使用—改善”的逻辑结构，让直播口播更自然、更有感染力。

6.3 直播文案的两大特质

对于主播直播而言，只有提供优质内容，才能吸引人气和流量。本节主要介绍直播文案的两大特质，以帮助主播更好地创作出优质的直播内容。

6.3.1 情感特质：充分融入情感

在直播文案创作中，情感是最能打动观众的力量。相比冷冰冰的商品介绍或机械化的卖点堆砌，那些能传递温度与真诚的表达，更容易让观众停留，产生信任感。尤其是在当前强调“陪伴感”与“生活共鸣”的直播趋势中，文案的情感表达已经成为影响转化率的重要因素。

情感型文案并不是简单地煽情，而是让观众在字里行间感受到主播的真诚、体贴和人性化表达。例如，在带货直播中，主播可以通过一句“这款产品我自己也一直在用”来拉近与观众的距离；在知识型或成长类直播中，可以融入真实的经历和情绪，如“我也曾焦虑过，但这本书让我慢慢找回方向”。这种真实与共情，往往能引发评论区的共鸣与讨论，形成正向互动。

在当前的直播生态中，许多头部主播都善于在文案中注入情感力量。比如董宇辉的直播语言真诚、克制，常用“我们”“一起”“理解”等词语传递共情；李子柒式的短语则偏向“温柔叙事”，通过“慢”“暖”“安静”等意象营造生活情绪。这些情感表达不仅体现文案的审美，也直接决定直播间的氛围。

6.3.2 粉丝特质：实现力量变现

“粉丝”这个名词相信大家都不会陌生，那么“粉丝经济”呢？作为互联网营销中的一个热门词，它向我们展示了由粉丝支撑起来的强大 IP 营销力量。

网红或者明星进行的直播带货，相当于将货物人格化，并且只需要和店铺合作即可，因此并不要求主播拥有自己的货源，并且直播中更多的是用户出于对主播的喜爱和信任而产生的消费，即粉丝经济。

粉丝经济不仅带来影响力和推广力，最重要的还是在于将粉丝的力量转变为实实在在的利润，即粉丝变现。粉丝不仅能为企业传播和宣传品牌，还能为企业的利润赚取做出贡献。

1. 粉丝的获取

有的平台在粉丝关注主播后，会显示相关推荐，如图 6-5 所示。这样一种形式被称为粉丝裂变，这种同类推荐的方式有助于主播增加粉丝数量。

2. 粉丝的运营

以淘宝直播为例，淘宝直播针对粉丝的运营为主播提供了一个亲密度管理的功能。亲密度增加的规则可以由主播设置，例如每日观看直播、发布一条评论之后，分别增加 2 分；关注主播、观看时长超过 4 分钟都增加 5 分；还有点赞和分享次数达到多少次可增加不同数值的积分等。

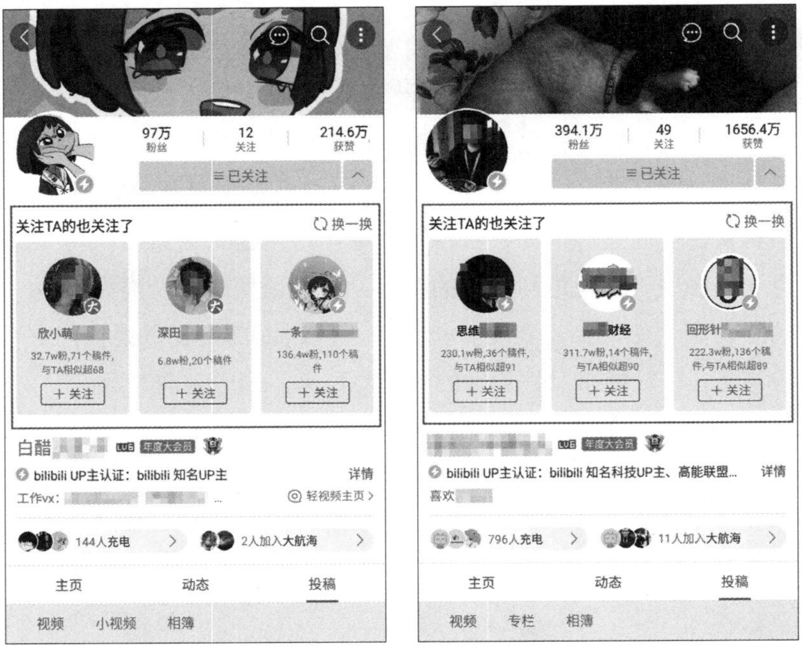

图 6-5　相关推荐

其他类型的直播对于粉丝都具有分层的规则，主要依照粉丝对主播的打赏程度划分。以斗鱼直播平台为例，在粉丝的直播间内，右侧会显示粉丝团，并且成为超级粉丝团会享有相应的直播间特权。

第 7 章

13 个角度：吸粉引流提升主播的人气

对于主播来说，无论是吸粉，还是粉丝的黏性都非常重要，它们都属于粉丝运营的一部分。大多数主播对粉丝运营都比较重视。本章将通过对粉丝运营相关内容的解读，帮助各位主播提高粉丝运营的能力，更好地与用户形成紧密的联系。

7.1 私域流量粉丝的获取方法

在直播带货或内容运营中，私域流量的构建与运营是实现个人 IP 价值长期增长的核心。与公域流量不同，私域流量属于主播或品牌的自身资产，可以反复触达、持续转化、低成本复购。

无论是电商主播、教育主播，还是生活方式类主播，拥有稳定的私域流量都意味着能够更轻松地实现内容传播和商业变现。因此，打造属于自己的粉丝池，将普通观众转化为忠实粉丝，是每位主播和运营者必须长期投入精力的工作。

私域流量粉丝的获取主要分为 3 个环节：站外拉新、站内引流、社群沉淀。站外拉新帮助主播在更广的社交环境中吸引潜在用户；站内引流则通过平台内部活动和互动实现精准转化；而社群沉淀则是维系用户、提升复购率的关键。本节将为大家详细介绍在直播运营中吸粉引流的实用方法和技巧。

7.1.1 通过社交平台实现站外拉新

所谓“站外拉新”，是指通过除主播直播平台之外的社交渠道吸引新粉丝关注。不同渠道有不同特点，通过合理组合，可以实现精准高效的粉丝增长。接下来，将为大家介绍几种跨平台拉新的途径。

1. 微信拉新

微信仍是国内最大、最活跃的社交平台之一，非常适合做私域留存和高信任度粉丝运营。微信拉新可以从朋友圈、微信群、公众号和视频号 4 个维度展开。

1）朋友圈拉新

朋友圈这个平台对于主播来说，虽然一次性传播的范围比较小，但是从对受众的影响程度来说，有着其他平台无法比拟的优势，非常适合精准拉新。其优势如图 7-1 所示。

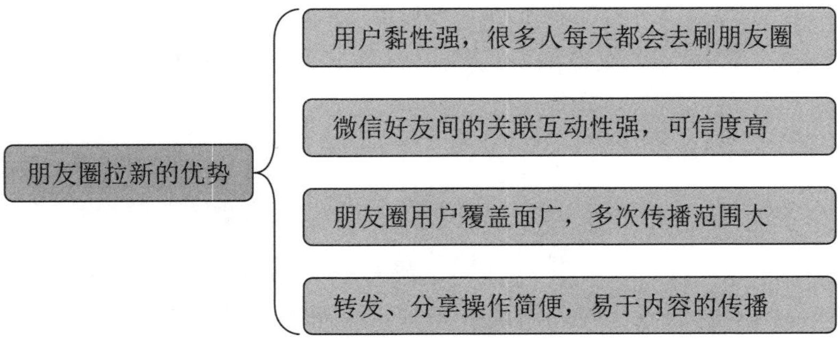

图 7-1 朋友圈拉新的优势

由于主播不能在朋友圈直接进行直播分享，因此可以通过分享短视频的方式吸引微信好友的关注，为直播达到有效拉新的目的。其中有 3 个方面需要重点注意，具体分析如下。

第一，运营者在拍摄视频时要注意画面的美观性。因为推送到朋友圈的视频，不能自主设置封面，它显示的就是开始拍摄时的画面。当然，运营者也可以通过视频剪辑的方式保证视频封面的美观度。

第二，运营者在推广时要做好文字描述。一般来说，呈现在朋友圈中的短视频，好友看到的第一眼就是其封面，而文字信息能让受众了解更多关于该视频的内容。因此，在发布短视频时要做好重要信息的文字表述，如图 7-2 所示。

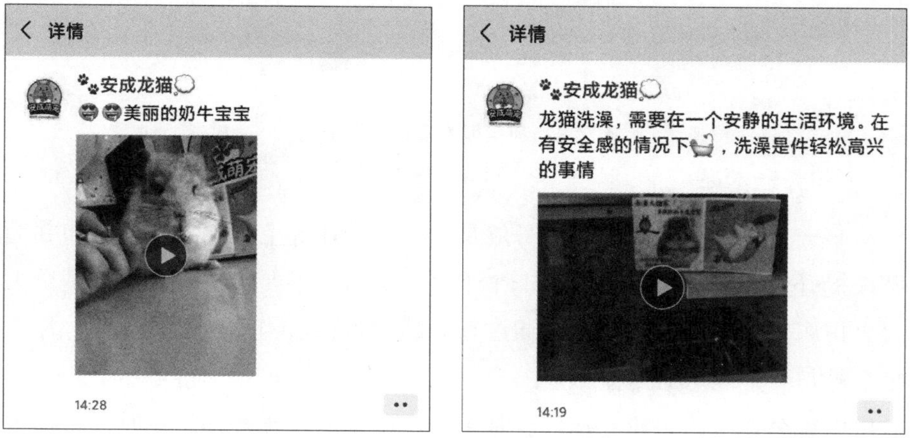

图 7-2　做好重要信息的文字表述

这样的设置，一来有助于受众了解短视频的核心内容，二来设置得好还可以吸引受众点击播放。

第三，运营者在推广时要利用好朋友圈的评论功能。朋友圈中的文本如果字数太多是会被折叠起来的。为了完整展示信息，运营者可以将重要信息放在评论里进行展示，如图 7-3 所示。

注意：朋友圈发布内容最好与当天直播时间同步，让好友看到即时信息，提高点击率和关注率。

2）微信群拉新

微信群互动性强，成员具有兴趣聚集属性，适合做高精准拉新。主播可以在微信群中发布直播预告、精彩片段或短视频，吸引群内成员关注。但要注意的是，发布频率要与直播时间匹配，避免过于频繁造成受众反感。

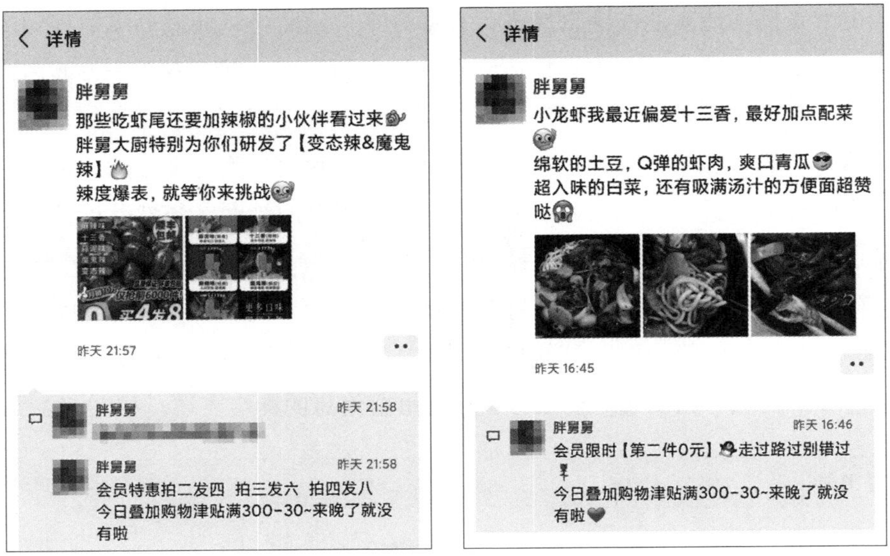

图 7-3　利用朋友圈的评论功能

3）公众号拉新

从某一方面来说，微信公众号就是个人、企业等主体进行信息发布并通过运营来提升知名度和品牌形象的一个平台。主播如果要选择一个用户基数大的平台来推广短视频内容，且期待通过长期的内容积累构建自己的品牌，那么微信公众号是一个理想的传播平台。

可以说公众号的本质是推广。基于此，在发展视频直播行业时，直播平台和主播也可以通过公众号来推广直播节目。对那些自身有着众多用户和粉丝的直播平台和主播而言，做好公众号的运营是比较不错的直播内容推广方式。当然，对那些没有大量粉丝的主播而言，也可以选择这一方式逐渐地吸粉和引流。

在进行公众号运营的过程中，要想做到事半功倍，需要从以下 3 个方面加以注意：

首先，在编撰内容和进行推广之前，需要做好公众号定位，明确微信公众号运营的目的。这是做好公众号的基础和关键。

其次，要创作出具有吸引力的内容。对平台和主播而言，赢得更多的用户关注和赢得用户更多的关注是其推广内容的两个根本目标，这些目标需要通过打造内容的各种形式来实现。打造公众号内容形式具体有 4 点要求，如图 7-4 所示。

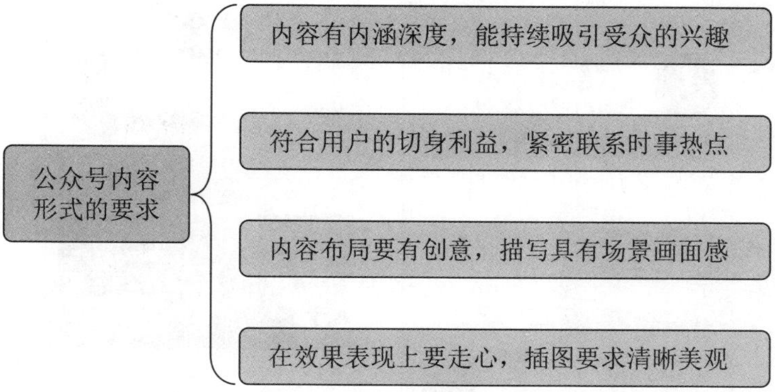

图 7-4　公众号内容形式打造的要求

最后，对用户来说，他们需要一些能够让人耳目一新的内容类型、形式和布局来增强他们的体验感，这样他们才会有意愿去点击阅读。从这个角度来看，微信公众号可以从 3 个方面加以提升，如图 7-5 所示。

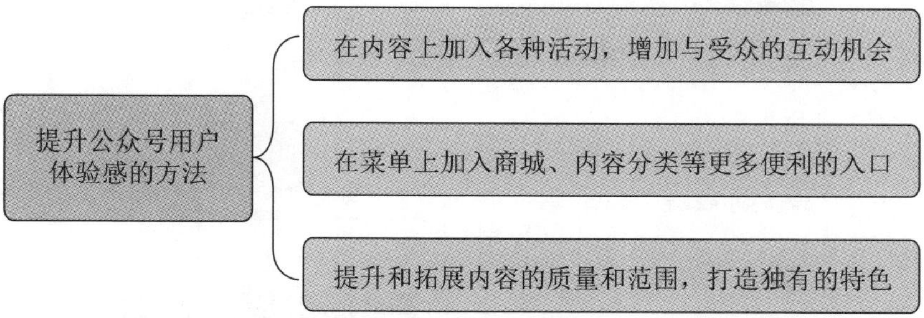

图 7-5　提升公众号用户体验感的方法

举个例子，“龙飞摄影”是龙飞（网名：构图君）创建的微信公众号，主攻摄影构图垂直细分领域。经过多年的发展，该公众号不仅集聚了粉丝，更是在内容形式上有了丰富的呈现，并逐渐拓展到 AI 摄影、AI 视频课程直播教学领域。图 7-6 所示，为“龙飞摄影”公众号的主页面和菜单页面。

与自建公众号推广直播内容和借助实力大号推广直播节目不同，“龙飞摄影”采用的是基于自身平台内容，在与其他大号和电商平台合作的情况下进行推广，从而为直播的推广和发展贡献其力量。

在“龙飞摄影”直播课程的推广和发展中，企业和主播运营者综合了多方面的资源，具体说来可分为 4 类。下面对这 4 类途径进行详细介绍。

（1）自身公众号推广：在推广自身直播内容时，企业和主播利用自身的微信公众号平台进行直播信息的推送，如图 7-7 所示。

图 7-6 “龙飞摄影”公众号

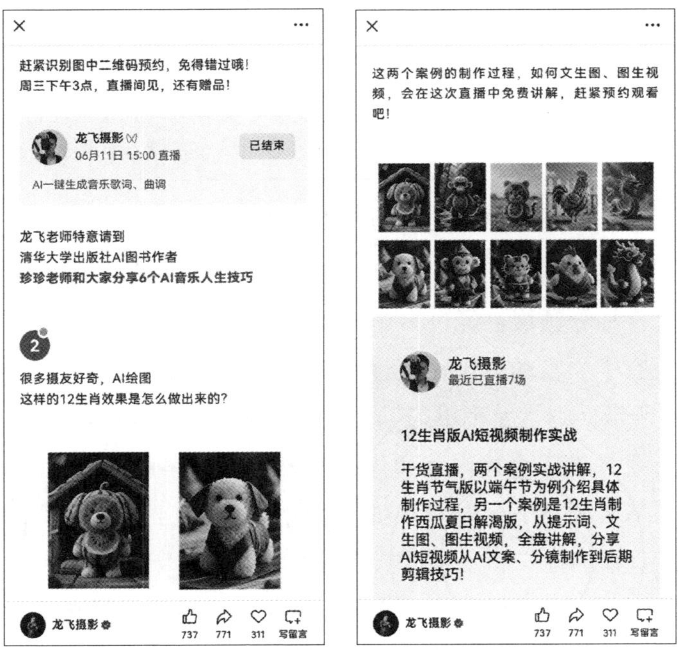

图 7-7 公众号直播信息推送

更重要的是，企业和主播还对已直播过的内容进行回顾和梳理，以便用户更好地理解和掌握，如图 7-8 所示。

图 7-8　直播内容回顾和梳理的信息推送

（2）与实力大号合作："龙飞摄影"公众号是一步步成长起来的，其初建阶段的主要内容就是尽可能地利用优质的内容进行引流。基于此，该公众号在进行直播时，采用与摄影领域实力大号"玩转手机摄影"合作的方法来推出直播内容，开展了一场在千聊上的直播微课。图 7-9 所示为"玩转手机摄影"公众号推出的直播课程信息。

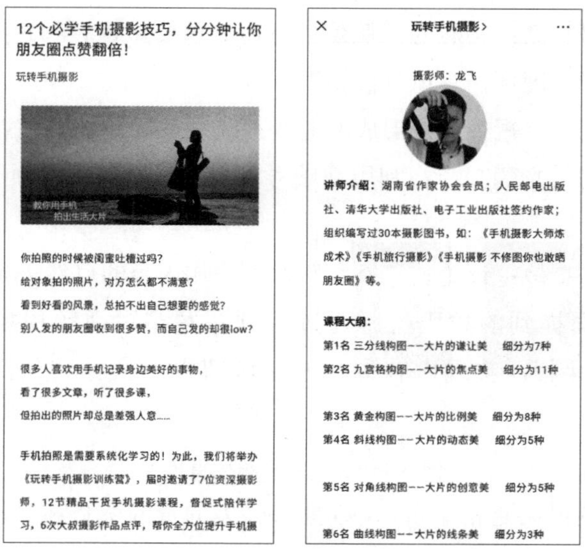

图 7-9　"玩转手机摄影"公众号推出的直播课程信息

（3）对接电商平台：龙飞不仅是“龙飞摄影”公众号的创建者，同时还是一个精于摄影领域的作家，著有几十本摄影构图畅销专著，这些书籍在京东商城上都有销售。基于这一点，“龙飞摄影”公众号对接京东，推出龙飞京东直播课。图 7-10 所示为龙飞在京东电商平台上的直播。

图 7-10　龙飞在京东的直播

（4）视频号拉新：视频号是微信生态内的重要短视频和直播入口，可与朋友圈、公众号形成闭环，具体分析如下。

①持续输出垂类短视频，形成专业或兴趣领域的粉丝记忆点。

②直播预告与预约功能：利用视频号直播预告吸引粉丝预约，并在视频结尾加入关注引导。

③互动促进扩散：评论、点赞、转发可增加内容的自然曝光。

例如，前面提到的龙飞摄影通过视频号发布短视频积累粉丝，再导流到公众号直播课程，实现内容种草→私域留存→直播转化闭环，如图 7-11 所示。

2. QQ 拉新

作为早期的网络通信平台，QQ 拥有强大的资源优势和底蕴以及庞大的用户群体，是直播运营者需要巩固的引流阵地之一。

图 7-11　龙飞摄影视频号

（1）QQ 签名、头像和昵称引导关注：主播可以在签名或昵称中添加直播账号信息，提高曝光率。

（2）QQ 空间引流：QQ 空间是直播运营者可以充分利用起来的一个好地方，在 QQ 空间推广更有利于积攒人气，吸引更多人前来观看。下面就为大家具体介绍 6 种常见的 QQ 空间推广方法，如图 7-12 所示。

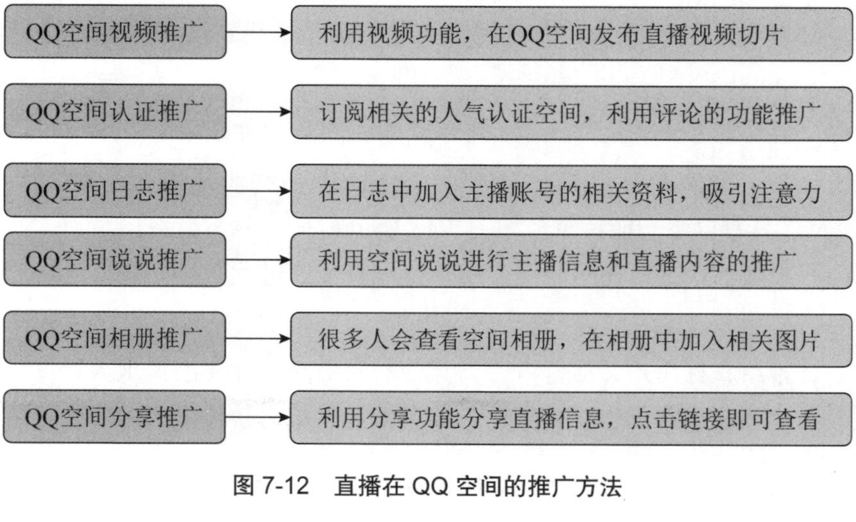

图 7-12　直播在 QQ 空间的推广方法

（3）QQ 群与兴趣部落引流：主播可以多创建和加入一些与直播号相关的 QQ 群或部落，多与群友进行交流和互动建立信任，再推送直播内容，实现高精准拉新。QQ 群互动中可定期发布问答或小游戏，增加粉丝参与度，为直播引流创造机会。

3. 微博拉新

微博适合热点话题营销和快速曝光。在进行微博推广的过程中，“@”这个功能非常重要。在博文里可以“@”明星、媒体、企业或大号，借助其粉丝群体扩大自身的影响力。

此外，微博“热门话题”是一个制造热点信息的地方，也是聚集网民数量最多的地方。结合当前话题发表观点或互动，可以提高阅读量和转发率。

4. 音频软件拉新

音频内容的传播适用范围更为多样，运动、读书甚至工作等多种场景，都能在悠闲的时候收听音频节目。相比视频来说，音频更能满足人们的碎片化需求。对于运营者来说，利用音频平台来宣传主播和直播信息，是一个非常不错的营销方式。

音频营销是一种新兴的营销方式，它主要以音频为内容的传播载体，通过音频节目推广品牌，营销产品。随着移动互联网的发展，以音频节目为主的网络电台迎来了新机遇，音频营销也得以进一步发展。音频营销的特点具体如下。

（1）闭屏播放：用户收听时无须视觉关注，广告注意力更集中。

（2）伴随属性：相比于视频、文字等载体，音频具有独特的伴随属性，它不需要视觉上的注意力，只需用耳朵收听即可，可在日常生活中自然触达用户。

以“喜马拉雅 FM”为例，这是一款知名的音频分享应用，用户可以通过它收听国内、海外等不同地区几十万个音频栏目。相比其他音频平台，“喜马拉雅 FM”具有以下功能特点，如图 7-13 所示。

（3）投放更精准：在平台上，用户可以直接通过搜索栏寻找自己喜欢的音频节目。对此，运营者只需根据自身内容，选择热门关键词作为标题，便可将内容传播给目标用户。运营者应该充分利用受众碎片化的需求，通过音频平台来发布直播信息和广告，音频广告的营销效果相比其他形式的广告投放更为精准。

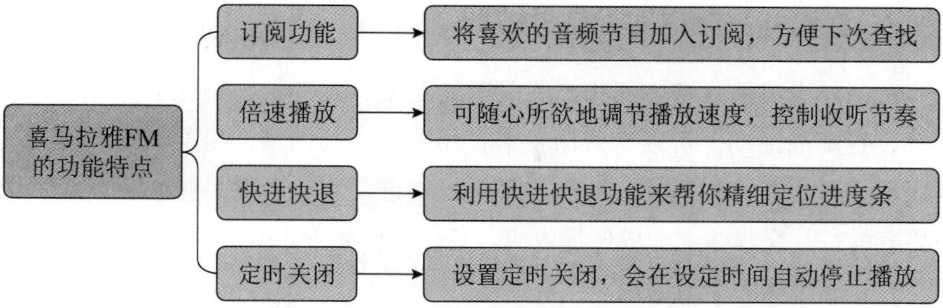

图 7-13　喜马拉雅 FM 的功能特点

例如，美食主播可以与“美食”相关的音频栏目合作。因为这些节目通常有大量关注美食的用户收听，广告的精准度和效果会非常好。

（4）低成本：与视频广告相比，音频广告的制作和投放成本更低，十分适合新主播。

5. 短视频平台拉新

短视频平台（抖音、快手、小红书、B 站）是目前非常主流的拉新渠道，主播可以通过以下方式来拉新。

首先，视频内容开头的前 3 秒至关重要，要设计出能够瞬间吸引观众注意力的元素，可以突出产品或服务的核心卖点，也可以设置悬念，激发观众的好奇心，促使他们继续观看。

其次，需要统一视频的风格和口号，从画面色调、拍摄手法到配音风格都保持一致性，通过反复强化，在观众心中形成独特的视觉记忆，增强品牌辨识度。

再次，积极利用评论区进行互动引导，通过回复评论、设置互动话题等方式，引导观众关注账号，并将他们引流至视频号或直播间，进一步深化与粉丝的连接。

最后，实施跨平台联动策略，先通过短视频平台进行广泛曝光，吸引潜在用户的关注，再将他们引导至视频号或社群进行留存，通过持续的内容输出和互动维护粉丝关系，最后在直播环节实现转化，完成从流量到销量的闭环。

综上所述，通过微信、QQ、微博、音频平台、视频号和短视频平台等多渠道进行站外拉新，可以实现粉丝数量的快速增长，同时为私域流量池建设打下坚实基础。在实际操作中，应结合各平台特性，形成从短视频种草→社群互动→直播转化的完整闭环，保证粉丝增长与私域留存的可持续性。

7.1.2 通过礼品赠送实现站外拉新

在站外引流的众多方式中，礼品赠送是最具互动性与转化力的一种手段。通过设置赠品活动，可以有效激发潜在用户的参与热情，引导其进入直播间，从而完成从“路人”到“粉丝”的转化。与硬广相比，赠品拉新更具亲和力，也更容易在社交媒体上形成传播效应。具体分析如下。

1. 礼品赠送的引流逻辑

礼品赠送的核心是制造参与感与稀缺感。用户在社交平台看到“限量赠送”“评论抽奖”“分享赢好礼”等活动时，会本能地产生参与冲动，从而主动关注品牌账号或进入直播间。这类活动不仅能拉动外部用户的关注量，还能在短时间内提升品牌的曝光度和热度，为直播首播或新品发布造势。

例如，品牌在直播前可通过小红书、微博或公众号发起活动：“转发并留言，就有机会获得新品体验装。”这类轻量互动能迅速带来外部流量，用户为了领取礼品会关注直播时间，并在直播当天进入直播间观看抽奖环节。

2. 赠品活动的设计要点

为了确保赠品拉新活动既能吸粉又能促销，应注意以下几点设计要素。

1）礼品关联度要高

赠品应与直播产品或品牌调性高度相关。例如，美妆品牌可送试用装或周边化妆镜，而非无关的电子产品。高关联度能提高后续转化率。

2）设置明确的参与门槛

可要求用户完成特定动作，如“关注 + 转发 + 评论截图”“私信报名直播间口令”等，让赠送行为与引流路径相绑定。

3）制造时间或数量稀缺性

使用限定语句，如“限量 100 份”“今晚 8 点直播限时抽送”，强化用户的紧迫感与参与欲望。

4）同步站外与站内活动

在直播过程中可进行“二次抽奖”或“加码赠送”，让用户感觉持续有惊喜，形成观看闭环。

3. 实操建议

主播或品牌在策划赠品活动时，可结合以下策略落地：

（1）在微博、小红书、抖音等社交平台提前 3 ～ 5 天发布活动预告。

（2）设计统一视觉元素与口号，如“来直播间领好礼”。

（3）使用社群或公众号进行用户提醒推送。

（4）直播当晚在开场、中场、结尾分别安排抽奖环节，维持观看热度。

通过礼品赠送实现站外拉新，不仅能带动外部用户的关注与参与，还能让品牌在多个平台间形成传播链路，进一步提升直播间的整体热度与转化率。

7.1.3　通过店铺逛逛实现站内拉新

在站内拉新方面，淘宝商家除了依托首页展示、客服消息提醒等传统方式外，还可通过淘宝“逛逛”“粉丝群”等渠道进行精准预热和内容触达。这类方式不仅能在平台内部直接引流，还能激发粉丝的互动兴趣，从而提升直播间活跃度和转化率。

首先，商家可在店铺首页设置直播预告位，添加“直播预约”按钮或倒计时模块，让访客在浏览商品时即可预约直播提醒，如图 7-14 所示。这样既能锁定潜在观众，又能提高直播开始时的即时观看人数。

其次，可以通过智能客服自动回复实现私域触达，如图 7-15 所示。当用户咨询商品或下单后，系统自动推送直播预告或优惠信息，形成即时刺激，促进二次访问。

图 7-14　淘宝店铺首页预热

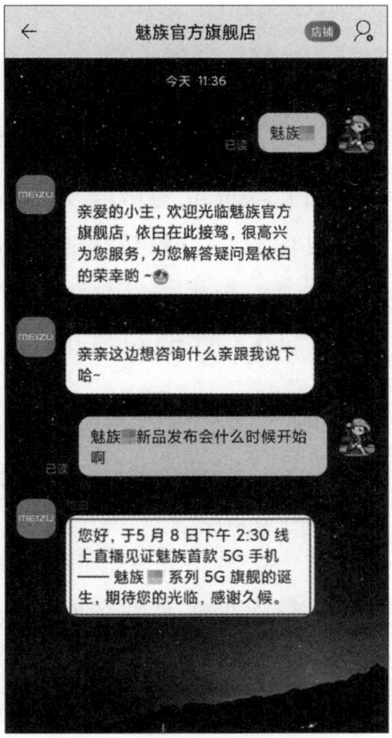

图 7-15　设置客服自动回复

此外，淘宝的“逛逛”频道已成为新的内容曝光阵地，如图 7-16 所示。商家可定期发布短视频 + 图文预热内容，如“直播间专属折扣”“新品试穿”“限时秒杀”等，通过兴趣标签精准推荐给潜在粉丝。与过去“微淘”单一图文推送不同，“逛逛”频道能带来更高的互动率与转化率。

图 7-16　淘宝的“逛逛”频道

最后，利用粉丝群或会员群发消息推送直播提醒，是保持用户黏性的有效方式。商家可以提前一天和开播前一小时分别推送提醒，并附上专属福利，如直播专享优惠券或抽奖活动，刺激粉丝进入直播间互动。

通过以上几种方式，可以实现站内多层次、多触点的拉新布局，让直播间的流量来源更加稳定和可持续。

7.1.4　通过创建社群增强用户黏性

在直播运营中，社群是连接主播与粉丝的重要私域阵地。主播或品牌可通过创建微信群、粉丝群、品牌社群等形式，将对内容或产品感兴趣的观众聚集在一起，实现持续触达与深度互动。

建立社群的第一步，是在直播间或短视频评论区设置社群引导入口。例如，通过口播、弹幕或二维码邀请观众加入“品牌体验群”或“福利群”。这种方式能有效筛选出高意向粉丝，为后续运营打下基础。

进入社群后，运营者应注重持续互动与内容维护。除了定期推送直播预告、专属优惠、上新提醒外，还可以通过“打卡任务”“互动抽奖”“话题共创”等方式维持社群的活跃度。例如，许多品牌主播会在群内提前剧透直播爆品或发放“群专属秒杀券”，让粉丝形成“提前进群才能抢到好货”的心理预期。

图 7-17 所示为蕊希电台主播运营者创建的一个微信粉丝群，并在该群中发布蕊希电台节目的信息。

如果对该主播的节目非常喜爱，粉丝就会留在群里，再加上该直播运营者也会经常发起活动与粉丝互动，因此粉丝自然就更愿意留下来，如图 7-18 所示。

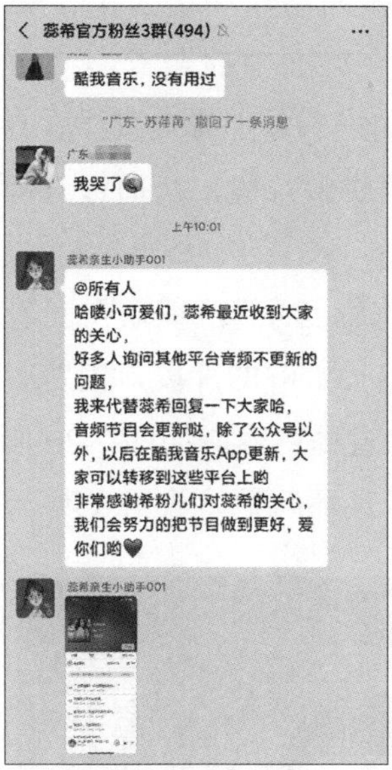

图 7-17　蕊希电台主播的微信粉丝群

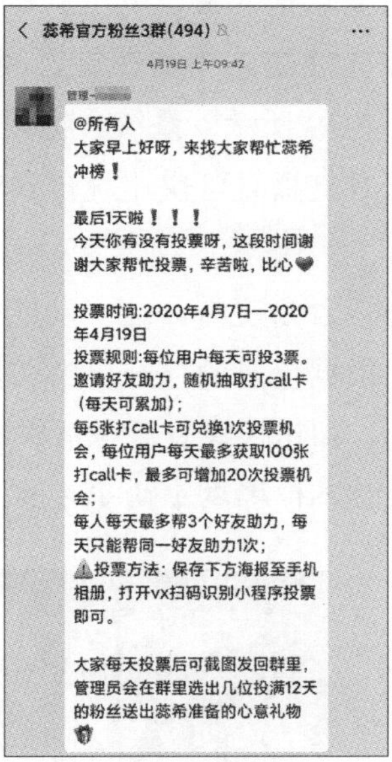

图 7-18　发起活动与粉丝互动

此外，社群不仅能促进二次消费，也能形成“粉丝裂变”。当群内活动有吸引力时，老粉丝会主动邀请新用户加入，从而实现从单向运营到用户自发传播的转变。

7.2 公域流量能获得更多的曝光度

在直播运营体系中，公域流量是突破粉丝圈层、扩大品牌影响力的关键环节。

与私域流量相比，公域流量来源更广，包括平台首页推荐、搜索页曝光、短视频分发、活动专题页等。合理利用公域流量，能让主播在平台中获得更高的曝光度与转化机会。

公域流量的核心在于内容与算法匹配。当前各大平台（如抖音、淘宝、快手、小红书）均采用智能分发机制，根据用户行为数据、停留时长、互动率等指标，自动为优质直播匹配更多曝光入口。

因此，主播在内容创作和直播运营中，应主动迎合平台算法逻辑，通过结构化内容输出、AI 标签化打点以及短视频预热等方式提升流量权重。具体分析如下。

1.“直播看点”功能

以淘宝直播为例，其“直播看点”功能为商家和达人主播提供了更高效的公域曝光通道。主播在讲解商品卖点时，可在中控台点击“标记看点”按钮，如图 7-19 所示。系统会将该段内容自动识别并生成“直播看点”短片，使用户在回看直播时可快速跳转到对应商品的讲解片段，从而提升停留时间与转化率。

从消费者角度看，这一功能相当于“直播目录”，观众在回看直播的过程中，可以根据自己的喜好自由切换至任意宝贝讲解的片段，消费者点击“看讲解”按钮，即可快速查看主播讲解该宝贝的直播内容，如图 7-20 所示。这种主动观看机制不仅提高了购买效率，也优化了直播间整体数据表现。

图 7-19　主播直播后台页面

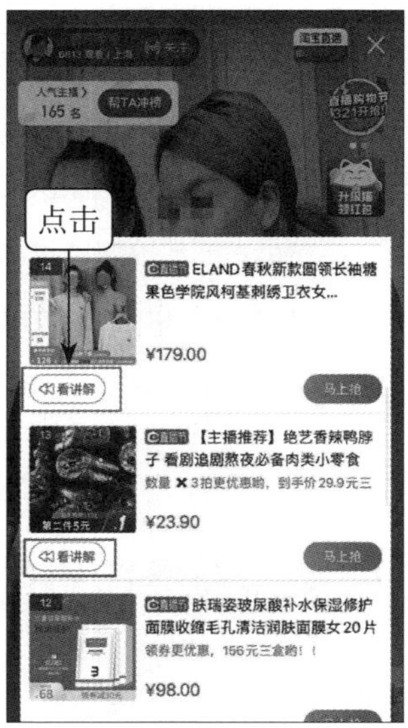

图 7-20　消费者观看直播页面

2. 多平台的“公域看点化趋势”

如今，这种“看点”机制已被各平台广泛采用。例如，抖音采用“AI 直播切片 + 热门片段推荐”，系统会自动识别直播中的高互动片段，二次分发至推荐页；快手推出“热点话题 + 看点封面”功能，让主播可通过主题标签进入热门榜单；小红书则通过“图文预告 + 直播短视频回放”机制，实现内容持续曝光。

这意味着公域曝光已不再依赖单一功能，而是一个由算法驱动的曝光生态系统。主播在策划直播内容时，应注重故事性与节奏感，使 AI 更容易识别亮点片段并推荐至首页。

3. 利用公域流量的 3 大收益

利用公域流量可以获得 3 大收益，具体分析如下。

（1）获得平台推荐权重：含“看点”或 AI 识别片段的直播内容，更容易被推入“猜你喜欢”“同款推荐”等模块，获得持续曝光。

（2）提高转化与复播率：看点片段可在直播结束后继续在平台流转，形成“回放带货效应”，让直播间实现长尾转化。

（3）优化用户体验与停留时间：用户可快速定位感兴趣的内容，提高观看体验，平台则会根据停留时间进一步放大推荐量，形成正向循环。

主播在使用公域功能时，可结合以下策略：

（1）在讲解重点商品时明确标记看点，让系统自动识别“核心内容段”。

（2）使用高互动封面和关键词标签，如“秋季上新”“爆款推荐”。

（3）在短视频端剪辑“看点片段”发布，促进直播间反向引流。

通过将内容模块化、数据化，主播不仅能有效占据公域曝光，还能借助平台算法形成持续增长的流量闭环。

7.3 巩固粉丝忠诚度，提高转化率

当拉新成功后，主播积累了一定数量的粉丝，也就有了基础。这时候如何来巩固这些粉丝就是接下来要做的重要工作了，主播和运营者要做的就是将吸引过来的用户转化为粉丝。接下来将从 5 个方面来详细分析如何提高粉丝的忠诚度。

7.3.1 通过打造人设来吸引粉丝

许多快手用户之所以长期关注某个账号，就是因为该账号打造了一个吸睛

的人设。因此，快手主播如果通过账号打造了一个让快手用户记得住的、足够吸睛的人设，那么便可以持续获得粉丝。

通常来说，快手主播可以通过两种方式打造账号人设来吸粉。一种是直接将账号的人设放在账号简介中进行说明。图 7-21 所示的账号便是通过这种方式打造“东北人在柬埔寨”的人设的。

图 7-21　通过账号简介打造人设

另一种是围绕账号的人设发布相关视频，在强化账号人设的同时，借助该人设吸粉。图 7-22 所示为快手号“散打哥”主页面及他发布的一条视频，该视频是“散打哥”在健身时的场景，符合他在账号简介中的人设定位。

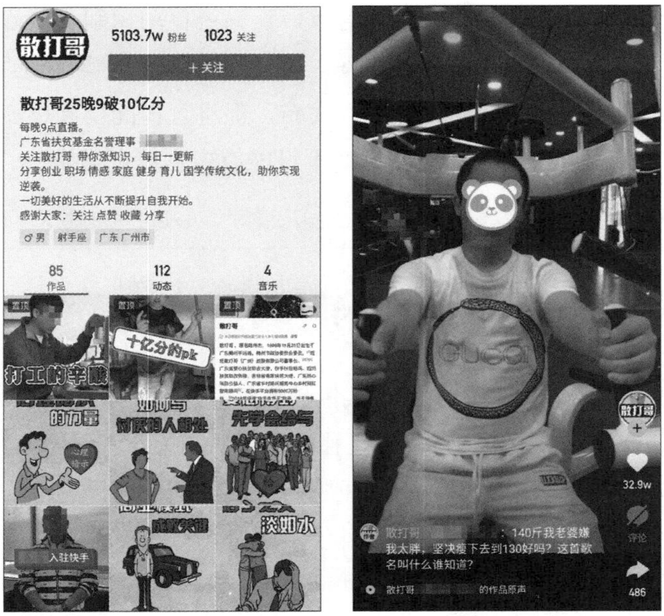

图 7-22　快手号“散打哥”主页及发布的视频截图

7.3.2 用个性化语言来吸引粉丝

在直播中，语言不仅是表达工具，更是塑造主播个性的重要载体。一个具有鲜明语言风格的主播，往往更容易让观众记住并产生好感。相比单调的介绍或推销，个性化的语言能让内容更有温度、更具辨识度，从而在同质化严重的直播环境中脱颖而出。

主播的个性语言不仅体现在"说什么"，更体现在"怎么说"。语气、节奏、情绪、幽默感，都会影响观众的观看体验。例如，有的主播以"高能语速+情绪递进"的方式制造紧张感，有的主播则以轻松调侃的语气形成亲切感，还有的知识类主播通过口头禅式的总结语提升记忆点。

例如，反串搞笑主播"开心元元"，他凭借"比女生还漂亮的"女装扮相迅速走红。在直播连麦时，每当有人惊叹于他的美貌时，他都会用一句"你好，哥"或"你好，美女"打破别人对他性别的认知，语气平淡，但富有戏剧感，形成强烈记忆点。让一句普通的招呼用语，变成他的个人标签，更是一种情绪锚点。

打造个性化语言风格时，可以遵循以下 3 个原则，如图 7-23 所示。

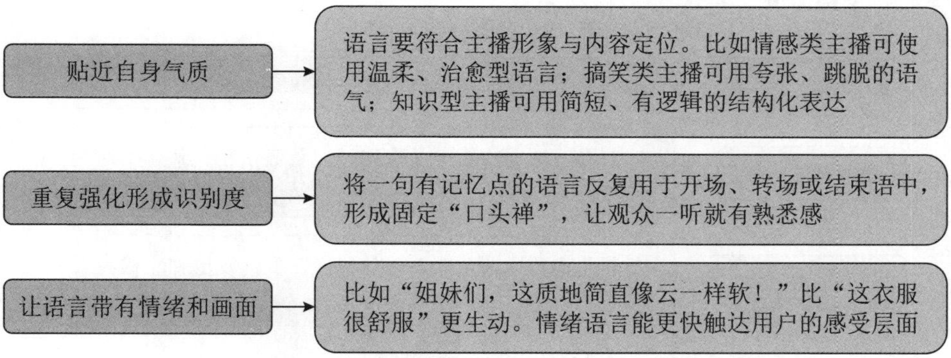

图 7-23　打造个性化语言风格的 3 个原则

这种语言风格的打造并非一蹴而就，主播可以在日常直播中不断测试不同语气、表达方式和观众反应，逐步沉淀出最具自己特色的语言表达体系。

7.3.3 互相关注粉丝来增强黏性

互相关注是维系粉丝关系、增强粉丝黏性的重要方式之一。虽然粉丝关注主播只是出于兴趣或喜爱，但如果主播能够在合适的时机回关或与粉丝进行互动，就能让粉丝产生被认可、被重视的感觉，从而在心理层面建立起更深的连接。

在短视频与直播平台上，平台算法往往会优先推荐有双向互动关系的内容。例如，当主播与粉丝互关后，平台会向该粉丝更频繁地推送主播的最新直播动态或短视频，这无形中提升了粉丝的留存率和观看率。

不过，互关并不意味着要“见一个就关一个”。主播可以根据粉丝的活跃度、互动频率、贡献度（如评论、打赏、分享等）分层回关，如图 7-24 所示。

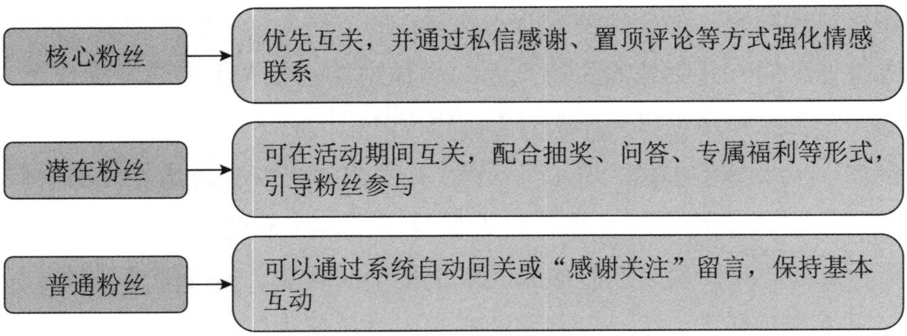

图 7-24　对粉丝分层回关

此外，主播在回关之后，不应让关系止步于“关注”。可以通过如图 7-25 所示的 3 种方式，持续增强粉丝黏性。

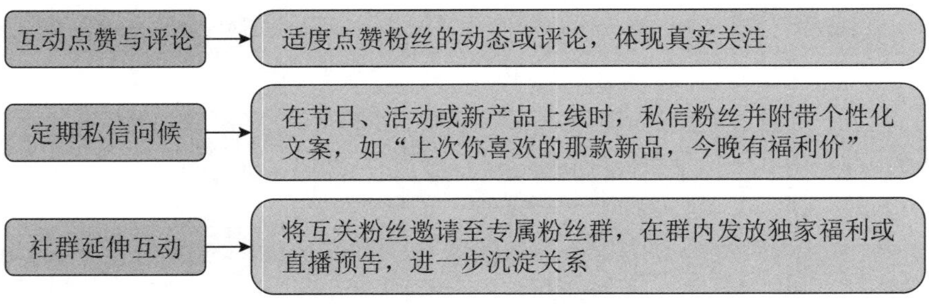

图 7-25　持续增强粉丝黏性的 3 种方式

通过以上策略，互关不再只是形式上的关注，而是构建起主播与粉丝之间的情感纽带。真正的“黏性”，来源于持续的互动和有温度的回应。

7.3.4　挖掘用户痛点来满足需求

想要巩固粉丝，主播还可以输出一些有价值的内容。在网络时代，文字的真实性越来越受到怀疑，而主打真实声音和视频直播的 App 就开始流行起来。例如，喜马拉雅 FM 发展至今拥有数亿用户，其所依靠的就是真实的声音，利用声音作为内容载体为粉丝带来价值。

喜马拉雅 FM 的定位比较成功，它为用户提供了有声小说、相声评书、新闻、音乐、脱口秀、段子笑话、英语、儿歌儿童故事等多种内容，满足了不同用户群体的需求。在 App 的功能上，喜马拉雅 FM 也以真实的声音为核心。图 7-26 所示为喜马拉雅 FM 的直播相关页面展示。

图 7-26　喜马拉雅 FM 的直播相关页面

无论什么时候，主播的内容营销最重要的一点就是聚焦用户的痛点需求，即他们最关心的问题、他们的兴趣点和欲望。电商或主播可以从这些方面为他们带去更有价值的内容。

痛点是一个长期挖掘的过程。主播在寻找受众痛点的过程中，必须注意以下 3 点事项，如图 7-27 所示。

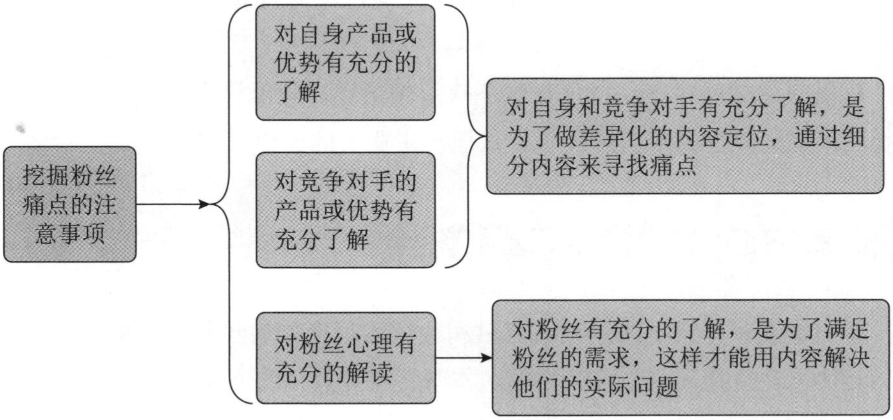

图 7-27　挖掘粉丝痛点的注意事项

那么，在主播的内容营销中，受众的主要痛点有哪些呢？笔者总结为 5 点，如图 7-28 所示。

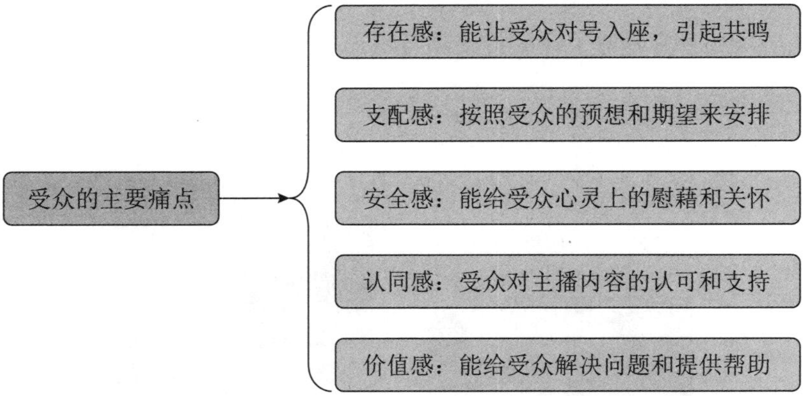

图 7-28 受众的主要痛点

在创作内容的过程中，主播可以以这些痛点为切入点，弥补用户在现实生活中的各种心理落差。

7.3.5 将产品特色与热点相结合

在直播营销中，既要抓住产品的特点，又要抓住当下的热点，只有将两者相结合才能产生最佳的宣传效果，打造出传播广泛的直播。例如，在里约奥运会期间，很多商家紧紧抓住相关热点，再结合自家产品的特点进行了别具特色的直播。

一个家具专卖天猫旗舰店的直播紧密围绕“运动”这一热点展开，其主题就是“家具运动会，全家总动员”。在直播中，主播通过聊奥运热点、趣味事件的方法与用户进行互动，同时始终围绕自家的家居产品，极力推销优势产品。

直播如果能够将产品特色与时下热点相结合，就能让用户既对你的直播全神贯注，又能被你的产品所吸引，从而产生购买的欲望。

7.4 教你如何在直播间吸引粉丝

前面给大家介绍了通过私域流量和公域流量增加粉丝和获得更多曝光的方法。其实，在直播间也是能吸粉的。本节将就其具体的方法进行讲解。

7.4.1　获得高人气的直播技巧

笔者总结了一些让主播在直播间人气暴涨的技巧，如图 7-29 所示。

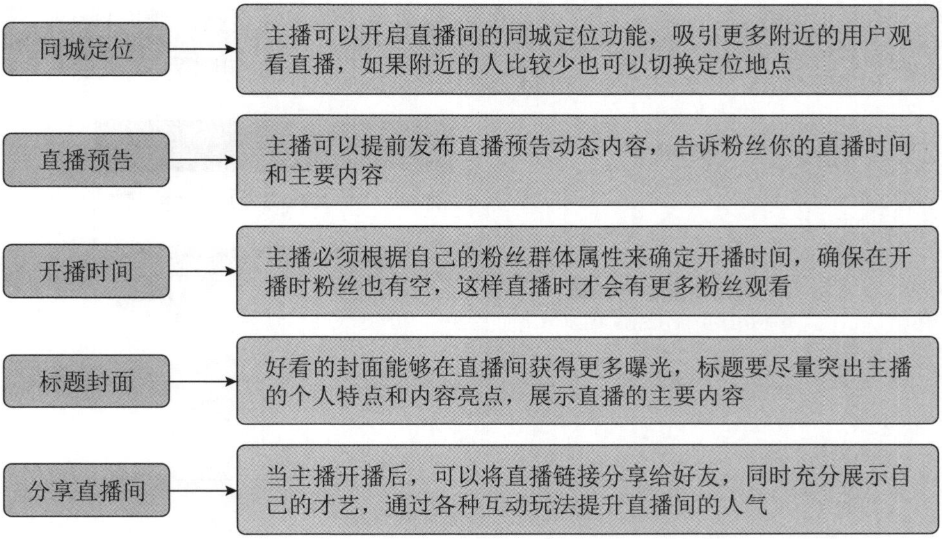

图 7-29　让主播在直播间人气暴涨的技巧

7.4.2　轻松提升收益的技巧

直播变现是很多主播都梦寐以求的。笔者根据抖音和快手平台的直播变现方式，总结了一些提升直播收益的技巧。

（1）主播任务：在抖音直播界面中，主播可以点击右上角的“主播任务”图标，查看当前可以做的任务，包括直播要求、奖励和进度；点击单个任务还可以查看具体的任务说明，如图 7-30 所示。

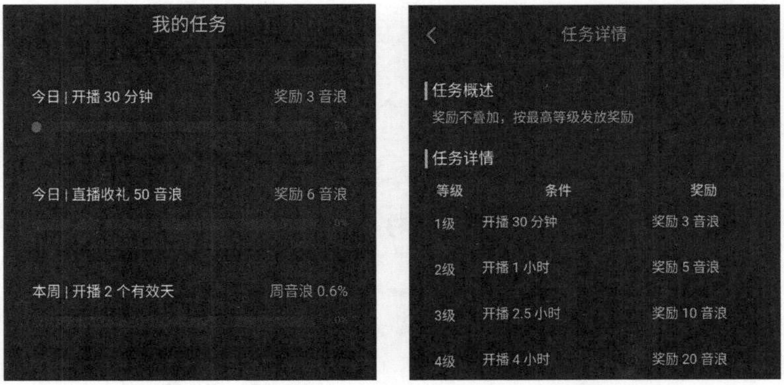

图 7-30　主播任务

（2）礼物收益：在直播时，喜欢主播的粉丝会给主播送出各种礼物、道具，此时一定要对粉丝表达感谢之情。主播可以通过活动来提升直播间热度和氛围，收获更多的粉丝礼物，同时还可以冲击比赛排名，得到更高的礼物收入。

（3）电商收益：主播可以在直播的同时卖货，做电商直播来赚取佣金收入。例如，在抖音直播中，主播可以添加直播商品。相应界面如图 7-31 所示。

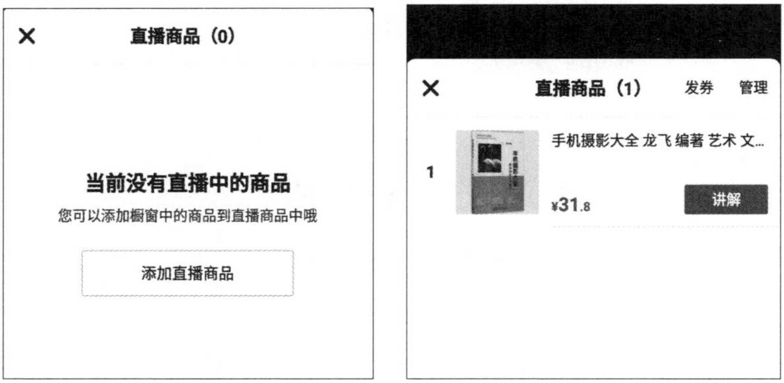

图 7-31　添加直播商品

7.5 了解平台政策，提升直播效果

所有直播平台都在提倡“绿色直播”，因此主播一定要关注各个平台的直播规范，与平台一起，共同维护绿色、健康的网络生态环境。

在快手直播时，主播需要遵守《快手直播规范》中的相关规则（部分规则如图 7-32 所示），给观众带来健康向上的直播内容。对于违反规则的主播，平台会根据违规情况给予永久封禁直播或账号、停止当前直播、警告等不同程度的处罚。

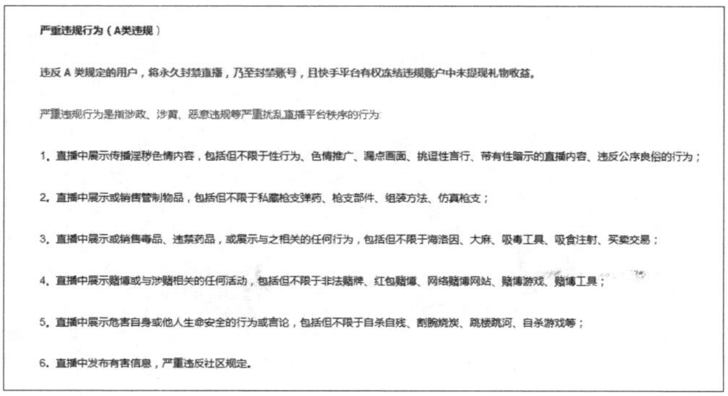
严重违规行为（A类违规）

违反 A 类规定的用户，将永久封禁直播，乃至封禁账号，且快手平台有权冻结违规账户中未提现礼物收益。

严重违规行为是指涉政、涉黄、恶意违规等严重扰乱直播平台秩序的行为

1、直播中展示传播淫秽色情内容，包括但不限于性行为、色情推广、漏点画面、挑逗性言行、带有性暗示的直播内容、违反公序良俗的行为；

2、直播中展示或销售管制物品，包括但不限于私藏枪支弹药、枪支部件、组装方法、仿真枪支；

3、直播中展示或销售毒品、违禁药品，或展示与之相关的任何行为，包括但不限于海洛因、大麻、吸毒工具、吸食注射、买卖交易；

4、直播中展示赌博或与涉赌相关的任何活动，包括但不限于非法赌牌、红包赌博、网络赌博网站、赌博游戏、赌博工具；

5、直播中展示危害自身或他人生命安全的行为或言论，包括但不限于自杀自残、割腕烧炭、跳楼跳河、自杀游戏等；

6、直播中发布有害信息，严重违反社区规定。

图 7-32　《快手直播规范》的部分规则

要提倡文明、健康、正能量的直播环境，拒绝低俗、有伤风化的表演。在直播的时候，主播要以身作则，做好正面榜样。

主播还必须具备一定的职业素养和能力，符合平台对主播的要求。直播时要严格遵守相应的法律法规，不得以履行协议的名义从事其他违反法律法规的行为。图 7-33 所示为淘宝直播平台管理规则的部分内容。

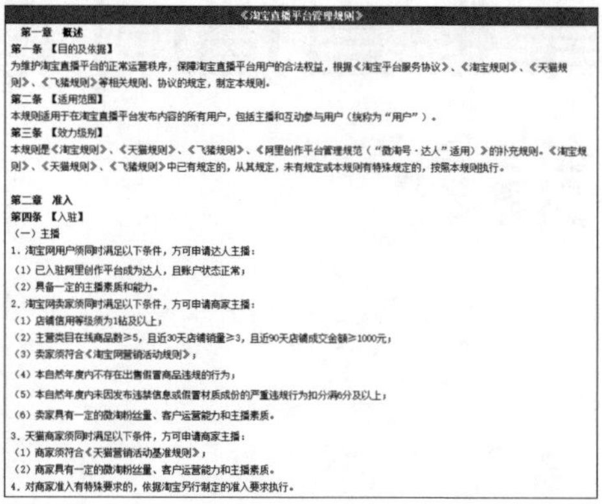

《淘宝直播平台管理规则》

第一章　概述

第一条 【目的及依据】

为维护淘宝直播平台的正常运营秩序，保障淘宝直播平台用户的合法权益，根据《淘宝平台服务协议》、《淘宝规则》、《天猫规则》、《飞猪规则》等相关规则、协议的规定，制定本规则。

第二条 【适用范围】

本规则适用于在淘宝直播平台发布内容的所有用户，包括主播和互动参与用户（统称为“用户”）。

第三条 【效力级别】

本规则是《淘宝规则》、《天猫规则》、《飞猪规则》、《阿里创作平台管理规范（“微淘号·达人”适用）》的补充规则。《淘宝规则》、《天猫规则》、《飞猪规则》中已有规定的，从其规定，未有规定或本规则有特殊规定的，按照本规则执行。

第二章　准入

第四条 【入驻】

（一）主播

1. 淘宝网用户须同时满足以下条件，方可申请达人主播：

（1）已入驻阿里创作平台成为达人，且账户状态正常；

（2）具备一定的主播素质和能力。

2. 淘宝网卖家须同时满足以下条件，方可申请商家主播：

（1）店铺信用等级须为1钻及以上；

（2）主营类目在线商品数≥5，且近30天店铺销量≥3，且近90天店铺成交金额≥1000元；

（3）卖家须符合《淘宝网营销活动规则》；

（4）本自然年度内不存在出售假冒商品违规的行为；

（5）本自然年度内未因发布违禁信息或假冒材质成份的严重违规行为扣分满6分及以上；

（6）卖家具有一定的微淘粉丝量、客户运营能力和主播素质。

3. 天猫商家须同时满足以下条件，方可申请商家主播：

（1）商家须符合《天猫营销活动基准规则》；

（2）商家具有一定的微淘粉丝量、客户运营能力和主播素质。

4. 对商家准入有特殊要求的，依据淘宝另行制定的准入要求执行。

第三章　经营规范

第五条 【信息发布】用户除须遵守《淘宝规则》、《天猫规则》、《飞猪规则》、《淘宝交互信息规则》、《阿里创作平台管理规范（“微淘号·达人”适用）》中关于信息发布的相关规定外，还须遵循如下信息发布要求：

（一）不得发布危害信息，包括但不限于敏感信息、淫秽色情信息；

（二）不得发布不实信息，包括但不限于捏造细节、夸大事实、不实宣传、虚假中奖信息、所推广商品信息与实际信息不一致；

（三）不得伪造活动信息，包括但不限于伪造或冒充淘宝网、天猫、聚划算等活动信息；

（四）不得发布垃圾广告，包括但不限于通过机器或软件等非人力手段对他人大量发送广告垃圾信息；

（五）不得发布淘宝直播平台不允许发布的信息；

（六）直播信息不得与入驻信息不符。

第六条 【行为规范】用户除须遵守《淘宝规则》、《天猫规则》、《飞猪规则》、《淘宝交互信息规则》、《阿里创作平台管理规范（“微淘号·达人”适用）》中关于行为规范的相关规定外，还须遵循如下行为规范：

（一）主播

1. 不得违背其自身所作出的承诺；

2. 不得违规推广，包括但不限于发布阿里创作平台不允许发布的商品信息；推广的商品明显涉及出售假冒、盗版商品，或为出售假冒盗版商品提供便利条件；

3. 不得存在易导致交易风险的行为，包括但不限于引导用户进行线下交易、发布外部网站的商品或信息；

4. 不得存在侵犯他人权益的行为，包括但不限于泄露他人信息、不当使用他人权利、骚扰他人；

5. 不得扰乱平台秩序，包括但不限于针对直播数据进行造假或者作弊；

6. 须符合淘宝直播平台主播要求。

（二）互动参与用户

1. 不得存在侵犯他人权益的行为，包括但不限于不得违规推广、泄露他人信息、不当使用他人权利、骚扰他人；

2. 不得扰乱平台秩序。

第四章　违规处理及清退

第七条 【违规处理】用户违反本规则相关规定，淘宝除依照《淘宝规则》、《天猫规则》、《飞猪规则》、《淘宝交互信息规则》、《阿里创作平台管理规范（“微淘号·达人”适用）》等进行处理外，淘宝直播平台还将依据本规则对违规用户进行相应处理，处理措施包括：

图 7-33　淘宝直播平台管理规则（部分）

第8章

9个要点：掌握直播间的营销与活动策划

对于主播来说，不是只有内容很重要，直播的营销与推广、活动的策划与执行也是非常重要的。因为再好的内容如果没有做好宣传推广工作，也无法被更多的人知道，也就无法提升直播间的人气和主播的影响力。本章将针对这些方面进行介绍，以帮助主播做好直播的营销。

8.1 直播营销推广的技巧

在进行直播营销推广之前，主播要做好直播营销的方案，这样才能按部就班、循序渐进地执行直播的宣传推广工作。本节主要讲述直播营销方案的相关技巧以及宣传引流的方法。

8.1.1 营销方案的 5 大要素

在制订直播营销的方案之前，主播需要弄清楚直播营销方案的必备要素有哪些，这样才能做好方案内容的整体规划。一般来说，一个完整的直播营销方案应具备 5 大要素，其具体内容如下。

1. 直播营销目的

直播营销的方案内容首先要具备的第一个要素就是确定好营销的目的。主播需要告诉参与直播营销的工作人员，我们直播营销的目的是什么。比如，通过直播完成产品销售的业绩目标，宣传产品的品牌口碑等。

例如“6・18”电商节期间，某电脑品牌为了提高新品预售的销量和扩大产品品牌的口碑影响力，于是在淘宝直播平台进行产品直播营销，如图 8-1 所示。

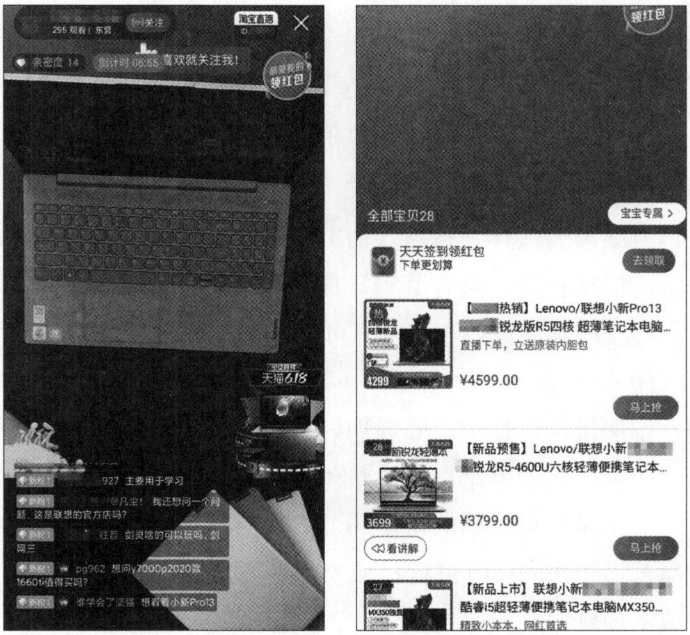

图 8-1　某电脑品牌的产品营销直播

2. 营销内容简介

直播营销方案还需要对直播营销的主要内容进行概括，包括直播营销的主题、直播营销的形式、直播营销的平台等。

例如，VIVO 曾举行 X50 系列手机 5G 新品发布会的直播，直播发布会的主题为“微云台，稳稳拍”。图 8-2 所示为淘宝直播平台上关于 VIVO X50 手机预约的内容简介。

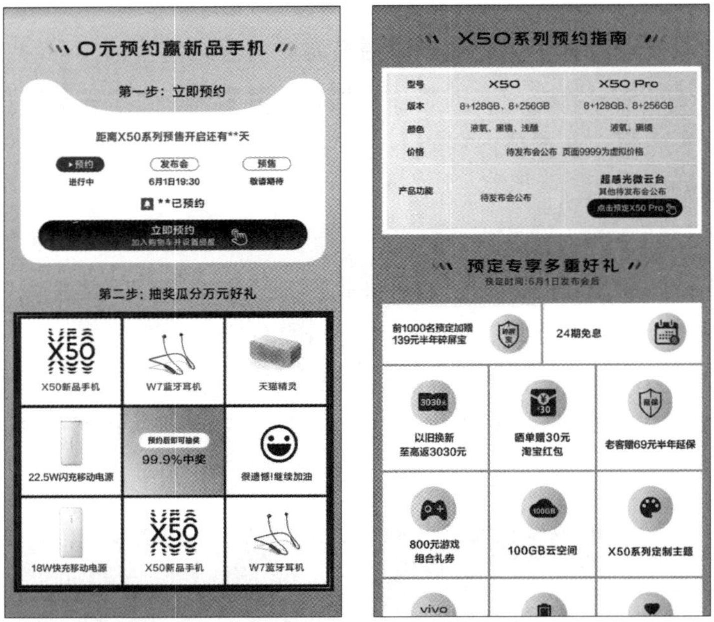

图 8-2　VIVO 手机预约页面

3. 营销人员分工

直播营销方案需要安排好直播营销工作的人员分配，比如渠道的寻找、内容的制作、推广的执行等。只有落实好直播营销工作的人员安排，才能确保直播营销的顺利进行和圆满成功，也才有可能取得预期的营销效果。

4. 把控时间节点

在直播营销的推广过程中，要规划好直播营销的时间节点。一般而言，时间节点包括两个部分，一个是直播的整体时间节点，包括直播的开始时间和结束时间等；另一个是直播营销的每个环节的时间节点。直播营销的时间规划有利于保证直播营销工作的按时进行，减少主观因素导致的工作延期。

5. 控制成本预算

在直播的营销方案中，要估算好直播营销活动的成本大概有多少，以及自己可以承受的预算是多少。只有弄清楚这些问题，才能评估直播的营销效果和后期带来的收益。如果在实际执行的过程中出现了预算超支的情况，就要通知相关人员进行调整和调查，以确保直播营销能实现利益的最大化。

8.1.2　直播营销方案的执行

要想确保直播营销方案的落实和顺利执行，需要参与直播营销的各工作人员对直播营销的工作内容胸有成竹。直播营销方案的执行规划主要有以下 3 个方面，如图 8-3 所示。

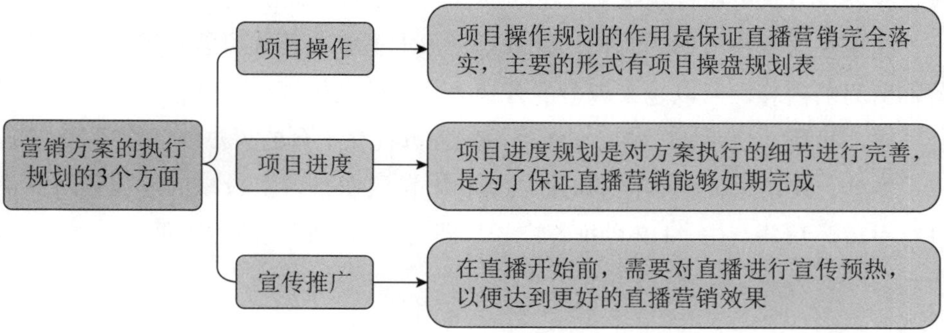

图 8-3　直播营销方案的执行规划

8.1.3　直播引流的 5 种方法

关于直播营销的宣传和推广，笔者根据自身的经验，总结了 5 种常见的引流方法，具体内容如下。

1. 硬广告宣传

硬广告是生活中最常见的广告营销手段，它是指直接介绍商品及服务内容的传统广告形式。像电视广告、广告牌、杂志广告等都属于硬广告。硬广告是以很直接的方式强迫受众接收广告信息，使得绝大多数人都很反感，特别是在网络上打开网页时自动弹出的广告。虽然硬广告具有传播速度快等优点，但是其缺点也很明显。硬广告的缺点有以下几点：

（1）费用昂贵，广告投入的成本高。

（2）数量过多且滥，同质化很严重。

（3）渗透力比较弱，时效性比较差。

在采用硬广告的引流手段进行直播营销时，要注意尽量避免硬广告的缺点，发挥其优势，这样才能取得理想的效果。

2. 软文推广引流

软文推广是指通过间接的方式来进行广告营销，让消费者虽然看得出是在打广告，但比较容易接受。相对于硬广告而言，软文推广的渗透力和时效性较强，成本较低。软文推广也略有不足，那就是传播速度和见效比较慢。

现如今，在各大企业和商家的营销推广方式中，软文推广越来越流行和受欢迎。在进行直播营销推广时，利用软文推广能获得不错的宣传效果。

3. 视频引流方式

相较于文字、图片的宣传推广方式，视频引流的传播效果会更好，因为视频这种表现方式更加直观明了，生动形象，易于被受众所理解。

在现在这个快节奏的时代，受众已经不太愿意也不太可能花很多时间来了解你所写的内容，所以越来越多的营销人员开始利用视频进行推广和引流，近几年来，抖音、快手、B 站、小红书等短视频社交平台的火热便证明了这一点。

例如，B 站一位美食区的 UP 主就利用自己在平台上投稿的短视频对商品进行引流，只要点击“UP 主推荐广告”即可跳转到相应的购买页面，如图 8-4 所示。

图 8-4　视频引流

4. 直播平台引流

在各大直播平台上，一般都会有“推送”或“提醒”的功能设置。在正式开始直播之前，系统可以将开播的消息直接发送给关注主播的粉丝们。这样做既能在直播平台进行预热，提高直播间的人气，吸引更多关注；又能利用这段时间做好直播的各种准备工作，如直播硬件设备的调试，以便达到直播的最佳状态。

以京东直播平台为例，受众可以在主播直播的预告页面点击“提醒我”按钮，即可设置提醒，平台会在直播即将开始时发送消息提醒，如图 8-5 所示。

图 8-5　直播预告的提醒功能

5. 社区问答引流

利用贴吧、论坛等社区平台进行引流也是一种常用的营销推广方式。主播可以在这些平台上选择相关的问题进行回答，然后在答案中巧妙地留下自己的联系方式或直播链接。这样做既帮助了受众，又可以把流量引入到直播间，可谓一举两得。这也是软文推广的形式之一。常见的社区问答网站有百度贴吧、百度知道、百度经验、知乎问答等。图 8-6 所示为知乎问答社区首页的界面。

图 8-6 知乎问答社区

8.2 直播活动策划的执行

主播在直播时，可以通过举办活动来激发受众参与互动的积极性。本节主要介绍直播活动执行的模板、开场技巧以及直播互动的玩法等，以帮助主播做好直播活动的策划与执行。

8.2.1 直播活动方案的模板

在举办直播活动之前，主播要制订好直播的活动方案。一般来说，直播活动方案的模板有以下几个方面的内容，如图 8-7 所示。

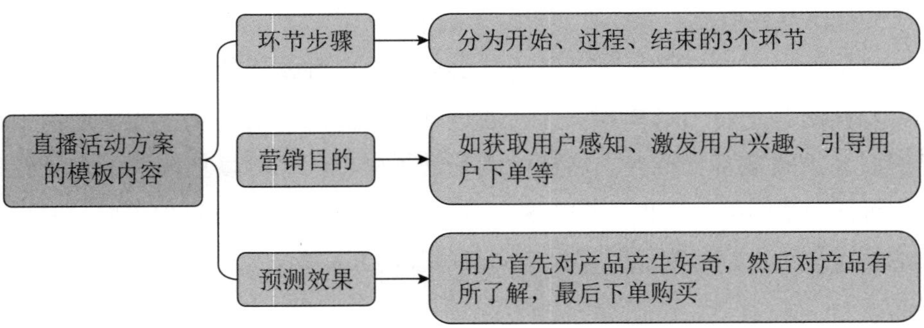

图 8-7 直播活动方案的模板内容

主播要以上面的方案模板为基础，围绕其中的核心内容来策划直播活动的方案，这样执行的直播活动才能达到预期的目标和效果。

8.2.2　直播活动常见的开场

在直播活动开始时，一个合适且精彩的开场能够让受众眼前一亮，对直播活动充满兴趣和好奇。下面就来讲解直播开场设计的 5 大要点，以及直播活动的开场形式，帮助主播取得直播活动的“开门红”。

1. 开场设计的要素

俗话说：“好的开始是成功的一半。”直播的开场设计非常重要，它能够影响给受众留下的第一印象，是决定受众是否继续留在直播间观看的关键。要做好开场设计，可以从以下几个要点着手。

1）激发兴趣

直播开场设计的第一要点就是激发受众的兴趣。只有让受众对直播的内容感兴趣了，直播才有进行下去的意义。因此，主播可以利用幽默的语言、新奇的道具等来引起受众的兴趣。

2）引导推荐

由于直播前期宣传和平台自身所带来的流量有限，所以在直播开始时，主播需要利用现有的受众数量来为自己拉新，以增加观看人数，提高直播间人气。

3）场景带入

因为不同受众观看直播时所处的环境不尽相同，所以主播要利用直播开场让所有的受众快速地融入直播的场景之中。

4）植入广告

营销是举办直播活动的目的之一。在直播开场时，主播可以从以下几个方面来植入广告，实现营销目的，如图 8-8 所示。

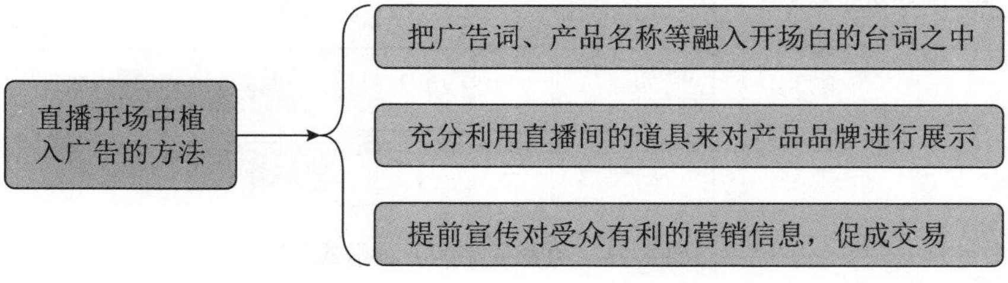

图 8-8　直播开场中植入广告的方法

5）平台支持

一般来讲，各大直播平台都会对直播的资源位置进行设置和分配。图 8-9 所示为哔哩哔哩直播平台首页的直播类型分类和直播活动推荐等模块的展示。

图 8-9　哔哩哔哩直播平台首页的资源位置分配

利用直播开场快速提升人气，积极引导互动，会有一定的概率获得平台的推荐位置，从而获得更多的流量和曝光度。

2. 活动开场的形式

在直播活动策划中，常见的开场形式有以下几种，如图 8-10 所示。

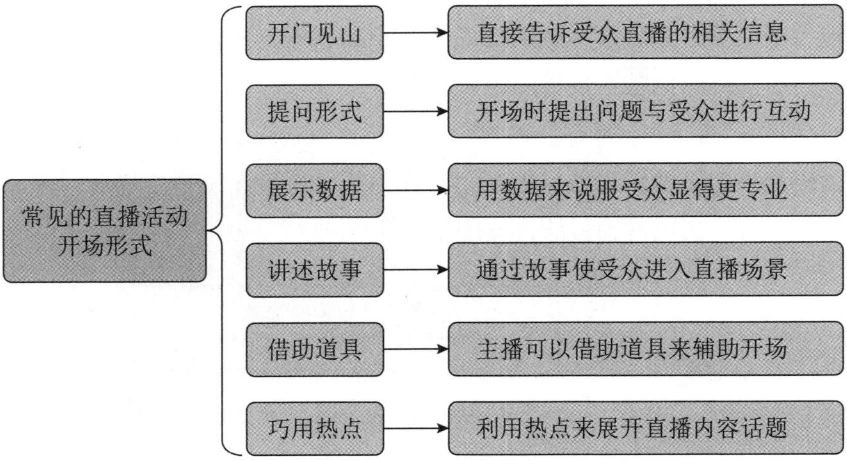

图 8-10　直播活动的开场形式

8.2.3　5 种直播互动的玩法

在直播活动中，主播可以通过弹幕互动、情节参与、赠送红包、发起任务、礼物打赏等方式来和受众或粉丝进行互动，以提高直播间的活跃度。

1. 弹幕互动

弹幕互动是近几年兴起的一种新的网络社交互动模式，典型代表莫过于 B 站了。正是因为 B 站这种独特的弹幕文化，很多人聚集在了一起。他们通过弹幕找到了热闹和快乐，治愈了自己的孤独感，这是 B 站用户高黏性的关键因素之一。

另外，弹幕使得不同时空的人开始有了交集。有的时候用户在某个视频上看到的弹幕有可能是很早以前发的，在同一个视频下，他们用弹幕进行了沟通和交流，而所有观看视频的用户就成了这场交流的见证者和参与者。

例如，B 站 UP 主“硬核的半佛仙人”曾经和人民网合作，与倪光南院士等人展开了一场以“万物互联”为主题的对话直播。在对话直播的视频中，网友们纷纷用弹幕进行评论，如“半佛仙人好大的排面”“仙人，你又胖了，该减肥了”“咦，那个小胖子就是半佛仙人的真面目吗？好可爱”等。而半佛仙人在看到弹幕区的评论后，自我调侃地说：“200 斤的胖子就是这样的。”“我根本不胖，我就是被打肿的。”

图 8-11 所示为 B 站视频中用户进行的弹幕互动。

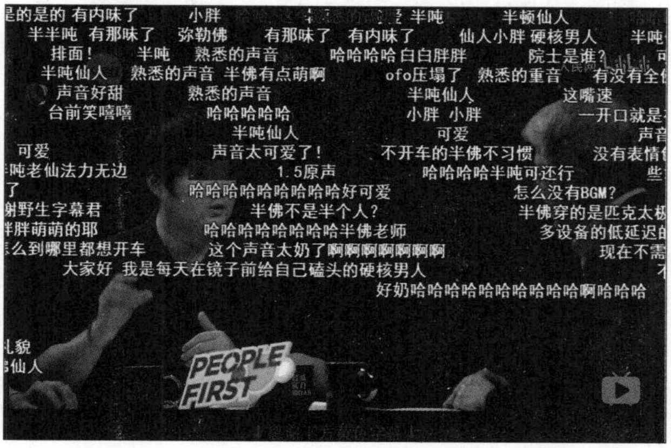

图 8-11　直播活动的弹幕互动

2. 情节参与

在户外直播中，主播可以按照受众要求来安排直播内容，提高受众的参与感。例如，B 站的 UP 主“谷阿莫”就经常按照粉丝的要求模仿电影中的情节来做直播，如图 8-12 所示。

图 8-12 谷阿莫的户外直播

3. 赠送红包

在电商直播带货中，主播可以利用赠送红包等优惠活动来吸引受众的购买欲望，促使受众下单，提高直播间产品的销量，示例如图 8-13 所示。

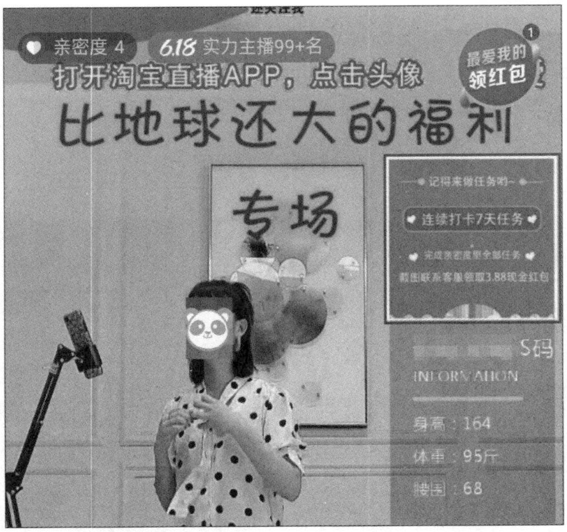

图 8-13 直播间的赠送红包活动

4. 发起任务

主播可以在直播平台通过发起任务来和受众一起参与，以此增加和受众互动的机会，调动受众参与的积极性。

5. 礼物打赏

礼物打赏是直播间常见的互动模式。粉丝给主播打赏礼物是出于对主播的喜爱和认可，所以主播应该对赠送礼物的粉丝表示由衷的感谢，并利用这个机会跟粉丝积极地沟通交流、联络感情。

8.3 借用AI提升营销与策划效率

在直播运营中，营销与策划往往决定了整体活动的成败。传统的策划流程需要多部门协作，耗时较长，而借助 AI 工具可以显著提高效率。从营销定位到内容设计，再到应急预案的制订，AI 都能在短时间内输出结构化、逻辑清晰的方案，帮助运营者节省时间成本，并提升直播质量。本节将借助 DeepSeek，向大家介绍用 AI 提升营销与策划效率的技巧。

8.3.1 紧扣直播目标让 AI 生成营销方案

扫码
看教学

在确定直播主题与销售目标后，可利用 AI 生成有针对性的营销方案。AI 会自动生成包括活动预告、短视频引流、社群互动、直播间促销等模块的整体营销思路。直播运营者可根据自身产品与受众群体的情况进行微调，形成完整的执行方案，相关案例提示词及回复内容如下。

提示词

生成一个针对护肤品新品发布会的直播营销方案，包含预热阶段、直播阶段与复盘阶段的策略，重点突出用户互动与品牌曝光

DeepSeek

好的，这是一份专为护肤品新品发布会设计的直播营销方案。方案贯穿预热、直播、复盘三大阶段，核心聚焦于用户互动与品牌曝光，旨在打造一场声量与销量双丰收的营销活动。

护肤品新品发布会直播营销方案

核心目标：

1. 品牌曝光最大化：提升品牌知名度与新品认知度，引爆社交媒体话题。
2. 用户深度互动：通过高互动性设计，增强用户参与感与品牌忠诚度。
3. 高效转化引流：为新品上市积累首批种子用户，直接引导销售转化。

目标人群：关注护肤的美妆爱好者、品牌现有粉丝、潜在新客。

第一阶段：预热期（发布会前 1~2 周）—— 悬念造势，蓄水引流

此阶段的目标是“未播先火”，通过悬念和互动，为直播间积累大量潜在观众。

1. 互动式悬念预热：

“成分猜猜看”互动：在微博、小红书、抖音等平台发布新品核心成分的局部图、分子式或诗意描述（如“来自 ×× 的焕光能量”），邀请用户猜测，评论区抽送发布会门票、新品小样等。

“肌肤问题征集”：发起话题 #我的肌肤痛点#，邀请用户分享最困扰自己的肌肤问题，并暗示新品将有针对性地解决这些问题。收集到的问题可在直播中由专家解答，让用户感到被重视。

……

通过这种方式，AI 不仅能节省方案构思时间，还能提供多角度参考，使营销策略更加系统化和数据导向化。

8.3.2 紧扣直播目标让 AI 生成策划方案

扫码
看教学

直播策划方案的核心在于内容节奏与用户体验。AI 可根据直播主题自动生成脚本结构、主持话术、互动环节设计等。AI 输出的策划方案通常涵盖开场欢迎语、产品展示逻辑、互动节点设计及收尾总结，帮助主播在有限的时间内合理安排内容节奏。相比人工策划，AI 方案更具条理性与可修改性，可迅速调整至不同场景和主题，相关案例提示词及回复内容如下。

提示词

生成一个家电类产品直播策划方案，直播时间为 2 小时，包含产品介绍、互动抽奖、限时抢购等环节

DeepSeek

好的，这是一份详细且可执行的 2 小时家电类产品直播策划方案。本方案以一款假设的“智能空气炸锅”为例，您可以根据实际产品进行调整。

【智能空气炸锅】2 小时超值直播策划方案

直播主题：“健康‘炸’厨房，美味零负担”——智能空气炸锅新品体验日

直播目标：

品牌宣传与产品曝光：提升新品智能空气炸锅的知名度。

促进销售转化：通过限时抢购和直播间专属优惠，达成预定销售目标。

粉丝增长与互动：增加直播间粉丝关注，提升用户黏性。

收集用户反馈：通过互动了解用户对产品的疑问和需求。

直播时间：周六 20:00~22:00（黄金时段，用户休闲时间多）

直播平台：抖音 / 淘宝直播（根据主力销售平台选择）

核心人员：

主播（1 名）：形象亲民，口齿清晰，善于互动，具备一定的厨艺知识。

助理（1 名）：负责后台操作（上链接、发优惠券、控评、抽奖）、补充讲解、演示协助。

场控 / 运营（1 名）：监控直播流量、数据，协调突发状况。

……

8.3.3 紧扣直播突发状况让 AI 生成应急预案

扫码
看教学

在实际直播中，常会出现网络延迟、设备故障、突发负评、产品断货等意外情况。对此，提前通过 AI 生成应急预案可显著降低损失，保证直播顺利进行。

AI 将自动输出包括问题分类、应对逻辑、安抚话术与备用流程的配套方案。例如，当出现负面评论时，AI 可能建议主播采用“积极回应 + 引导转移”策略，并给出具体话术模板。

通过提前准备 AI 生成的应急预案，运营者可在直播现场快速反应，保持直播节奏的稳定性与品牌形象的一致性，相关案例提示词及回复内容如下。

提示词

生成一个针对美妆直播中可能出现的突发情况（如产品缺货、网络异常、评论负面）应急方案，要求包含即时应对措施与话术建议

DeepSeek

好的，这是一份专为美妆直播设计的应急方案，涵盖了产品缺货、网络异

常和负面评论这三种常见突发情况。方案分为即时应对措施和专业话术建议两部分，旨在帮助主播从容应对，化危机为转机。

美妆直播突发情况应急方案

一、产品缺货

情况描述：正在主推或演示的产品突然发现库存不足或已售罄。

核心目标：安抚观众情绪，提供替代方案，将流量引导至其他产品，避免流量流失。

1. 即时应对措施：

保持冷静，立即确认：首先向观众坦承情况，同时迅速与后台工作人员确认库存。切忌假装没看见或继续推销。

提供备选方案（关键步骤）：

推荐同款 / 同类产品：立即拿出一款功效、颜色或价位相当的产品作为“完美替代”。

强调替代品的优势：重点讲解替代品的独特优点，甚至可以通过对比，让观众觉得“柳暗花明又一村”。

创造后续期待：

……

第 9 章

15 个操作：让直播成为电商带货“神器”

在电商时代，直播已成为连接品牌与消费者的重要桥梁，无数主播纷纷加入带货的行列。然而，一个成功的直播间，不仅依赖主播的个人魅力和话术功底，更需要一套系统化的运营逻辑与技术支持。本章将系统解析直播带货的步骤、技巧与 AI 数字人直播策略，助力打造高转化、高信任度的带货“神器”。

9.1 直播带货的5个步骤

在当下的直播带货生态中，成功的转化不再只是“吆喝式销售”，而是通过系统的节奏设计、情绪引导和信任构建，让用户自然而然地完成购买决策。无论是新主播还是成熟商家，只要掌握以下 5 个关键步骤，就能在直播间中实现从“吸引注意”到“高效成交”的全链路突破。

9.1.1 建立真实互动的信任关系

在直播带货进入 AI 与私域并行的新阶段后，用户的选择不再仅依赖价格或福利，而更取决于信任感与真实感。能让观众愿意停留、互动、购买的直播间，往往拥有持续建立信任的能力。下面介绍 6 个当前非常具有实操价值的策略。

1. 经营好老客户，打造信任闭环

老客户是直播间的口碑源头。通过积分体系、复购优惠、私域群福利等方式，让老客户在每次购买后都感受到尊重和回馈。AI 客服系统还能自动识别老用户身份，推送个性化优惠券或提醒他们新品上线，强化忠诚度的同时带动社交裂变。

2. 用数据化讲解展示真实价值

如今的用户更信赖“有数据、有依据”的介绍。对于产品信息，如果你介绍得不够详细、全面，用户可能会因为对产品了解不够而放弃下单。所以在直播带货的过程中，要从消费者的角度对产品进行全面、详细的介绍（如衣服材质放大镜头展示、护肤品成分检测对比），配合产品参数图表和用户口碑截图，从客观层面建立专业感。相比传统的口头宣传，这种“视觉化 + 数据化”的展示更容易赢得信任。

3. 提供可靠的交易环境

在消费者普遍关注交易安全的当下，直播间应明确展示平台认证、售后政策、第三方支付保障等标识，可在异常订单、风险评论和物流进度等细节中强化用户安全感，让观众“敢买、愿买、想复购”。

4. 建立互动机制，让用户被看见

优质主播不只是“讲解者”，更是“互动引导者”。利用 AI 弹幕助手或智能分屏工具，实时筛选高频提问并及时答复；在评论中点名感谢互动、邀请参与抽奖，能显著提升观众的存在感与信任度。

同时，可设立专属小助手负责客服沟通与售后咨询，让主播专注于展示，实现高效分工与流畅互动。

5. 建立完善的售后服务机制

好的售后体验是建立长期信任的关键。用户购买完产品后，可能会遇到一些问题，如快递途中造成的损坏、迟迟没有收到货等情况，作为店家应该及时处理，避免影响用户的购物体验和信任度。售后反馈快、处理态度好的品牌，更容易在用户社群与短视频平台形成正向口碑循环。

6. 实行场景化营销

场景化是指布置与消费者生活相关联的产品使用场景，目的是帮助消费者更好地了解和使用产品。相比传统的单一产品展示，场景化直播更能触发情感共鸣。主播可利用虚拟背景或 AI 生成的沉浸式场景，让用户看到产品在真实生活中的应用——如厨房、健身房、户外旅行等情境，形成“我也能这样用”的心理联想，促成自然下单。

9.1.2　塑造产品的价值和亮点优势

决定消费者购买的因素，除了信任还有产品的价值。商品的价值可以分为使用价值和属性价值，如图 9-1 所示。

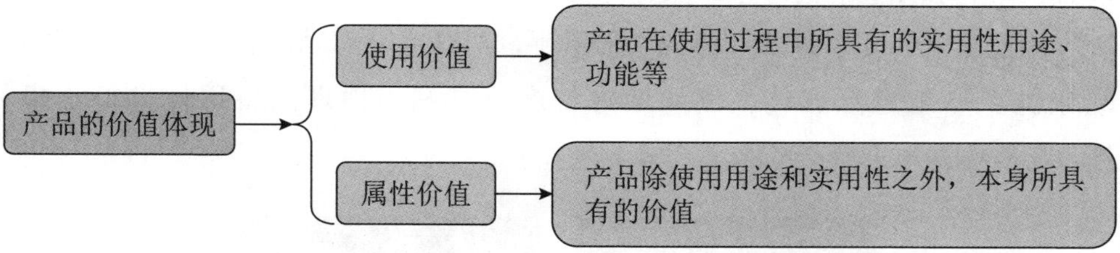

图 9-1　产品的价值体现

产品的价值构建可分为两个阶段，一为形成基础价值，即形成产品的选材、外形、功能、配件、构造、工艺；二为价值塑造。在直播中我们主要进行的是产品价值的塑造，即产品的独特性、稀缺性、优势性、利益性。产品价值的塑造主要建立在产品基础价值之上，明确产品的价值卖点是这一步骤的关键。

1. 产品的独特性

产品的独特性可以从产品的设计、造型出发。产品的设计可以是产品的取材，例如许多美妆品牌的销售，像 SK-II 护肤精华露，也叫“神仙水”。图 9-2 所示为 SK-II 护肤精华露的官网海报，产品主打为一种半乳糖酵母样菌发酵产物滤液。公司声称这种液体可以明显地加快肌肤表皮层代谢，让女性肌肤一直晶莹剔透，这就是神仙水产品塑造的独特性。

产品独特性的塑造可以让产品区别于其他同类产品，凸显出该产品的与众不同。当然在直播带货中，产品独特性的塑造必须要紧抓消费者的购买需求。例如神仙水的功效是改善女性肌肤表皮，那就紧紧围绕女性想要改善肌肤的需求而塑造。

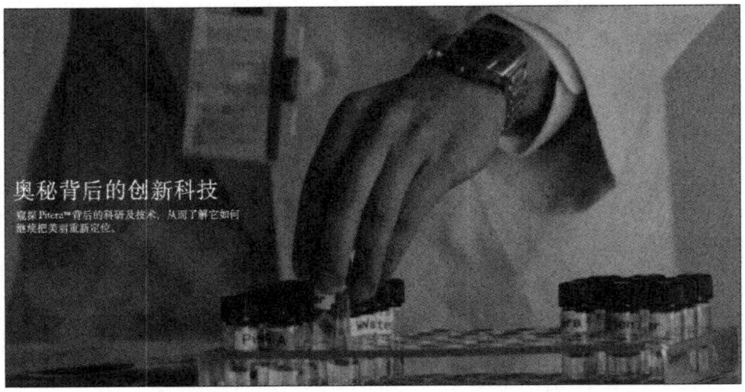

图 9-2　SK-II 护肤精华露的官网海报

2. 产品的稀缺性

要突出产品的稀缺性，可以在直播带货时强调产品的设计，例如限量、专业定制，表示这类产品是独一无二的，甚至具有收藏价值。例如许多限量款的球鞋，带有独家签名的球鞋、服饰等，都具有稀缺性。

除此之外，还可以从产品的功能着手，对产品特有功能、使用人群、使用场景甚至产地进行宣传。例如地方特产就是利用地理的特殊性进行销售。图 9-3 所示为地方特产的淘宝直播。

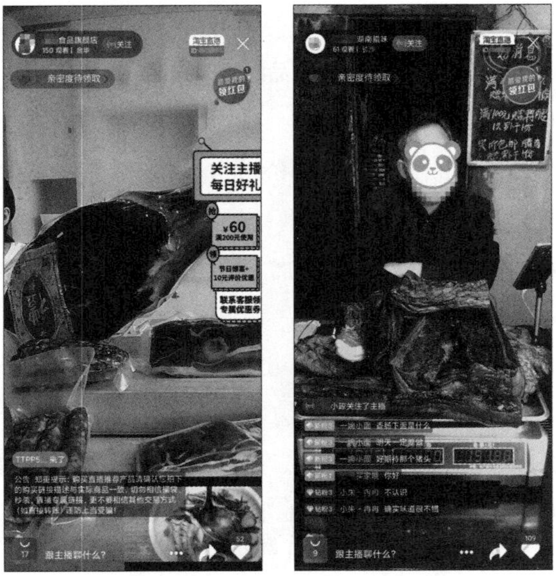

图 9-3　地方特产直播

3. 产品的优势性

产品的优势性指产品的先进技术优势，主要体现在研发创新上。手机或其他电子产品的直播，可以借助产品的技术创新进行价值塑造，例如拍照像素、续航能力、显示分辨率等，甚至可以是刷新用户认知的产品特点，给用户制造惊喜，例如某些黑科技产品。

除此之外，还可以从产品的造型优势出发。例如包包的直播，小型包包强调轻巧便捷，大小正好适合放置手机以及钱包、口红，并具有外形独特、百搭、适合拍照等特点；较大型包包强调容量大，可放置化妆品、雨伞等，并且适合短期旅行。这些都是从不同产品的特点出发，表达不同优势的。

4. 产品的利益性

产品的利益性指产品与用户之间的利益关系。产品的利益价值塑造需要站在用户的角度进行分析。例如，介绍产品为用户在日常生活中提供了更加舒适的生活环境，或者替用户解决了某些问题，总的来说就是产品能够带给用户好处。

例如，在进行家电直播时，可以强调产品给消费者生活带来的便捷之处。图 9-4 所示为京东家电直播。

图 9-4　京东家电直播

无论是哪方面的价值塑造都是基于产品本身的价值使得消费者获得更好、更舒适的生活体验，这就是产品价值塑造的基础。以上塑造价值的方法都基于产品本身的特点。除此之外，还可以通过赋予产品额外的价值来实现。赋予价值的方法可以从两个方面进行，如图 9-5 所示。

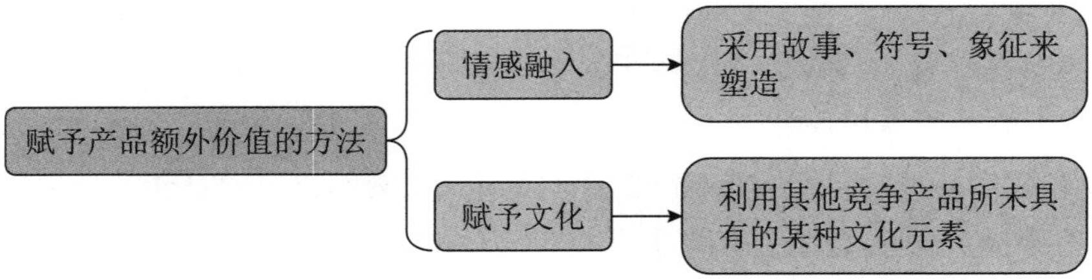

图 9-5　赋予产品额外价值的方法

9.1.3　抓住用户的痛点和实际需求

在直播带货中，用户的需求是其购买产品的重要因素。需求分为两大类：

一类是直接需求。也就是所谓的用户痛点。比如，用户在购买时表达的想法，需要什么样的产品类型，这就是直接需求。

另一类则是间接需求。这类需求分为两种，一种是潜在需求，潜在需求可能是用户没有明确表明的，或者是语言上不能清晰表明的。主播在带货过程中可以引导用户的潜在需求，激发用户的购买欲望。另一种是由外力引起的需求，即由环境中其他外力因素促使用户进行消费。

在带货的过程中，不能只停留于用户的直接需求，应该挖掘用户的间接需求。关于如何了解用户的间接需求，可以从以下几点出发。

1. 客观思考分析消费者的表达

当消费者在直播间进行弹幕提问的时候，并不一定只停留在言语的表面，主播需要客观分析，去思考用户真正所需要的产品。可能消费者本身也并不清楚自己所需要的产品，主播在直播时应加以引导。

2. 选择与用户相符合的产品

每个产品都有针对的用户群体，你的产品打造和营销与用户相匹配，就能引起共鸣，满足用户的需求。例如高端品牌的直播，符合高消费人群的喜好，这类用户在购物时可能更注重产品的设计感、时尚感，不太重视价格。因此，主播可以在把握这类群体的心理特征之上，重点分析和介绍产品。

3. 选择符合用户审美的背景

在直播带货中，可以抓住用户的审美，设计精致的产品外形，满足用户的审美需求，吸引用户购买。例如主打“高级感”的店铺可以选择简单的背景墙 +

具有质感的装饰品，在直播中进行背景衬托。图 9-6 所示为一些淘宝服装店铺的直播间。

图 9-6　淘宝服装店铺的直播间

9.1.4　筛选产品来增加用户满意度

直播带货中产品的好坏会影响用户的体验。大家可以根据以下几点来选择带货的产品。

1. 选择高质量的产品

直播带货中不能有假货、三无产品等伪劣产品，否则就构成欺骗消费者，被曝光后会受到严厉惩罚。主播一定要本着对消费者负责的原则进行选品。

消费者在主播的直播间下单，必然是信任主播。出现伪劣产品对主播本人的形象是很不利的，选择优质的产品则既能增加粉丝的信任感，又能提高产品的复购率。那么如何选择高质量的产品呢？如图 9-7 所示。

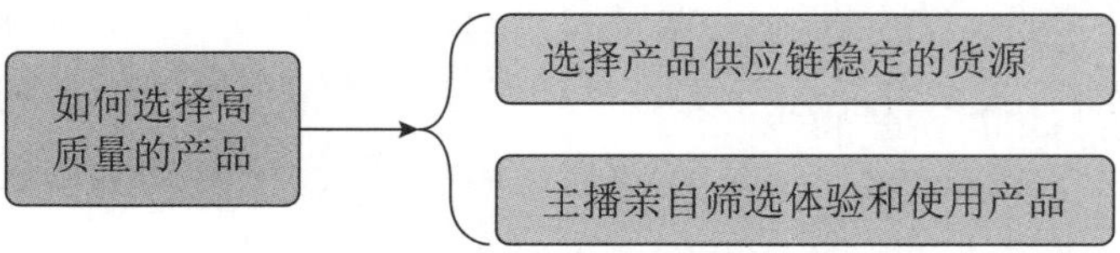

图 9-7　如何选择高质量的产品

2. 选择与主播人设相匹配的产品

如果是网红或者明星进行直播带货，可以选择符合自身人设的产品。例如，作为一个吃货，选择的产品可以是美食产品；作为一个健身博主，选择的产品则是运动服饰、健身器材等；作为一个美妆博主，选择的产品可以是化妆品、护肤品等。

其次是人设的性格。假如某个主播的人设是鬼马精灵，那么她直播带货的产品品牌调性可以是活力、明快、新潮等，偏向活力、积极、动感的产品设计；如果是认真、外表严谨的人设，那么所选择的产品可以是更侧重于高品质、具有优质服务、可靠的产品，也可以是具有创新性的科技产品。这就是选择与主播人设相匹配的产品。

例如罗永浩的直播，他选择的直播带货产品就是大家熟悉的经典款——小米有品首款众筹超过千万的白酒，直播的带货效果十分可观，如图 9-8 所示。

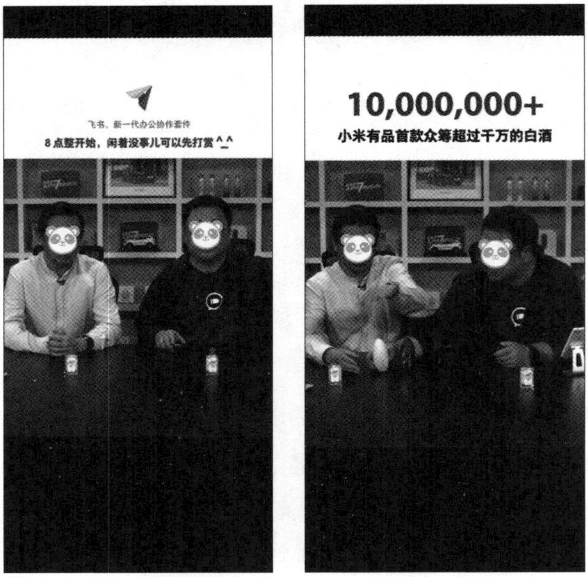

图 9-8　罗永浩直播间截图

3. 选择一组可配套使用的产品

消费者在购买产品的时候，通常会对同类产品进行对比，如果单纯利用降价或者低价的方式，可能会引发用户对产品质量的担忧。但是利用产品配套购买更优惠或者送赠品的方式，既不会让用户对品质产生怀疑，又能让其在同类产品对比中产生相对划算的感觉而下单，让消费者内心产生买到就是赚到的想法。

在服装的直播中，可以选择一组已搭配好的服装进行组合销售，既可以让消费者因为觉得搭配好看而下单，还能让消费者省去搭配的烦恼，对于不会搭配的消费者来说，省时又省心。

专家提醒

如果消费者购买后因为搭配效果很好，获得朋友的赞美，既可加强消费者对主播的信任，同时又能增加复购率。

4. 选择一组产品进行故事创作

在筛选产品的同时进行创意构思，加上场景化的故事，创作出有趣的直播带货内容，让消费者产生好奇心，并进行购买。

故事可以是某一类产品的巧妙利用，在产品原有的基础功能上进行创新；也可以是产品与产品之间的妙用，产品与产品之间的主题故事讲解等。

9.1.5　营造紧迫感来促使用户下单

在紧张的气氛下，人会产生抢购的心理，进而下单购买。营造紧迫感可以从时间上、数量上着手。

1. 时间上的紧迫

直播时，可制造时间上的紧迫感，例如限时抢购、限时促销等。适用产品经常是高销量的产品，价格也比较实惠。图 9-9 所示为淘宝限时抢购产品页面。

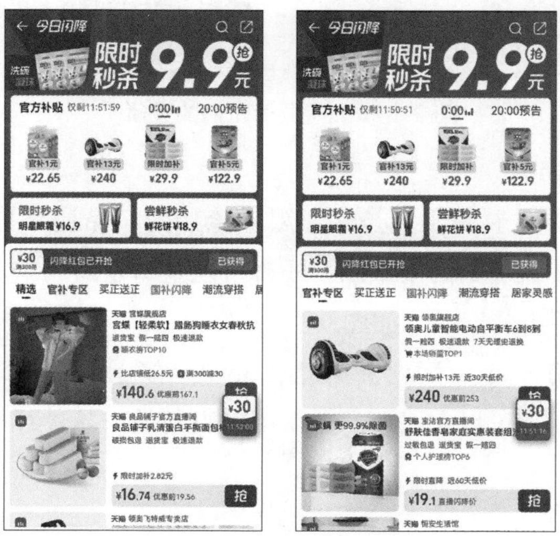

图 9-9　淘宝限时抢购产品

除此之外，一些直播间的标题也会直接运用限时抢购的词汇进行宣传。比如淘宝“限时抢购”的直播间，如图 9-10 所示。

专家提醒

限时抢购的产品通常能吸引大量用户购买。观看直播的用户通常因为在直播间下单有优惠，再加上“限时抢购”的紧迫感，很多用户会购买。

图 9-10　淘宝限时抢购的直播间

2. 数量上的紧迫

数量上的紧迫主要是限量抢购。限量抢购的产品通常也是限时抢购的产品，但也有可能是极少数的限量款，还有可能是清仓断码款，例如淘宝品牌清仓的“断码”标签中的产品，如图 9-11 所示。

在直播带货的时候，经常会有限量抢购或者孤品秒杀的直播间，如图 9-12 所示。除此之外，还可以在平台的系统中对直播的产品进行限量分批上架，制造紧缺感。

图 9-11 淘宝品牌清仓“断码”标签中的产品

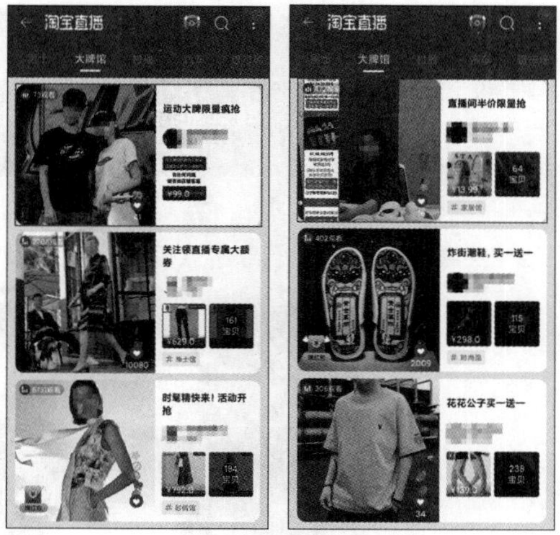

图 9-12 淘宝平台限量抢购的直播间

9.2 直播带货的9个技巧

直播最大的价值就是能吸引用户的注意力，获得用户的流量。借助直播获得用户的注意力会使得带货的销量更高。总而言之，直播只是带货的一种方式和手段。

在直播的过程中，用户的关注度相较于传统的电商销售会更高，直播的画面和传统的电商商品菜单相比更为形象、生动，且在直播间内，用户不会受到其他同类商品的影响，因此在直播带货中的商品转化率比传统电商的转化率更高，这也是直播带货大行其道的原因之一。

下面就来介绍直播带货的一些常用技巧，以帮助直播带货的新主播提高直播间的产品销量，获得更多的收益。

9.2.1 专业的主播更具有权威性

产品不同，推销方式也会有所不同。许多专业性强的产品在直播推广中，需要进行专业讲解。例如汽车直播，观看用户多为男性，喜欢观看驾驶实况，并且大多数是为了了解汽车资讯以及买车，所以专业型的主播更受用户欢迎和青睐。

在汽车直播中，用户最关心的还是汽车的性能、配置以及价格，所以更需要专业型的主播。同时，汽车直播也多在汽车资讯平台进行，专业的平台积累了更专业的内容、资源、服务以及更稳定的用户。但是相比其他电商直播来说，汽车直播的用户转化率还是偏低。图 9-13 所示为汽车之家平台的汽车直播。

图 9-13　汽车之家平台的汽车直播

9.2.2　围绕产品特点策划爆梗内容

在直播带货进入内容为王的时代，“段子”已从传统的语言艺术，演变为一种轻松传达产品价值的创意表达。相比单调的商品介绍，一个有笑点、有记忆点、有传播力的“爆梗段子”，往往能瞬间激活直播间氛围，延长观众停留时间，增强购买欲。

1. 从产品特点中提炼共鸣点

段子的核心不在于幽默，而在于能让观众“笑着认同”。例如，美妆类产品可以从“变美前后反差”切入，食品类可聚焦“味觉冲击与真实反应”，家居类可围绕“懒人神器与生活便利”展开。AI 创意助手（如 ChatGPT、Kimi、通义千问、DeepSeek 等）可输入产品卖点，让 AI 生成 5 到 10 条有梗、有节奏的台词供筛选。

2. 打造“可口播”的短句节奏

“段子”不追求长篇叙述，而更注重口播节奏与传播力。可运用押韵、重复、反转、夸张等技巧，让内容在语音输出时更有节奏感。例如“这不是睫毛膏，这是防水盾牌；哭成河也不花妆，泪中带笑更漂亮”这样的句式既有韵律，又方便观众模仿与转发。

3. 结合 AI 快速生成脚本创意

现在主播团队常借助 AI 短剧工具或脚本生成器（如 DeepSeek、即梦 AI）来策划“微剧情 + 段子”的带货脚本。例如，情景设定：情侣吵架—女方掉泪不花妆一产品反向出圈；AI 生成文案、角色台词与场景画面，几分钟内即可形成一个有梗的短视频脚本。这种“剧情化段子”不仅适合在直播中讲述，也能在平台分发进行二次传播。

4. 保持品牌调性与人设一致

段子的创意虽重要，但不能偏离品牌风格。AI 主播或真人主播都应根据自身人设（如“理智分析型”“幽默吐槽型”“情感共鸣型”）调整语气。过于低俗或无关痛痒的内容容易破坏信任感，反而会削弱带货效果。

5. 以实时热点增强话题性

结合当下热门事件、流行语或网络梗，让段子更贴近年轻群体。例如，可借助 AI 舆情监测工具筛选当前热词，快速改编为直播脚本内容，实现热点共振。

9.2.3　分享干货以及精准营销

在当下的直播生态中，观众不再满足于“被推销”，他们更希望从主播那里学到有价值的内容。分享干货、传递知识、带来启发，才是建立长期信任、提升成交率的关键。

首先，主播要在讲解中输出有用信息，如产品的核心技术、适配人群、使用技巧或搭配方法。直播中的语言要“言之有物”，让观众觉得“这个主播懂行、靠谱”。

例如，在销售护肤品时，不仅介绍功效，还普及基础护肤知识，如不同肤质的使用区别、成分搭配禁忌等。这样，观众不仅学到知识，还会潜移默化地认为该产品“值得信赖”。

其次是要精准营销。直播营销虽然已经成为大势所趋，但也存在一些不可避免的缺陷。比如，一些企业直播时，受众只看不买。因此，如何将直播受众转化为有价值的用户是企业进行直播营销的关键所在。口令红包券有时可以很好地解决这一问题。

当然，在使用口令红包券这一技巧吸引用户时，有两个需要注意的事项，如图 9-14 所示。

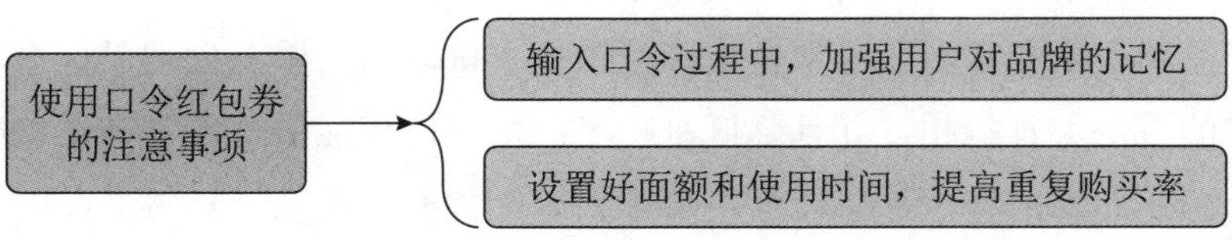

图 9-14　使用口令红包券的注意事项

精准营销不仅在于“推什么”，更在于“对谁说”。

主播应根据数据分析，将用户分为潜在客户、意向客户与核心客户三类，对不同群体采用不同话术策略。例如：潜在客户→重点讲解产品卖点、制造认知；意向客户→强调性价比与限时优惠；核心客户→传递新品信息与会员福利。

不管是何种形式的营销，精准度都是很重要的。因此，如何在直播营销中找准目标群体并提高转化率是我们所要掌握的。

9.2.4 将产品融入植入的场景中

在直播带货中，硬性推销往往容易引起观众反感，甚至导致观众流失。为了让营销更自然、有效，将产品融入场景成为主流手法。场景营销类似植入式广告，但不同于传统的单向推广，它强调“真实感与互动感”，让用户在观看直播时自然而然地感受到产品价值。图 9-15 所示为将产品融入场景的技巧。

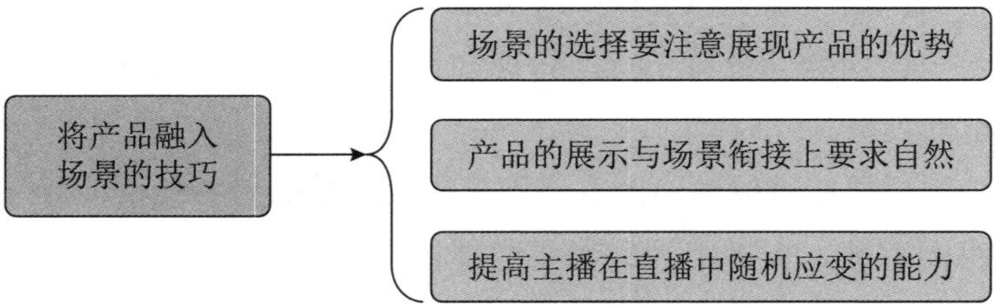

图 9-15　将产品融入场景的技巧

9.2.5 展示用户体验，提高口碑

在用户消费行为日益理性化的情况下，口碑的树立和积累可以让电商营销更为持久。树立口碑的目的就是为品牌树立一个良好的形象，而口碑的力量会在使用和传播的过程中不断加强，进而为品牌带来更多的用户流量。这也是为什么在电商中那么多店家会希望用户能给予好评。

在淘宝平台中，店铺会拥有 3 项评分：宝贝描述、卖家服务、物流服务，如图 9-16 所示。3 项评分的高低在一定程度上会影响用户的购买率；评分越高，用户的体验感越好，则店铺的口碑越佳。

产品的优质和售后服务都是口碑营销的关键。售后服务处理不好会让用户对产品的看法大打折扣，并且降低复购率；优质的售后服务能够推动口碑的树立。口碑是品牌的整体形象，这个形象的好坏主要体现在用户对产品的体验感的好坏，所以口碑营销的重点还是在于不断提高用户体验。具体从如图 9-17 所示的 3 个方面进行改善。

一个好的口碑又具有哪些影响呢？具体内容如下。

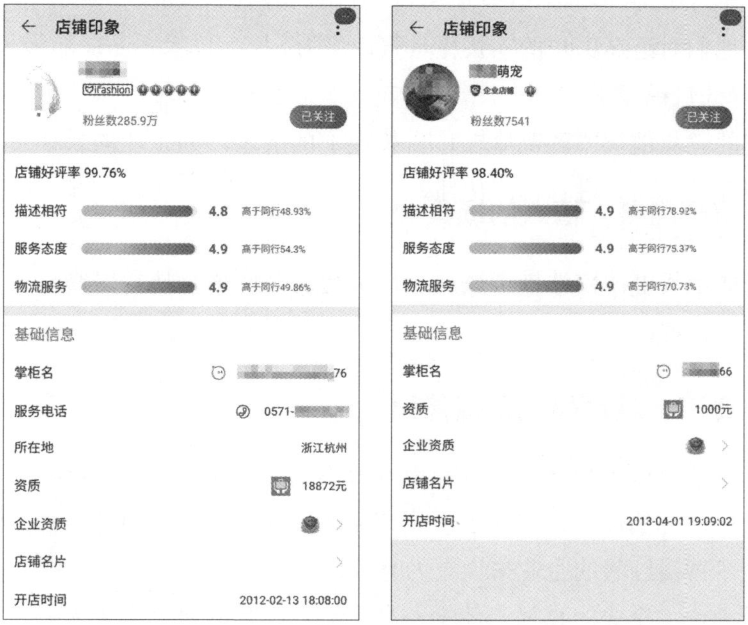

图 9-16　淘宝店铺评分

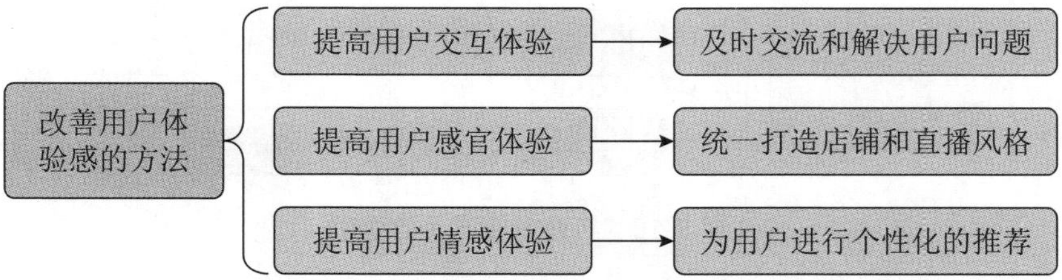

图 9-17　改善用户体验感的方法

1）挖掘潜在消费者

口碑营销对消费者的购买行为有很大影响，尤其是对于潜在消费者。这类用户会询问已购买该产品的消费者的使用体验；或者查看产品下方的评论，查找用户使用感受。所以，已使用过产品的消费者的评价在很大程度上会影响潜在用户的购买决策。

2）提高产品复购率

对于品牌来说，信誉是社会认同的体现。好口碑的品牌也是提高产品复购率的营销方案，同时也反映了品牌的信誉。

3）增强营销说服力

口碑营销相较于传统营销更具感染力。形成口碑的主体其实是使用过产品的用户，而不是品牌方。这些使用过的用户与潜在消费者一样，都属于消费者，因此他们对潜在用户的购买更具有说服力。

4）降低营销成本

口碑的建立能够节约品牌在广告投放上的成本，为企业的长期发展节省宣传成本，并且为品牌进行推广传播。

5）促进企业发展

口碑营销有助于减少企业营销推广的成本，并增加消费者数量，最后推动企业成长和发展。

9.2.6 专注一款产品的直播营销

一场直播只做一个产品，听起来觉得不利于产品的促销，但实际上为了让用户更加关注你的产品，专注于一个产品才是最可靠的。而且这种方法对于那些没有过多直播经验的企业来说更为有效。

一般来说，企业的直播专注于一个产品，成功的概率会更大。当然，在打造专属产品时，企业应该尤其注意如图 9-18 所示的两点要求。

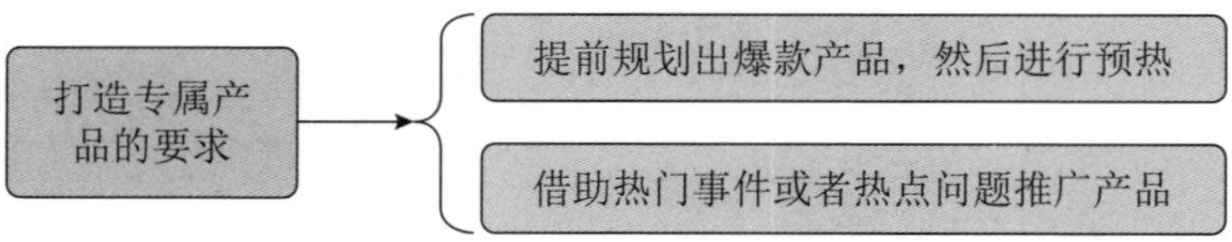

图 9-18　打造专属产品的要求

满足了这两个要求，企业的产品就会进入用户的视野范围，给用户留下深刻的印象，从而为产品的销售打下良好的基础。

9.2.7 用福利刺激用户购买产品

想让用户在观看直播时快速下单，运用送福利的方式能起到很好的作用。因为这能很好地抓住用户偏好优惠福利的心理，从而“诱导”用户购买产品。

例如，有家名为“玖姿专柜店”的店铺，进行了一场标题为“玖姿，春夏新款一折抢”的直播。用户从标题就可以知道这家店铺在做活动，于是就产生了观看直播的欲望。

图 9-19 所示为主播在展示衣服的质地和样式。用户如果觉得合适，就可以

在直播页面的下方点击产品链接直接下单，如图 9-20 所示。

除此之外，在折扣、清仓的时候这一技巧同样也很适用。例如，淘宝直播中一个名叫“万达撤柜，9.9 包邮”的直播间，正是一场清仓的直播，如图 9-21 所示。所有产品只有在直播的时候才有折扣，引起了众多用户的围观，主播在耐心展示每款清仓产品，如图 9-22 所示。

图 9-19　展示产品的质地

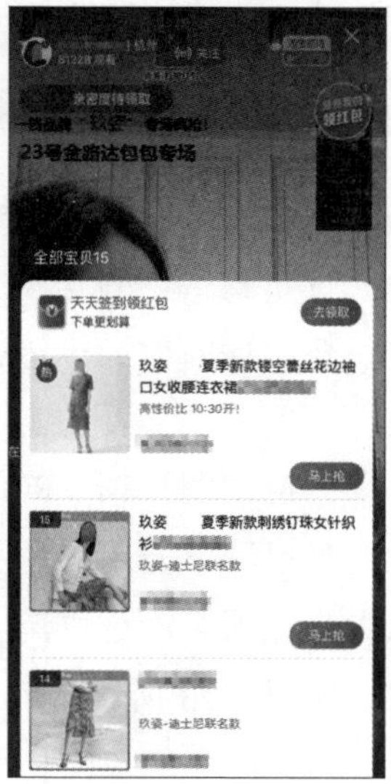

图 9-20　直播中的打折产品

图 9-21　“万达撤柜，9.9 包邮”直播

图 9-22　清仓产品展示

专家提醒

送优惠券的方式分为 3 种：

（1）通过直播链接发放优惠券。

（2）在直播中发放优惠券。

（3）在直播中抽奖送礼物。

9.2.8 用产品的性价比打动用户

在直播中体现物美价廉是吸引用户关注并下单的一个技巧，比如主播在直播时反复说“性价比高，包您满意”等语句。很多人觉得这样吆喝太过直接，但用户其实需要主播向他们传达这样的信息，因为大部分消费者都持有物美价廉的消费观。

例如，有一位试图推销 VR 眼镜的淘宝店主在斗鱼平台上进行直播时，就利用这个技巧吸引了上万用户的关注，一时间这家店铺的热度迅速上升，产品也由此得以大卖。那么，这位淘宝店主具体是怎么做的呢？将其营销流程总结为 3 个步骤，如图 9-23 所示。

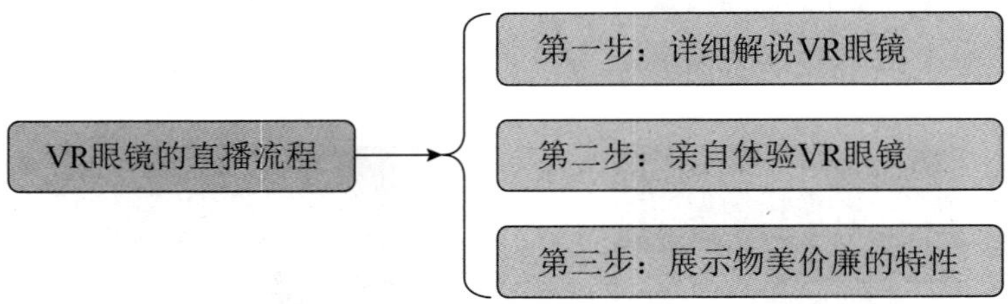

图 9-23　VR 眼镜的直播流程

在直播中，该主播还给用户送上了特别优惠，给“物美价廉”又增添了几分魅力，不断吸引用户前去淘宝下单，这款产品也成了其店内的爆款。

9.2.9 进行对比突显产品的优势

直播变现的技巧除了围绕产品本身之外，还有一种高效的方法，即在直播中加入同类产品的对比。通过对比使得用户更加信任你的产品，同时也可以带动气氛，激发用户购买的欲望。当然，在直播中进行产品的对比还需要掌握一些小诀窍，具体总结为以下 4 点，如图 9-24 所示。

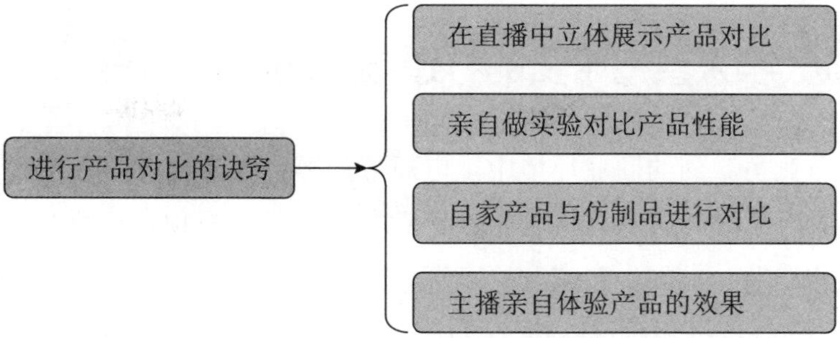

图 9-24 进行产品对比的诀窍

在这些诀窍中，尤其是主播亲自体验产品的效果，更能引起用户的共鸣，获得用户的信赖。比如，淘宝有一个专门卖包包的店家，在直播中店家不断展示包包的材质、特点、款式，还与仿制品相对比，就连拉链、小口袋等细节之处也都一一为用户呈现，如图 9-25 所示。

图 9-25 店家在直播中亲自对比产品

由此可以看出，在直播中加入对比的方法确实能吸引用户的关注，而且还能为直播增加一些乐趣。但是，主播在将自家产品与其他产品进行对比时，也要注意文明用语，不能以恶劣、粗俗的语言贬低、诋毁其他产品。只有这样，用户才会真正喜欢你的直播，信赖你的产品。

9.3 AI数字人直播带货的打造与技巧

扫码
看教学

在当今竞争激烈的商业环境中，电商带货平台已成为人们购物的重要渠道之一。随着人工智能技术的飞速发展，AI 数字人带货视频为营销推广提供了全新的视角和思路。例如，在淘宝、京东、抖音、快手、小红书等线上购物平台中，AI 数字人可以作为带货达人，为消费者提供个性化的购物建议。

腾讯智影作为一款专业的智能创作工具，不仅可以轻松生成 AI 数字人，还支持用户为 AI 数字人匹配不同的音色，用户可以通过文字驱动或音频驱动为 AI 数字人配音，制作电商带货视频，给消费者带来全新的感官体验，其效果如图 9-26 所示。本节将向大家介绍 AI 数字人直播带货的制作方法。

图 9-26 AI 数字人直播带货效果展示

步骤 1 在腾讯智影官网首页，单击“数字人播报”中的“去创作”按钮，如图 9-27 所示。

步骤 2 进入数字人创作页面，在“模板”|“竖版”选项卡中，找到“新品推荐”模板，单击预览图右上角的按钮，如图 9-28 所示。

步骤 3 使用所选模板，在编辑区中清空模板中的文字内容，❶单击“导入文本”按钮，导入整理好的文本内容；将鼠标光标定位到文中的相应位置，❷单击“插入停顿”按钮，插入一个 1 秒的停顿标记，如图 9-29 所示。

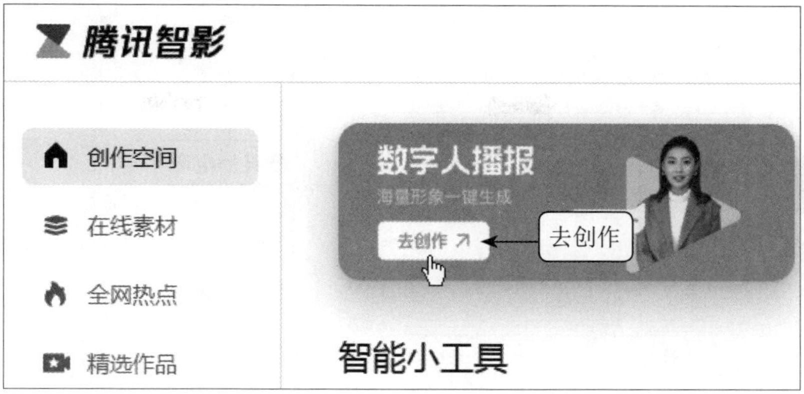

图 9-27　单击“去创作”按钮

图 9-28　单击相应按钮

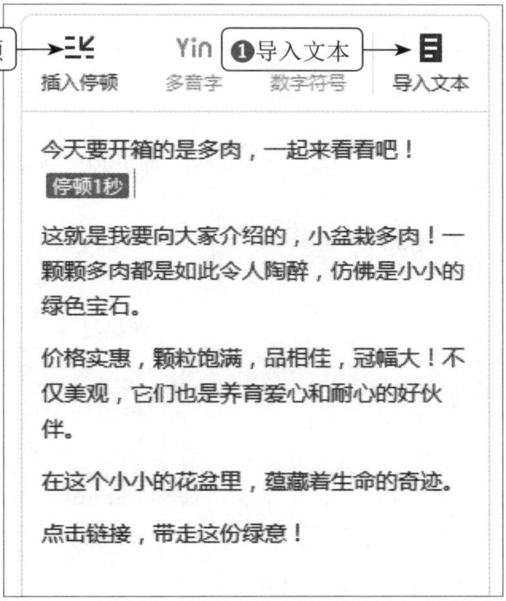

图 9-29　插入停顿标记

步骤 4 在“播报内容”选项卡底部单击选择音色按钮，弹出“选择音色”对话框；❶在全部场景中选择“直播电商”，❷选择一个合适的女声音色，❸单击“确认”按钮可执行操作，如图 9-30 所示。

步骤 5 执行操作后，即可修改数字人的音色，单击“保存并生成播报”按钮，如图 9-31 所示，即可根据文字内容生成相应的语音播报。数字人语音播报的时长也会根据文本配音的时长而改变。

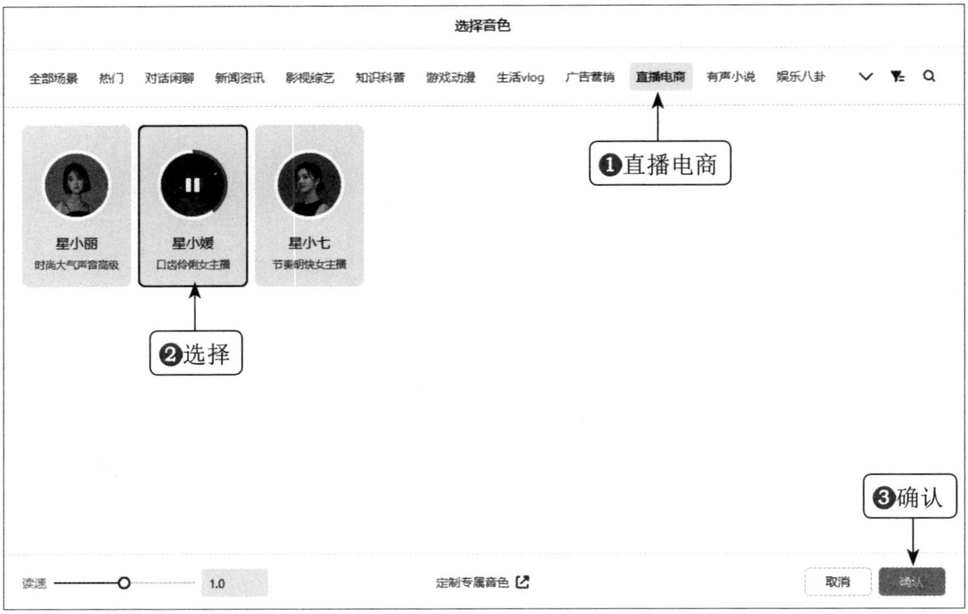

图 9-30　确定数字人的音色

图 9-31　单击“保存并生成播报”按钮

步骤 6 在预览区中选择数字人，❶调整数字人的位置和大小，给介绍的商品留出更多的空间；在编辑区的“数字人编辑”选项卡中，❷选择相应的服装，即可改变数字人的服装效果，如图 9-32 所示。

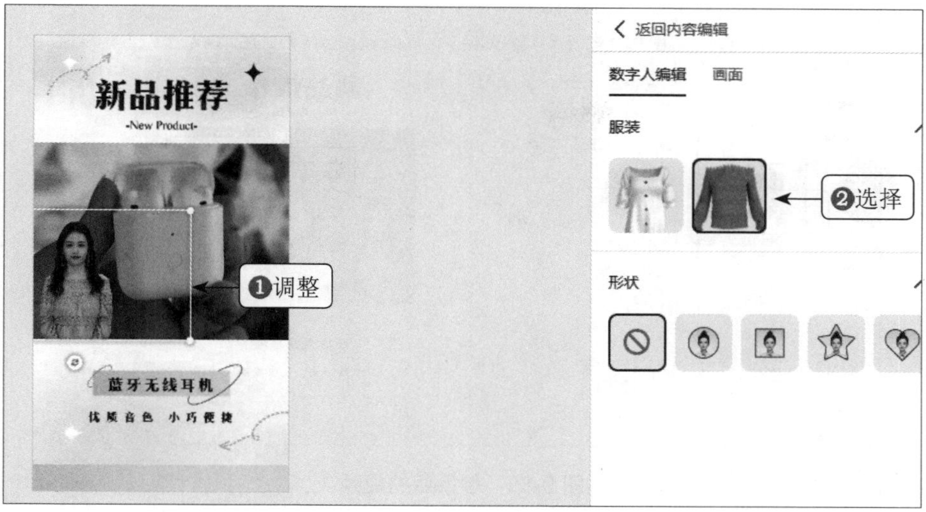

图 9-32　调整数字人的位置、大小及服装效果

步骤 7 ❶在预览区中选择视频素材；❷在编辑区的“视频编辑”选项卡中单击“替换素材”按钮，如图 9-33 所示。

步骤 8 执行上述操作后，即可展开“我的资源”面板，单击“本地上传”按钮，如图 9-34 所示。

图 9-33　对视频进行替换

图 9-34　单击“本地上传”按钮

步骤 9 弹出“打开”对话框，选择相应的视频素材，单击“打开”按钮，即可上传视频素材，选择上传的视频素材，即可替换模板中的视频，如图 9-35 所示。

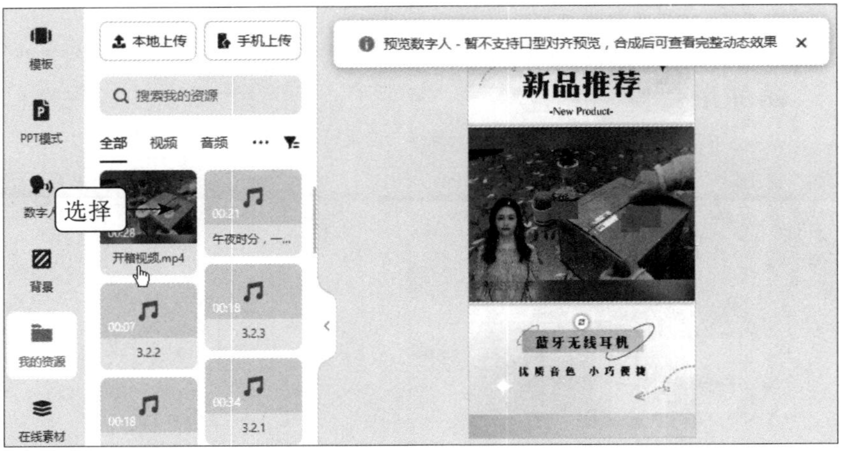

图 9-35　替换后的视频

步骤 10 在预览区中，删除多余的文本，❶选择相应的文本；❷在编辑区的“样式编辑”选项卡中适当修改文本内容；❸设置合适的字体、颜色和字号，如图 9-36 所示。

步骤 11 使用相同的操作方法，更改数字人模板中的其他文字内容，并适当设置其字体，如图 9-37 所示。

步骤 12 展开“我的资源”面板，❶单击“本地上传”按钮；❷上传一段背景音乐，如图 9-38 所示。

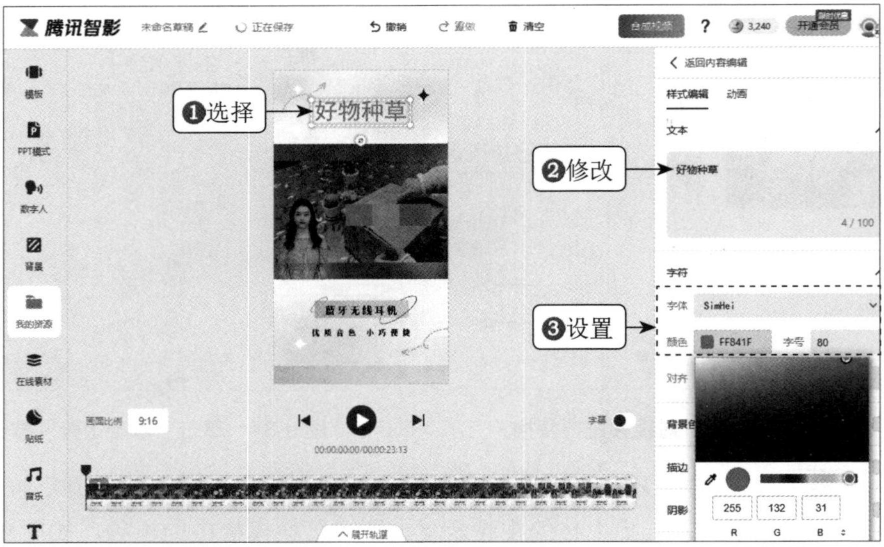

图 9-36　更改文本的步骤

图 9-37　更改其他文字效果

图 9-38　上传一段背景音乐

步骤 13 执行操作后，❶单击背景音乐右上角的按钮；❷将其添加到轨道区中，如图 9-39 所示。

步骤 14 ❶选择轨道区的背景音乐；❷在编辑区的“音频”栏降低音量并设置音乐淡出：设置“音量”为 30%、“淡出时间”为 2.0；❸在轨道区中调整背景音乐与视频时长一致，如图 9-40 所示。单击“合成视频”按钮，将数字人、开箱视频、配音音频、背景音乐等合成导出。

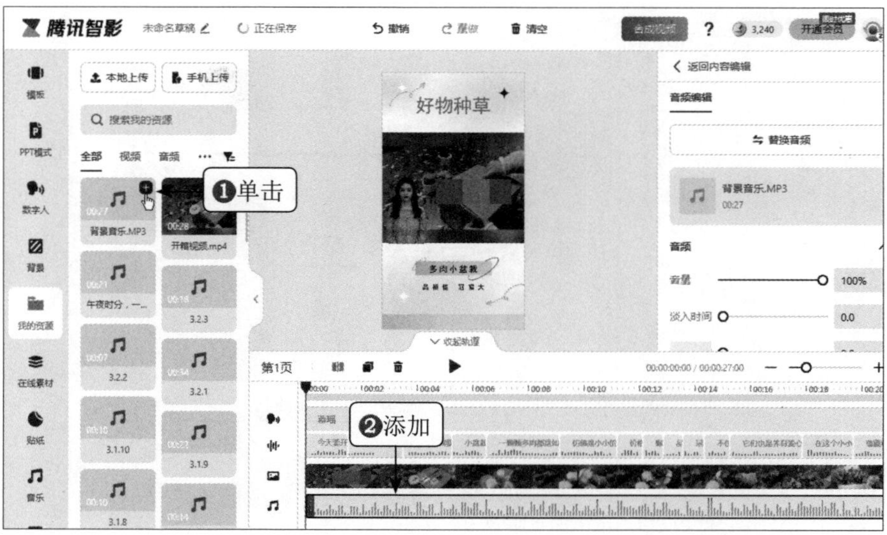

图 9-39　将背景音乐添加到轨道区中

图 9-40　对背景音乐进行设置

第 10 章

17 个技巧：专业运营能提高直播效率

直播运营想要有条不紊地进行，就应该有一个周密的策划流程。如果敷衍了事，就很难获得用户的关注和追捧。本章将向大家介绍直播运营的几大流程：选主题、找渠道、供内容、齐推广，旨在帮助大家熟悉流程，掌握直播运营的策略。

10.1 直播的主题以用户为核心

做好直播运营的第一步就是选好主题。一个引人注目的标题是传播广泛的直播不可或缺的。因此，如何确立直播主题吸引用户观看，是直播运营中最关键的一个步骤。俗话说“好的开头是成功的一半”，选好直播主题也是如此。本节将向大家介绍几种确立直播主题的方法，如从用户角度出发、及时抓住时代热点、用噱头打造直播话题、围绕产品特点等。

10.1.1 明确直播目的并做好准备

首先，主播要明确直播的目的。如果想要提高销售量，就将直播主题指向卖货的方向，吸引用户立即购买；如果目的是通过直播提升主播知名度和品牌影响力，那么主题就要策划得宽泛一些，最重要的是要具有深远的意义。直播的目的大致可以分为 3 种类型，如图 10-1 所示。

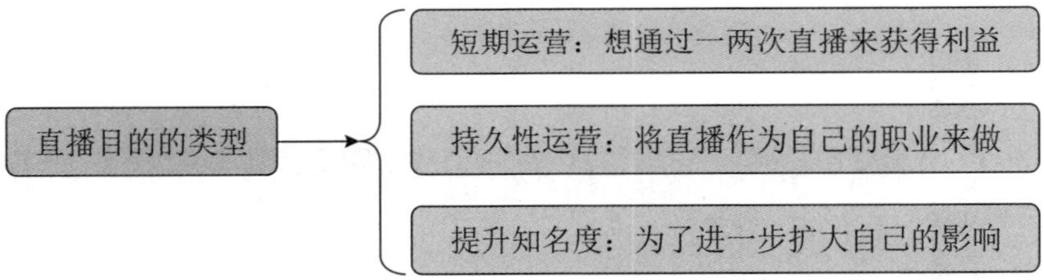

图 10-1　直播目的的类型

对于持久性营销而言，其直播目的在于通过直播平台持续直播，获得比较稳定的用户。所以抱有这类目的的直播，其主题应该具备长远性的特点。在策划直播主题时应该从自身产品的特点出发，结合其他店家的特点突出自己的优势，或者直接在直播中教给用户一些实用的知识和技巧。这样一来，用户就会对店家产生好感，进而成为店家的“铁杆粉丝”。

例如，淘宝直播中有一个叫某微胖定制的商家。这是一个专门为微胖女孩提供定制衣服的商家，其店内所有服装的款式都主打显瘦的效果，吸引了不少粉丝。在这个商家的直播中，不仅有产品的直接展示，而且还会告诉用户怎样选择适合自己身材的衣服，让用户在购物的同时学到了不少知识。图 10-2 所示为这家淘宝店铺的主页和直播页面。

从图中可以看出，店家在直播中推送了模特的身高和体重，让买家进行参考。用户看到之后就会觉得很实用，同时也有效抓住了女性的爱美心理，使得用户与店家产生紧密的联系。

图 10-2　淘宝店家的店铺主页及直播页面

许多用户在观看完直播后都能得到一定的收获，也会对下次直播将带来怎样的精彩内容充满期待。这就是持久性运营的直播目的，为了实现销售的长久性，全力粘住、吸引用户。

10.1.2　从用户的角度出发来制定

没有人气的直播是无法维持下去的。因此，直播主题的策划应以用户为主，从用户角度出发，同时要注意如图 10-3 所示的 3 点。

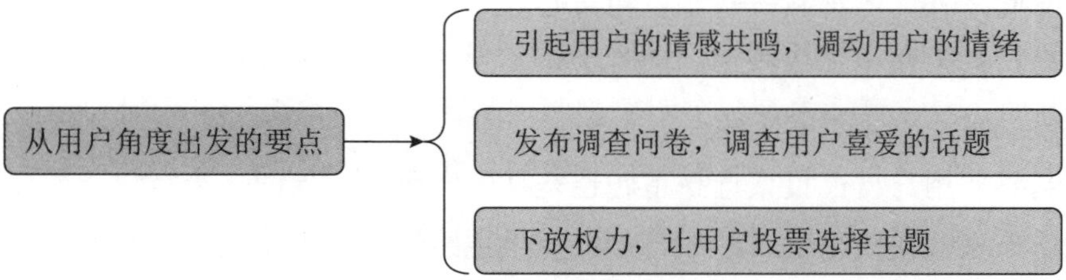

图 10-3　从用户角度出发的要点

从用户角度切入最重要的是了解用户究竟喜欢什么，对什么感兴趣。为什么有的直播如此火热？用户为什么会去看？原因就在于这些直播迎合了用户的口味。

现在关于潮流和美妆的直播是比较受欢迎的，因为直播的受众大多是年轻群体，对时尚有自己独特的追求，比如“清新夏日，甜美时尚减龄搭”“小短腿的逆袭之路”“微胖女孩的搭配小技巧”等主题都是用户所喜爱的。而关于美妆的直播更是受到广大女性用户的热烈追捧。

例如，淘宝直播有一个名叫“唐不灵 bling 微胖”的主播，专门直播微胖女生的穿搭技巧。在直播中，主播亲自试穿不同的服装，为用户展现如何利用服装搭配的技巧来掩盖身材的缺点，如图 10-4 所示。如果用户觉得主播试穿的衣服也适合自己的话，就可以点击相关链接直接购买，如图 10-5 所示。

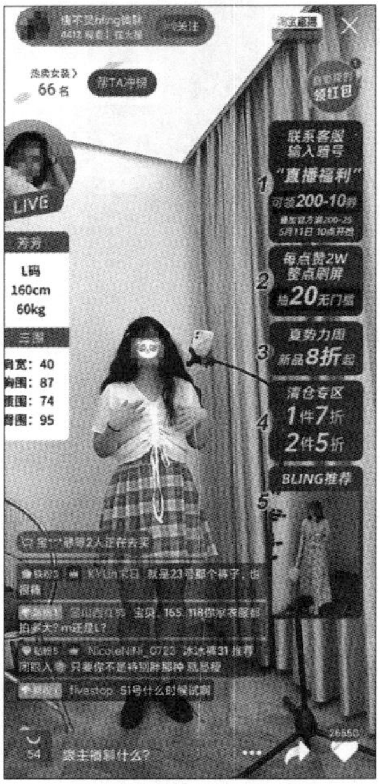

图 10-4　关于时尚穿搭的直播

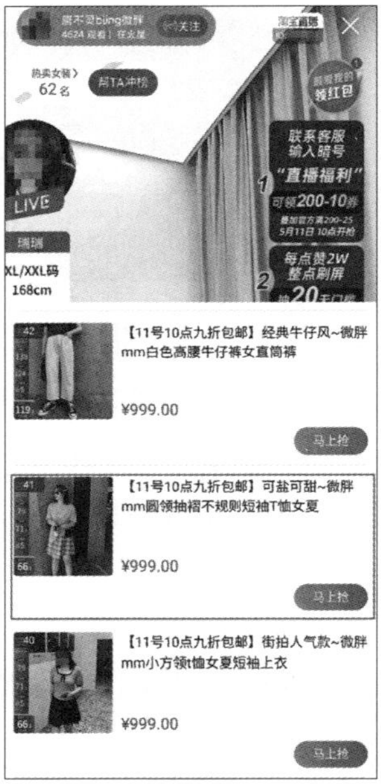

图 10-5　时尚穿搭直播，边看边买

除此之外，各种新鲜热点、猎奇心理等主题也能勾起用户的兴趣。主播需要从身边的事情中加以挖掘，同时多多关注那些成功的直播是怎么做的，这样才能策划出一个完美的主题。

当然，用户自己投票选择主题也是从用户角度切入的一个点。一般模式的直播都是主播决定主题，然后再把内容呈现给用户。为了迎合用户的喜好，主播可以按照用户的意愿来，主播要随机应变，积极调动用户参与。另一种方法就是直播之前投票，比如主播可以在微信公众号、微博等社交平台上发起投票，让用户选择自己喜欢的主题。

10.1.3　及时抓住时事热点来策划

在互联网快速发展的时代，热点就代表了流量。因此，及时抓住时代热点是做营销的不二选择。在这一点上，主播要做的就是抢占先机，迅速出击。例如，一个服装设计师想要设计出一款引领潮流的衣服，那他就要有对时尚热点的敏锐眼光和洞察力。确立直播主题也是如此，一定要时刻注意市场趋势的变化，特别是社会热点。

总而言之，既要抓住热点，又要抓住时间点，同时还要抓住用户的心理，这样才能做出一个优秀的直播主题。在直播内容策划中，抓住热点做直播应该分 3 个阶段进行。具体介绍如下。

1. 策划开始阶段

在这一阶段，直播营销和运营者首先要做的是解决“入”和“出”的问题。所谓“入”，就是怎样把热点切入直播内容中。这时需要找准一个角度，应该根据产品、用户的不同选择合适的切入角度。所谓“出”，就是怎样选择直播内容的发布渠道。这需要找准合适的直播平台，应根据自身直播的内容分类、在各直播平台的粉丝数量以及直播平台特点选择。

例如，与游戏结合的产品和直播内容，就应该以那些大型的主打游戏的直播平台为策划点，像斗鱼直播、虎牙直播、企鹅电竞等。图 10-6 所示为能与游戏结合的直播内容平台。

图 10-6　能与游戏结合的直播内容平台

2. 策划实施阶段

直播内容有了策划的产品切入角度和选择了合适的平台后，可在此基础上进行具体的内容准备。

首先，策划者应该撰写一篇营销宣传文案，以便加速直播营销的实现。撰写文案时应该抓住热点和受众兴趣的融合点。其次，应该在整体上对直播内容进行规划布局。根据热点策划直播内容具体应该注意以下几个方面，如图 10-7 所示。

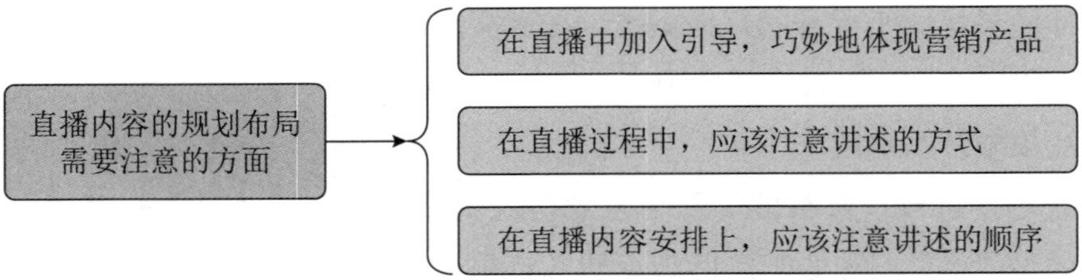

图 10-7　直播内容的规划布局需要注意的方面

3. 策划输出阶段

热点是有时效性的，而直播内容的输出也应该在合适的时间点呈现出来：既不能在热点完全过时的时候，因为那时已出现了新的热点；也不能在热点还只是萌芽的时候呈现，除非企业自身有着极大的品牌影响力，否则可能因选择不当而错失良机，也可能为其他品牌宣传作嫁衣裳。

总之，直播内容在策划输出时应该找准时间点，既快且准地击中用户的心，吸引他们关注。借助热点话题来策划直播内容是一种非常有效的营销方式，具有巨大的营销作用，具体如下。

（1）以热点吸引大量的用户关注，增加直播内容受众。

（2）以热点的传播和用户参与来引导产品的广泛销售。

10.1.4　利用噱头来打造直播话题

一个好的话题是直播营销成功的法宝。当然，制造话题也是需要技巧的，巧用噱头打造话题可令用户为之兴奋。

那么如何利用噱头来打造话题呢？可考虑从以下 3 个角度着手。

（1）引用关键热点词汇做噱头。

（2）抛出关于主播的噱头。

（3）通过爆炸性新闻当噱头。

在策划直播主题时，主播要学会利用热点词汇做噱头来吸引用户的注意。例如，在《文坛》相声中有一句话："干干巴巴的，麻麻赖赖的，一点都不圆润，盘它！""你圆润吗"成为引发人们关注的句子，而"盘它"则是核心词汇。

这句话原本的笑点在于不管是什么都能盘，遇到什么盘什么。后来被很多主播用于直播带货中力推产品，让用户购买。类似的热点词汇还有很多，比如"走心""安利""种草"等。

在直播中商家也会巧妙地借用"走心"这个关键词来吸引用户流量。例如，图10-8所示淘宝直播的两个主题就采用了这个热词。

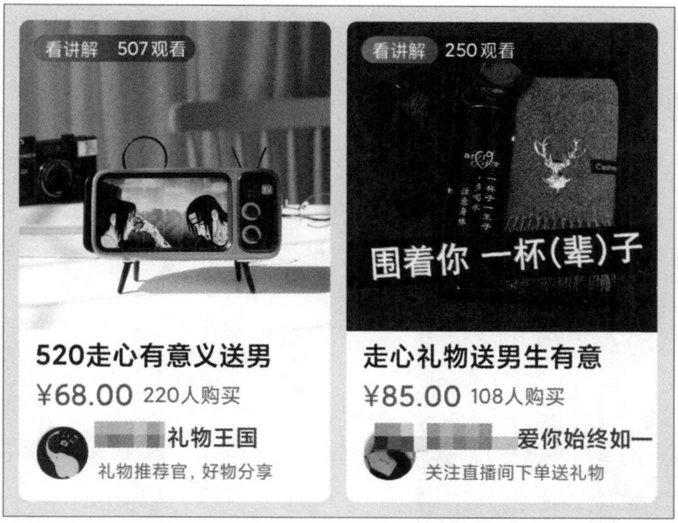

图10-8　利用热词打造直播主题

由此可见，打造噱头主题时借鉴热点词汇确实是一个相当实用的技巧，可成功地引起人们的情感共鸣，同时获得人气和收益。

10.1.5　围绕产品特点来展现优势

围绕产品特点的核心就是"让产品做主角"。有的主播在直播时将产品放在一边，根本没有向用户详细介绍产品的优势和特点，一味给用户讲一些无关紧要的东西；有的主播一开始就滔滔不绝地介绍产品，丝毫没有讲产品的操作和使用方法。对主播的营销来说，这两种直播方法都是不可取的。

主播必须清楚地认识到，产品是关键，产品才是主角，直播的目的就是让产品给用户留下深刻印象，从而激发用户的购买欲。那么"让产品当主角"具体该怎么做呢？笔者总结了 3 个基本要点，如图 10-9 所示。

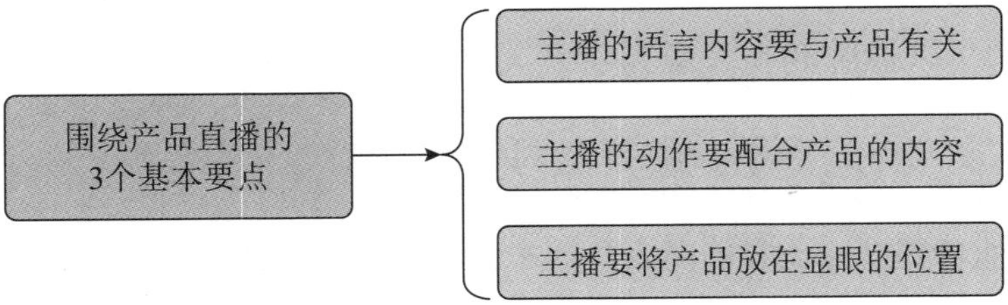

图 10-9　围绕产品直播的 3 个基本要点

例如，淘宝直播中有一个卖珊瑚玉的商家，在直播中展示了产品，如图 10-10 所示。他直播的内容也全都是围绕产品展开，比如珊瑚玉的特色、质地等，而且还可以边看直播边点击链接购买，如图 10-11 所示。

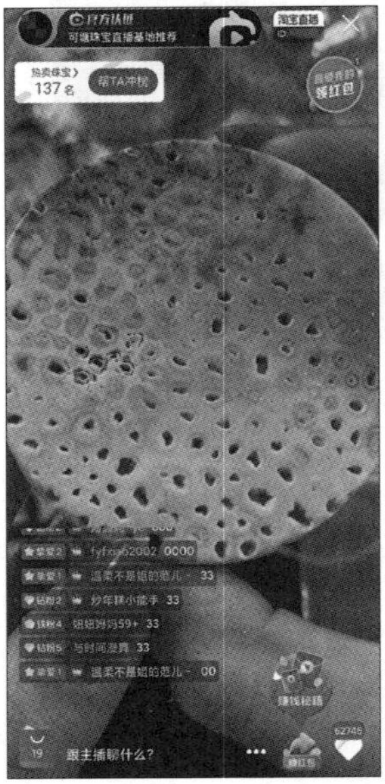

图 10-10　商家对珊瑚玉进行展示

图 10-11　珊瑚玉的购买链接

由此可以看出，用户看以销售为目的的直播就是因为对产品感兴趣。因此，直播主题策划就应该以产品为主，大力宣传产品的优势、特点。只有这样，用户才会被吸引进来观看直播，进而购买产品。

10.2 找准直播的传播运营模式

随着直播的不断深入发展，直播已渐渐成为真正的营销方式。在运营直播的时候，找准传播渠道也是一个重要的方面。从某种意义上来说，不同的传播渠道形成了不同的运营模式。想要将产品成功地推销出去，找准传播渠道是一个必不可少的环节。

10.2.1　发布会式直播，多平台同步

发布会式直播这种模式的重点在于多平台同步直播，因为只有多平台同步直播才能吸引更多的用户关注。打个简单的比方，央视的春节联欢晚会如果没有各大卫视的转播，那么其知名度、曝光率就会打些折扣。让产品多渠道展现是向喜欢不同平台的用户提供讨论的专属空间，这样一来，他们也能在自己已经熟悉的互动氛围中进行自由的交流和讨论。

例如，小米手机的新品发布会在多个直播平台都能观看，如人气超高的虎牙直播、斗鱼直播、哔哩哔哩直播等。而小米发布会在各大平台直播所引起的讨论风格也各不相同，因为每个直播平台的用户群体特征不一样，各自的观点也有所差异。这种发布会式直播的模式之所以能获得令人意想不到的效果，其原因在于3个方面。

一是直播之前，发布会主办者的官方媒体就会进行大力宣传和预热，制造系列悬念吸引用户眼球；二是此种模式比较新颖，将传统的商业发布会与直播结合起来，抓住了用户的好奇心理；三是给用户提供了互动的渠道，对产品的不断改进和完善更加有利。

小米新品发布会采用多平台同步直播的方式，值得其他产品借鉴。当然，这也要根据产品的性质而定。但不容置疑的是，小米的发布会直播取得了巨大的成功，此种模式为其带来了更多曝光度和流量。

10.2.2　作秀式直播，掌握方法技巧

“作秀”这个词语，可以分两个层面来理解：一个是单纯地耍宝；还有一个意思就是巧妙地加入表演的成分。很多主播和商家为了避免有作秀的嫌疑，可能会一本正经地直播，但这往往没有什么人看。有的主播则会利用作秀式直播的模式来取得销售佳绩。当然，想要打造好这种模式也是需要技巧的。

最重要的是要在直播中去除“营销的味道”。想要利用作秀式直播的模式获得人气，就需要结合产品发挥出自己的特色，又不能把重点倾向于作秀，因此把握尺度是这种模式的核心。

主播直播时不能一上来就讲产品，这样显得太过乏味，可以找用户感兴趣

的话题，然后慢慢引到产品本身。也不能全程都在讲产品，这样用户会失去继续看直播的动力。最好的办法就是做出有自己特色的直播。

在直播中加入具有特色的桥段，让用户感觉很有新意，就像表演一样给人带来视觉享受。对于作秀式直播的模式，只有把握住用户的心理才能获得成功。

10.2.3 颜值式直播，吸引用户注意

那些人气高、频繁登上平台热榜的主播，实际上都是依靠背后的经纪公司或者团队的运作，同时他们也有很高的颜值。

爱美是人之常情，人人都喜欢欣赏美好的事物，所以颜值成为营销的手段之一也不难理解。但需要注意的是，光有颜值是不够的，要把颜值和情商、智商相结合，这样才能实现颜值式直播的效果。

如何塑造一个有颜值的主播呢？邀请颜值较高的网红或明星做主播；主播的服装、妆容造型要靓丽；主播的行为要优雅。在直播中，主播的表现与产品的销售业绩是分不开。用户更乐意看到颜值高、情商高的主播，这也是高颜值主播人气高的原因所在。

例如，SK-II 就曾邀请其代言人霍建华担任新品发布会的主播，在美拍直播平台上进行了一场人气爆棚的直播。这次直播短时间内就吸引了 80 多万人观看，点赞量近 3000 万。

通过这次直播，本来口碑就很好的 SK-II 品牌又获得了更多的知名度和曝光率；此次发布的新品的销售业绩也是节节攀升。图 10-12 所示为霍建华在美拍的 SK-II 直播。

图 10-12　霍建华在美拍 SK-II 直播

10.2.4 限时式直播，抓住用户心理

既然直播是为了营销，那么如何让顾客产生购物的欲望就是主播需要思考的问题。例如，采用限时式直播的模式，可大大激发用户购买产品的欲望。这是一种抓住用户心理的营销战术，能够最大限度地带动用户的购买热情，从而实现营销的目的。

比如天猫、淘宝、聚美等平台上的直播都可以边看边买，这样的平台更适

合限时式直播的模式，为用户提供沉浸式的购物体验。当然，采用限时购模式也是需要技巧的，应根据用户心理来选择时机变换弹出产品的方法，单一的形式不容易引起用户的注意。

例如，“邱肉瑶”是一个专卖潮流女装的淘宝商家。该商家主要靠自己的主播推销产品，主播不但亲自换装告诉用户如何搭配衣服，还认真回答用户提出的各种问题，解决用户的疑惑。

在直播中，主播向用户介绍相关产品的同时，屏幕上就会弹出相应的商品链接，感兴趣的用户可以马上购买。如图 10-13 所示，主播刚介绍完一款上衣，屏幕就弹出了这款产品的链接。

图 10-13　淘宝服装店直播弹出的产品购买链接

如果用户在观看的同时关注了主播，还会有红包派送。这样不仅让用户更加想要购买产品，同时也吸引了大量潜在顾客。此外，屏幕下方还有一个产品信息栏，用户可以通过点击“看讲解”的按钮来获得相关的产品信息，在此选购自己喜欢的产品。相关例子如图 10-14 所示。

主播运用限时式直播的模式进行营销是明智的选择。加入限时购的信息页面，会让用户果断下单购买，从而提升销售业绩。

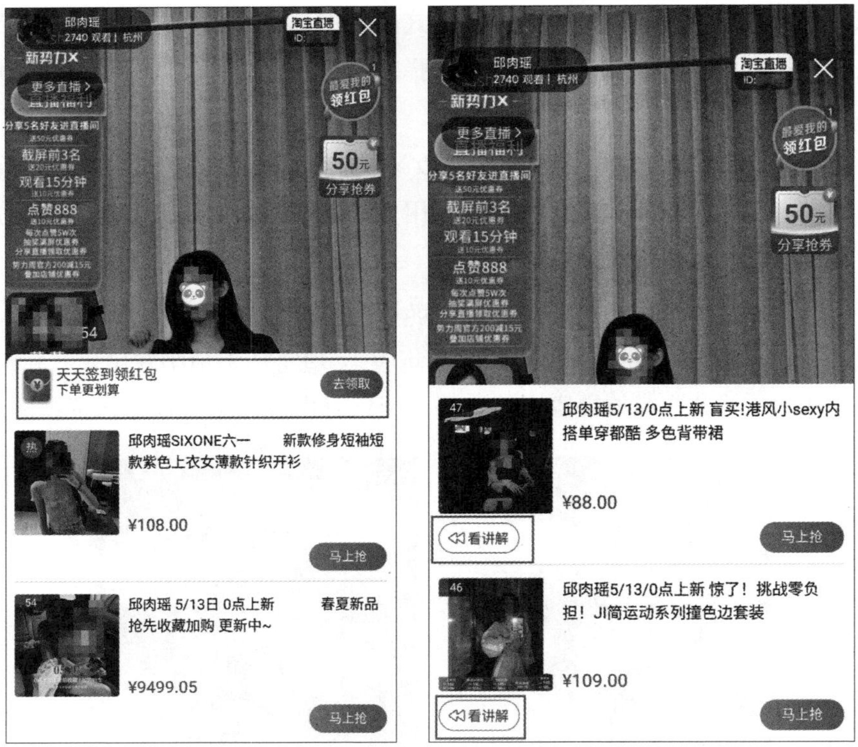

图 10-14　领红包位置及屏幕下方的产品信息栏

10.2.5　IP 式直播，营销的效果可观

直播营销和 IP 营销是互联网中比较火的营销模式，被很多娱乐主播、著名品牌所采用。如果将两种模式结合起来，直播的效果会更好。直播营销想要真正火热起来，并立于不败之地，就需要 IP 的鼎力相助。

当然，IP 也分为很多种，比如一些名人、明星本身就是一个 IP，那些经久不衰的小说、名著也是 IP，一本经典的人气漫画也是 IP。IP 式直播模式的核心是如何利用 IP 进行直播营销。主播如果想要引流吸粉，就应该利用名人效应；传统的营销模式同样也会邀请名人代言。

随着时代的进步、科技的发展以及人们购物心理的变化，传统的营销方式不再适用。各种营销手段和营销工具源源不断地产生，名人 IP 也成为直播营销中不可或缺的宝贵资源。各大主播应该学会借助 IP 进行直播营销，利用 IP 的热度效应，吸引用户观看直播，从而达到直播营销的效果。IP 式直播模式的吸粉引流效果是不容小觑的，善加利用的话一定能取得巨大的成效。

10.3 全面打造、提供优质的内容

直播营销的内容有着重要的作用，只有提供优质内容才能留住用户。主播应结合多个方面综合考虑，为创造优质的内容打下良好的基础。本节将从内容包装、互动参与、情景驱动、事件营销、创意营销、创新技术、真实感等多个方面介绍如何提供优质内容。

10.3.1 通过内容包装获得更多曝光

在直播营销中，优质内容固然重要，但仅有内容并不足以带来持续的流量与转化。如何对内容进行包装，让其更具传播性与商业价值，已成为主播和品牌共同关注的话题。内容包装不仅是形式的优化，更是营销策略的延伸。精准的内容包装能显著提升直播间的曝光度与留存率。

1. 强化内容的故事性

与其直接介绍产品，不如让内容“讲故事”。通过塑造人物、情节或情感起伏，让观众在剧情中自然接收产品信息。例如，介绍美妆产品时，可以用“约会妆容准备日记”或“上班族的 3 分钟化妆术”作为切入点，观众在观看过程中容易代入，提升关注与信任度。

2. 借势热点实现内容包装

在信息爆炸的时代，热点就是流量。直播内容可以巧妙借助社会热点、影视话题或季节趋势进行包装。例如：在热门影视作品上映期间，结合角色妆容、服饰风格推出主题直播；在节假日期间策划“送礼直播专场”“职场开工好物”等活动；利用微博、抖音等社交平台的热搜关键词，调整直播标题与话术。

这种“内容 + 热点”的双重策略，可在短时间内迅速吸引公域流量，实现更大范围的曝光。

3. 优化视觉与标题包装

视觉是观众进入直播间的第一印象。通过封面图、直播间布景以及主播着装的风格统一，可以形成鲜明的品牌辨识度。同时，直播标题要具备吸引力与搜索匹配度，例如采用“问题 + 收益”式标题：“普通手机也能拍出大片？一节课教会你！”比单纯写“摄影教程直播”更能引起兴趣。

4. 强化内容的电商属性

内容包装的最终目标仍是实现转化。每一次直播都应围绕产品价值展开，不论是教学型、体验型还是互动型内容，都要自然融入产品展示与购买引导。

例如，摄影教学直播中介绍的“构图技巧”，可顺势推荐稳定器或手机镜头配件，实现内容与电商的无缝衔接。

10.3.2 通过互动参与了解内容质量

在直播营销中，互动性是衡量内容质量的核心指标。无论是内容推送、活动策划，还是直播环节设计，其最终目标都在于建立主播与用户之间的高黏性交流。只有用户愿意参与互动、表达观点并持续关注，内容的真实价值才会得到体现。

内容质量的高低，不在于粉丝数量的多少，而在于用户的真实参与度和反馈深度。例如，在直播过程中通过评论区投票、抽奖、问答或实时连麦等形式，能快速了解观众的偏好与痛点，从而把握调整内容方向。

此外，借助 AI 数据分析工具，可以对弹幕关键词、停留时长、互动频率等指标进行追踪，形成用户行为画像，用数据反哺内容创作。这种“互动—反馈—优化”的闭环机制，是直播内容持续进化的重要形式。

总的来说，高质量的直播内容不只是输出，更是共创。让观众参与到内容生产中，不仅能增强用户归属感，还能帮助主播精准把握市场趋势，从而在激烈的内容竞争中保持长期优势。

10.3.3 用动人的内容进行情感共鸣

在直播营销中，能打动人心的内容才具备真正的传播力。用户的关注已经从“产品导向”转向了“情感共鸣”，只有当内容能够激发情绪共振、唤起生活联想时，观众才会留下来。成功的直播往往不仅仅是在卖货，更是在讲一个让用户产生代入感的情景之中。

优质的情景内容应具备三个特征：真实、代入感、共鸣。主播可以通过日常化的生活场景，将产品自然融入其中，让观众在“想象自己使用”的过程中完成心理转化。例如，在介绍护肤品时，不仅讲成分，更要塑造“早起阳光下素颜也自信”的画面感，借助情景强化购买欲望。

这种“内容 + 情景”的模式，本质上是以情感为驱动力的内容引导。它将产品的功能转化为用户的情感价值，使直播不再是单向销售，而是双向体验。

10.3.4 对事件进行加工提高知名度

在直播营销中，事件营销是提升曝光率与品牌影响力的高效手段。通过对具有新闻价值或社会话题性的事件进行创意化加工与内容再造，可以迅速吸引关注，实现“热点带流量、内容造热度”的双重效果。

优质的事件营销并非简单蹭热点，而是结合产品特性与品牌定位，在信息过载的社交环境中，找到“让事件为内容服务”的平衡点。例如，品牌可以借助节日、社会议题或热门影视剧等节点，打造具备参与感与传播力的直播主题，如“环保节限定直播”“影视同款推荐”等，将事件与产品自然融合。

在传播方式上，事件营销应注重话题的延展与内容的二次传播。通过短视频剪辑、社交话题互动、AI 自动生成热点标题等方式，让直播内容在平台上持续发酵，形成“看直播—分享—再传播”的循环效应。

10.3.5　在保证质量的同时发挥创意

创意不但是直播运营发展的重要动力，同时也是必不可少的内容元素。互联网创业者或主播如果想通过直播来打造自己或品牌的知名度，就需要懂得“创意是王道”的重要性，在注重内容质量的基础上更要发挥创意。

一个具有创意的内容能够帮助主播吸引更多的用户。创意可以表现在很多方面，新鲜有趣只是其中一种，还可以是贴近生活、关注社会热点话题、引发思考、蕴含生活哲理、包含科技知识和人文情怀等内容。

对于直播运营来说，缺乏创意的内容只会成为广告的附庸。因此主播在进行内容策划时，一定要注重创意性。

10.3.6　利用创新技术提高展示效果

在直播市场中，技术革新正在不断重塑内容展示的边界。直播不再只是“镜头前的表演”，而是通过 VR、AR、全息、3D 等新兴技术与 AI 算法的结合，打造出沉浸式、互动化、智能化的观看体验。技术不仅放大了视觉冲击力，更成为提升品牌质感与直播竞争力的关键。

1. VR 技术

VR 技术通过虚拟引擎和三维建模技术，营造出高度拟真的沉浸式空间。观众戴上 VR 设备后，可“进入”直播现场，从视觉、听觉甚至交互层面感受商品的真实存在。

例如，在汽车、家居、美妆等领域，VR 直播可让用户在虚拟展厅中自由“漫游”，从不同角度查看产品细节，实现“零距离体验式种草”。

2. AR 技术

AR 技术通过将虚拟元素叠加在真实世界中，实现虚实共生的视觉效果。主播可以在直播画面中实时展示产品的使用场景，如在展示化妆品时，让虚拟妆效实时叠加到脸部，增强代入感。

目前不少电商平台已内置 AR 直播功能，用户只需扫描二维码即可试戴眼镜、饰品，这能极大提升购买决策的效率与信任感。

3. 全息技术

全息投影技术通过光学干涉与衍射原理，将数字影像投射成三维空间影像，形成立体的视觉幻象。它突破了物理空间的限制，使“虚拟主播”和“数字代言人”得以登场。

例如，品牌可邀请 AI 虚拟人进行产品演示，配合全息展示技术呈现产品内部结构或使用流程，让直播更具科技感与未来感。

4. 3D 立体技术

3D 技术通过左右眼图像差异，营造出立体深度效果，使直播画面更具空间层次。对于服饰、珠宝、电子产品等领域，3D 直播能够更精准地展示材质质感与细节工艺，帮助用户更直观地了解产品特性。

结合 AI 自动建模与实时渲染，3D 内容的制作门槛正在降低，普通主播也能轻松创建专业级展示场景。

5.AI 与 XR 融合

近年来兴起的 XR 技术（extended reality，扩展现实），融合了 VR、AR 与 MR（mixed reality，混合现实），再结合 AI 智能视觉算法，使主播能够在虚拟与现实之间自由切换场景。例如，直播中可一键进入“虚拟厨房”“未来城市”等主题空间，让内容更具叙事性与沉浸感。

这类技术的普及，标志着直播营销从单向展示走向多维互动叙事，观众不再只是看客，而是内容体验者。

综上所述，创新技术的融入正在让直播营销从传统的商品陈列转变为兼具艺术性、科技感与参与感的体验型内容。未来，谁能率先掌握这些展示技术，谁就能在竞争激烈的直播赛道中脱颖而出。

10.3.7 直播的内容要有真实的感觉

优质内容的定义也可以说是能带给用户真实感。真实感听起来很容易，但通过网络这个平台再表现，似乎就不再那么简单了。主播要明确传播点，即你的内容是不是用户想要看到的，你是否真正抓住了用户的关注点和痛点。这是一个相当重要的问题。

举个例子，你的用户群体大多是喜欢美妆和服装搭配的，结果你邀请了游戏界的顶级玩家主播讲了一系列关于游戏技巧和乐趣的内容，那么就算主播讲得再生动、内容再精彩，用户也不感兴趣，与其喜好不相符合，脱离了真实性。这样的直播是不会成功的。

那么究竟要怎么做呢？用一个淘宝直播的例子来说明。比如“慧喵大大”这个主播就十分受用户欢迎，因为她充满真实感，也很接地气。她推荐的东西也大多比较平价，而且每次介绍产品也不会用很夸张的语言，还亲自换装给用户展示效果，如图 10-15 所示。她成功的原因在于：首先，她明确了传播点，也就是中低层年轻群体，收入一般；其次，她在直播中的行为、语言都是真实的；最后，她成功抓住了用户的需求点。

图 10-15　慧喵大大的直播

第 11 章

14 种变现：不得不学的直播盈利模式

主播做直播的最终目的是变现获得收益，特别是一些直播网红，利用其强大的号召力和粉丝基础，以直播内容打造自己的专属私域流量池，来进行用户导流和商业变现。本章主要介绍直播流量变现的主要方式以及由直播衍生出的变现方式。

11.1 直播流量变现的方式

直播的一切步骤和措施其最终的目的只有一个，那就是实现商业变现。直播的流量变现方式究竟有哪些呢？本节总结了直播流量变现的 9 种常见形式，比如卖会员，让用户享受增值服务；直播间的打赏，让用户为主播的表现给出奖励。此外，还有主播任务、植入产品、付费观看等变现方式。

11.1.1　通过卖会员以增值服务变现

会员制已经成为直播变现的重要模式之一。与过去单纯依赖带货或打赏的短期收益不同，会员体系强调长期用户价值与持续收入增长。这一机制不仅被各大视频平台采用，如腾讯视频、爱奇艺、B 站等，如今也在抖音、快手、淘宝直播等平台上被广泛应用，并逐渐演变出多种形态：粉丝会员、品牌会员、AI 智能会员等。

与传统视频网站的会员制相比，直播会员制更注重互动与个性化体验。主播或品牌可通过会员体系实现以下几种收益，如图 11-1 所示。

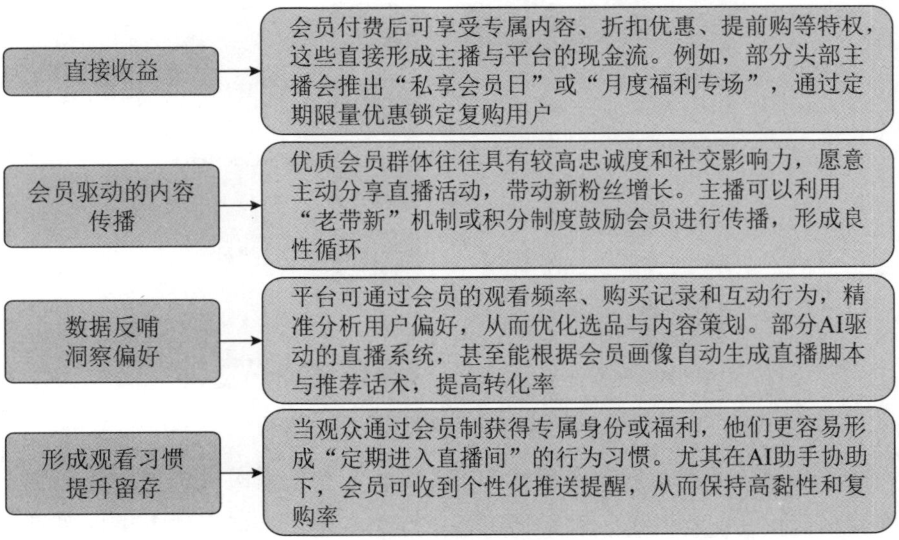

图 11-1　可通过会员体系实现的几种收益

当前，越来越多的主播开始通过 AI 社群工具（如微信公众号、飞书社群、私域 CRM 系统等）管理会员，开设专属直播间或互动社区，实现从公域流量到私域会员的沉淀。这种“会员 + 私域”模式，已成为直播行业中非常具有潜力的变现通道之一。

11.1.2 借卖课或商品实现多元盈利

在内容创作生态中，单一流量变现模式已经难以支撑创作者的长期发展，更多人开始借助“卖课＋卖商品”的双轨模式实现多元化盈利。这种模式不仅能拓宽收益来源，还能提升品牌的专业形象与持续影响力。

在卖课方面，创作者可根据自身擅长领域设计课程内容，如短视频剪辑、直播技巧、AI 内容创作、职场技能等。课程形式可分为录播课、直播课和会员专栏等多种类型，配合社群运营与学习服务形成完整闭环。

例如，龙飞摄影公众号创始人龙飞在积累了一定的粉丝后，就在千聊平台推出《首尾帧：AI 短视频高手玩法》《AI 短视频导演课：10 个 AI 硬核技能＋12 大抖音爆款效果，一次学会》等专栏课程，如图 11-2 所示。通过知识付费平台和私域流量同步推广，实现了稳定的月度被动收入。

图 11-2　龙飞在千聊推出的专栏课程

在商品销售方面，创作者可结合个人定位和粉丝需求，选择自营产品或与品牌联名合作。例如，美妆类主播可推出联名彩妆，生活类博主可打造原创文创周边，职场类内容创作者则可销售办公效率工具或数字资源包。关键在于产品要与内容主题形成高度契合，通过真实使用体验和情感共鸣提升转化率。

在实际运营中，还可以将课程销售与商品推广结合，如在教学课程中嵌入实用工具推荐、在商品直播中引导用户报名课程学习，从而实现“知识变现＋商品变现”的双轮驱动。

11.1.3　让粉丝卸下戒备心打赏主播

打赏这种变现模式是最原始也是最主要的。现在很多直播平台和主播的盈利大多数还是依靠打赏。所谓打赏就是指观看直播的用户通过金钱或者虚拟货币来表达自己对主播或者直播内容的喜爱的一种方式。这是一种新兴的鼓励付费的模式，用户可以自己决定要不要打赏。打赏已经成为直播平台和主播的主要收入来源，与微博、微信文章的打赏相比，视频直播中的打赏来得更快，收入更多，用户也比较冲动。

与卖会员、VIP 等强制性付费模式相比，打赏是一种截然相反的主动性付费模式。在直播中想要获得更多粉丝的付费鼓励，除了需要提供优质的直播内容外，也需要掌握一定的技巧。

给文章打赏是因为文字引起了用户的情感共鸣；而给主播打赏，有可能只是因为主播讲的一句话，或者是主播的颜值，或者是一个搞笑的行为。相比较而言，视频直播的打赏缺乏理性。同时，这种打赏在很大程度上也引导着直播平台和主播的内容发展方向。

图 11-3 所示为 B 站主播“小米童鞋”的直播详情，从直播互动和贡献榜中可以看到粉丝给她打赏的礼物以及具体的收益统计。

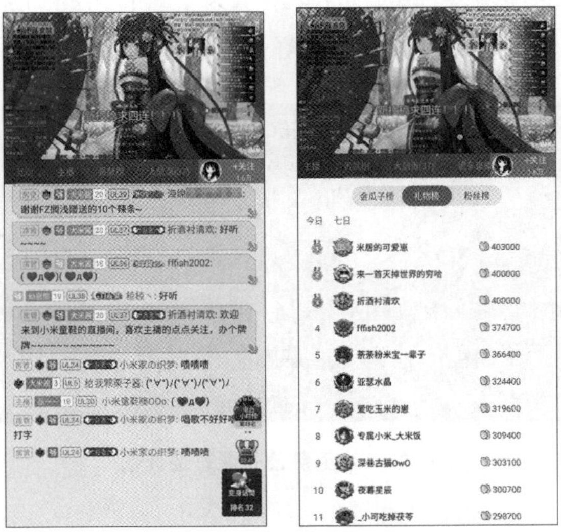

图 11-3　“小米童鞋”的直播详情

粉丝付费打赏与广告、电商等变现方式相比，其用户体验更好，但收益无法控制。不过对于直播界的超级网红来说，这些方式获得的收益通常不会太低，甚至可以短时间创造大量的收益。

11.1.4 通过付费观看内容实现变现

在直播领域，除了打赏、受众现场订购等与直播内容和产品有着间接关系的盈利变现外，还有一种与直播内容有着直接关系的盈利变现模式，那就是优质内容付费模式：粉丝交付一定的费用后方可观看直播。这种盈利模式应满足 3 个基本条件：有一定数量的粉丝，粉丝的忠诚度较强，有优质的直播内容。

在具备上述条件的情况下，直播平台和主播就可以尝试进行优质内容付费的盈利变现模式。这种模式主要出现在有着自身公众号的直播内容中，是基于微信公众号文章的付费阅读模式发展而来的。

优质内容付费的盈利模式主要可以分为 3 类，具体介绍如下。

1. 先免费，后付费

如果主播有着优质内容，而平台直播业务的开展还处于初创期，此时还需要先让受众了解平台和主播，这就可以通过免费的方式让受众来关注直播内容和主播，从而积累起一定数量的粉丝，然后再推出付费的直播内容。

例如，近几年比较火热的在线教育就是这种付费模式。讲师先通过腾讯课堂等平台直播讲解基础入门的公开课知识，如果受众或学员对该系列的课程知识内容感兴趣想进一步深入了解和学习的话，就可联系相关老师，通过付费学习更深层次的 VIP 高级课程。图 11-4 所示为某教育机构的免费公开课直播详情；图 11-5 所示为付费 VIP 直播课程详情。

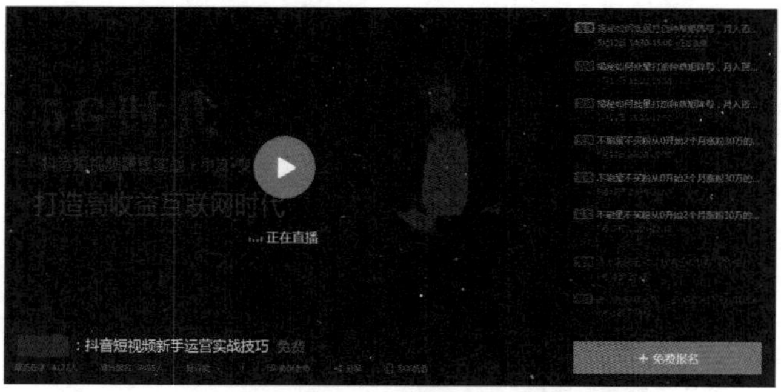

图 11-4 免费公开课直播详情

2. 限时免费

直播平台和主播除了提供免费的直播内容外，有时还会提供另一种免费方式——限时免费。一般由直播平台设置免费的方式和时间范围，意在说明该直播内容不是一直免费的，有时会以付费的方式出现，提醒受众注意关注直播动态和主播。图 11-6 所示为限时免费的直播内容案例。

图 11-5　付费 VIP 直播课程详情

图 11-6　限时免费的直播课程

3. 折扣付费

为了吸引受众关注，直播平台与日常商品一样，采取了打折的方式。它能让受众感受到直播节目或课程原价与折扣价之间的差异。当原价设置得比较高时，受众一般会产生一种“内容应该很不错”的心理，然而又会因为它的高价而退却，折扣优惠就给那些想看直播内容的受众提供了一个很好的机会。图 11-7 所示为折扣付费的直播内容案例。

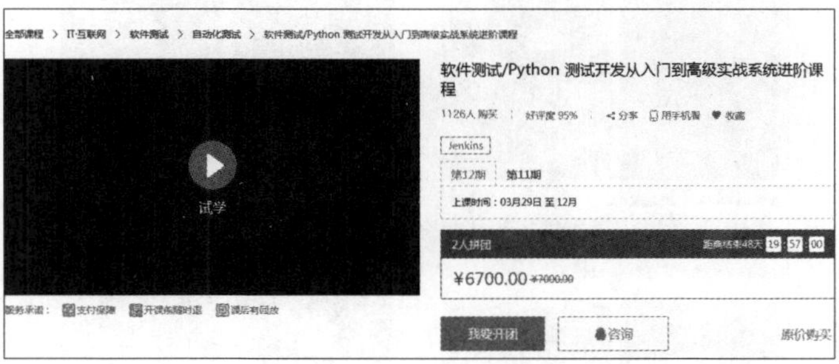

图 11-7　折扣付费的直播课程

当然，直播如果想把付费观看这种变现模式发展壮大，其基本前提就是要保证直播内容的质量，这是直播内容变现最重要的因素。

11.1.5 网红通过建立个人品牌变现

网红变现是一种以网红为核心的相关产业链延伸出来的一系列商业活动，其商业本质还是粉丝变现，即依靠粉丝的支持来获得各种收益。网红变现模式适合有颜值、有极具辨识度的人设、有专业的策划团队、有精准粉丝群体的网红大咖。

网红变现模式主要有 3 种，具体内容如下。

1. 卖个人的影响力

通过网红的影响力来对接广告合作、做品牌代言人或者做产品的代购等方式进行变现。

2. 建立网红孵化公司

大网红可以创建自己的公司或团队，通过培养新人主播，为他们提供完备的供应链和定制产品，孵化出更多的小网红，从而共同增强自身的变现能力。

3. 打造个人品牌

网红通过建立自己的品牌，让自身影响力为品牌赋能，产生品牌效应，促进品牌产品或服务的销售。

李子柒就是这方面一个成功的例子。她通过拍各种做美食的视频吸引粉丝和流量，再利用专业的团队运营和商业包装，成功地打造和建立了个人品牌和 IP，并利用自身品牌的影响力实现商业变现。

图 11-8 所示为李子柒品牌的天猫官方旗舰店商品页面，从图中可以看出其销量十分可观。

图 11-8　李子柒旗舰店商品页面

11.1.6　通过植入商家产品广告变现

在直播领域，广告是最简单直接的变现方式，主播只需要在自己的平台或内容中植入商家的产品广告，即可获得一笔不菲的收入。植入产品广告变现模式适合拥有众多粉丝的直播节目和主播。

在直播中植入产品广告的变现模式主要包括以下两类，如图 11-9 所示。

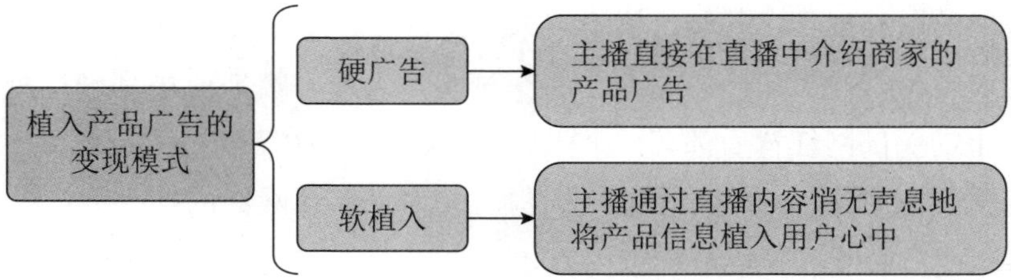

图 11-9　植入产品广告的变现模式

11.1.7　通过现场订购实现流量变现

对于一些有着自己产品的企业和商家来说，其通过直播产生的变现主要还是集中于产品的销售方面。以直播吸引足够的流量，然后让流量转化为实际销量，这样的变现模式就是受众现场订购模式。

现场订购模式适合有店铺、产品的商家，可以通过让自己变成主播或者招募专业的主播以及与网红主播进行合作等方式，借助直播卖货增加产品销量。受众现场订购模式带给主播、企业和商家的是实际的现金流，而想要获得现金流就需要让受众下单购买产品。因此，在进行直播时，运营者有必要从以下两方面出发设置吸睛点吸引用户下单。

1. 在标题上设置吸睛点

在直播标题中加入产品能带来改变的词汇，例如“早秋这样穿减龄 10 岁”，其中“减龄 10 岁”明显就是一个吸睛点；或是在标题中展现产品的差异点和新奇点，如“不加一滴水的面包”。采用这种方法设置直播节目标题，可以吸引更多的受众关注。此时只要直播推广的产品品质优良，即可促进受众现场下单订购。

2. 在直播过程中设置吸睛点

这一方法同样可以通过两种途径来实现。一是尽可能地展现优质直播内容的重点和核心以及产品的优异之处，让受众在观看的过程中受到启发，从而现场下单订购。如在淘宝直播上，当服饰、美妆产品的实际效果展现出来的时候，其完美的形象和功效就会促使很多人下单，甚至可能产生一分钟之内多次下单的情况。二是当直播进行了一段时间后，间断性地发放优惠券或进行优惠折扣，这样可以促使还在犹豫的受众马上下单。

11.1.8 依靠 MCN 机构化运营变现

MCN 是 multi-channel network 的缩写，意为多频道网络。MCN 模式来自国外成熟的网红运作，其基于资本的大力支持生产专业化的内容，以保障变现的稳定性。MCN 网红变现模式适合各领域的头部、腰部或尾部网红或主播，90% 以上的头部网红背后都有一个强大的 MCN 机构在帮其包装运营。

主播要想打造 MCN 网红孵化机构，成为“捧起网红的推手”，自身还需要具备一定的特质和技能，详细内容如下。

（1）熟悉直播业务的运营流程和相关事项，包括渠道推广、团队建设、主播培养、市场活动开发等。

（2）熟悉艺人的运营管理，能够制定符合平台风格的艺人成长计划体系。

（3）善于维护直播平台资源，能够建立和优化直播的运营体系和相关机制。

（4）熟悉娱乐直播行业，对行业内的各项数据保持敏感，能够及时发现流行、时尚的事物。

随着新媒体的不断发展，用户对接收的内容的要求和审美标准也有所提升。这要求运营团队要不断增强创作的专业性。由此，MCN 模式逐渐成为一种标签化 IP，单纯的个人创作很难形成有力的竞争优势。

加入 MCN 机构是提升直播内容质量的不二选择。加入 MCN 机构的好处主要有以下几点，如图 11-10 所示。

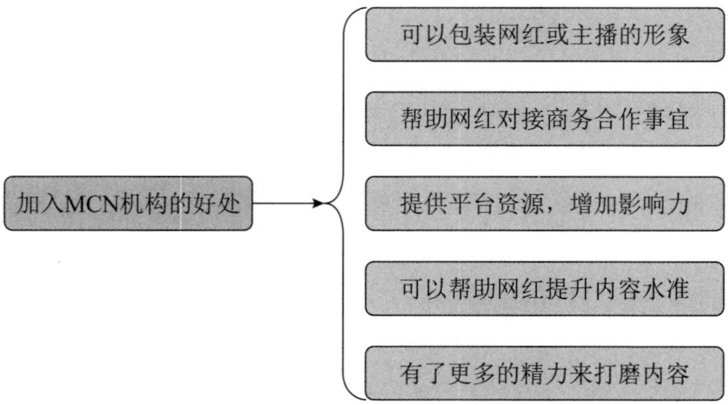

图 11-10　加入 MCN 机构的好处

MCN 模式的机构化运营对直播内容的变现是十分有利的，但同时也要注意 MCN 机构的发展趋势。如果不紧跟潮流，就很有可能无法掌握其有利因素，从而难以达到理想的变现效果。

11.1.9　完成主播任务享受平台收益

有一些新的直播平台为了吸引主播入驻以及增加主播开播时间，通常会给主播提供一些有偿任务，主播完成任务后可以获得对应的平台扶持收益。主播任务变现的模式适合一些没有直播经验的新手。

例如，在快手平台，新手主播只需参与常驻任务，满足“近 30 天内，开播≥ 10 天且总流水≥ 50 元”的参与条件，即可获得“现金”“火花流量”“快币”“视频流量券”等奖励，如图 11-11 所示。

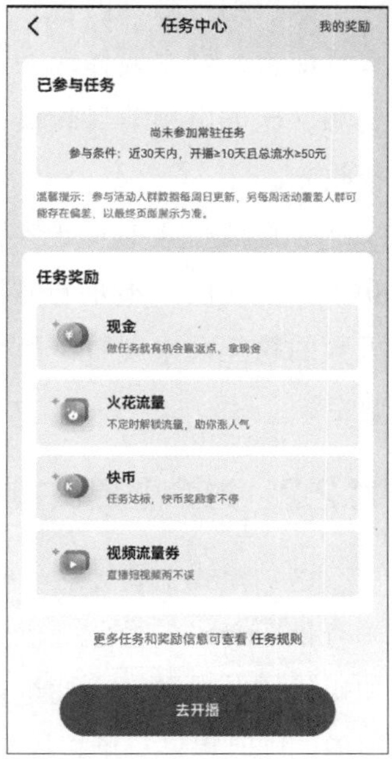

图 11-11　“任务中心”界面

“快币”是快手平台上的虚拟货币，当前充值比例为 1 ∶ 10，即 1 元可以充值 10 快币。不过，主播在将快币提现成人民币时，平台会按照一定比例扣除相应的手续费。

在直播过程中，主播可以使用有趣的礼物互动玩法，调动粉丝送礼的积极性，增加自己的直播收入。直播结束后，主播可以对直播间的数据进行分析，为下一次直播做优化调整提供有效依据，让你的直播变得更加精彩。

专家提醒

“音浪”是抖音平台上的虚拟货币，当前比例为 1 ∶ 10，即 1 元等于 10 音浪。需要注意的是，提现时还需要扣除一定的平台抽成。

11.2　直播衍生的变现方式

所有的直播营销其最终的目的都是变现，即利用各种方法吸引用户流量，让用户购买产品、参与直播活动，让流量变为销量，从而获得盈利。本节将向大家介绍几种直播衍生的变现方式，以供参考。

11.2.1　版权销售的变现收益非常大

版权销售这一内容变现模式大多应用于视频网站、音频平台等领域。对于直播而言，则主要体现为各大直播平台在精心制作直播内容时引进的各种优质资源，比如电视节目版权、游戏版权等，这种情况下版权提供方就可以获得版权收入。

对直播行业中发展势头一直稳健的游戏直播来说，各大赛事直播的版权都是十分宝贵的，不亚于体育赛事的直播。因为只要谁拿到了版权，就可以吸引无数的粉丝前来观看；而且赛事的持续时间较长，可以为直播平台带来巨大的收益。

11.2.2　为企业提供技术的直播服务

这种模式主要针对一些直播平台。平台可以推出有针对性的行业解决方案，为有推广需求的企业提供付费技术支持。直播平台还可以提供专业的拍摄设备和摄像团队，帮助企业进行会议宣传、品牌推广、产品推广、活动宣传等直播服务，同时提供每场直播影像的数据分析服务，满足企业客户的更多需求。

例如，云犀拍摄就是一个为客户提供一站式拍摄、直播及短视频制作的服务商，致力于为企事业单位提供高质量的实时影像服务，其合作流程如图 11-12 所示。

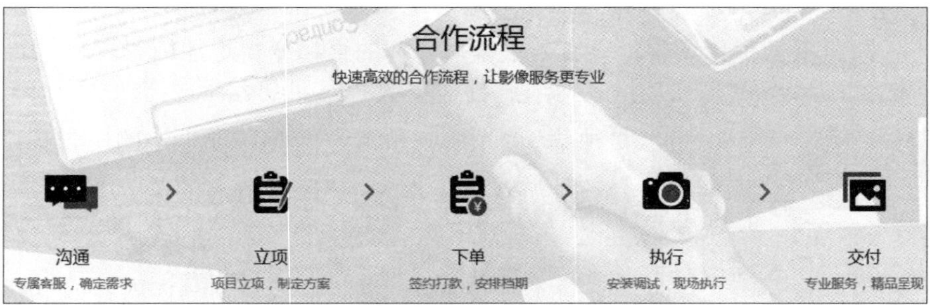

图 11-12　云犀拍摄的企业合作流程

11.2.3　通过形象代言有偿推广品牌

形象代言变现模式是指主播通过有偿帮助企业或品牌传播商业信息，参与各种公关、促销和广告等活动的直播，帮助品牌促成产品的销售成交，并使品牌建立一定的口碑或美誉度。代言人可以据此赚到代言费。形象代言变现模式适合一些明星、商界大腕或者自媒体人等“大 IP”。

形象代言变现模式的收益主要依赖于主播个人的商业价值，包括形象价值、粉丝价值、内容价值、传播价值等方面，这些也是主播提升收入的关键因素。互联网上有很多明星商务交易平台都会对当下热门的明星和网红进行商业价值估算。主播可以此作为参考，从各个方面努力提升自己，如图 11-13 所示。

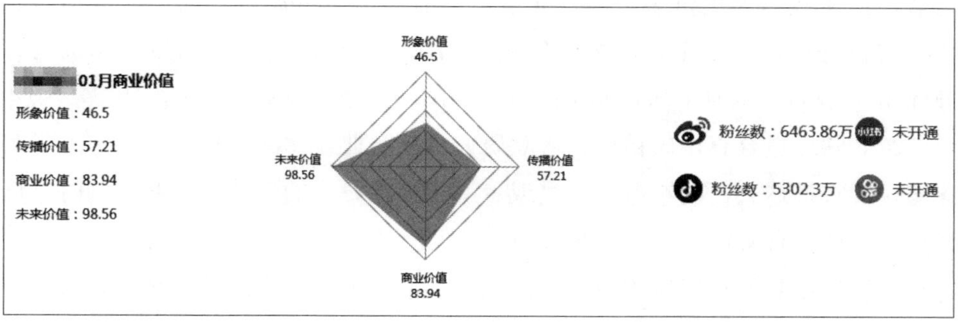

图 11-13　明星和网红的商业价值估算

专家提醒

当“大 IP”主播担任一个企业或品牌的形象代言人后，需要在各种途径维护品牌形象，为其快速扩展市场，以此证明自己的代言价值。这也能使自己得到更好的发展。

11.2.4　通过游戏广告来收取广告费

游戏广告变现模式是指主播通过直播某款游戏，或者在直播间放上游戏下载的二维码链接，给粉丝“种草”，为游戏引流，同时获得一定的广告推广收入。游戏广告变现模式适合各种游戏“技术大神”、颜值高的美女主播以及游戏视频创作者。

在直播间推广游戏时，主播还需要掌握一些推广技巧，具体内容如下。

（1）声音有辨识度。

（2）清晰的叙事能力。

（3）策划直播脚本。

（4）直播内容可以更为垂直细分一些，尽可能去深耕一款游戏。内容越垂直，用户黏性就会越高，引流效果会更好，也就更容易受到广告主的青睐。

（5）主播需要学会寻找聊天话题，与粉丝互动交流，提升粉丝的好感与积极性，活跃直播间气氛。

（6）最后，主播还要认真安排每天的档期，坚持不懈。

11.2.5 游戏联运的收入是充值提成

游戏联运指游戏联合运营，即在自己的直播平台上针对某款游戏进行合作运营，由游戏厂商提供客户端、充值和客服系统等资源，主播提供直播内容和广告位等资源。由主播直播推广带来的玩家充值收入，按约定的比例进行分成。

游戏联运适合有钻研精神、喜欢研究游戏商业规律的人设型玩家，或者测评解说类直播达人，能够深入评测或者解说某款游戏的玩法和攻略。同时，这种模式还适合有游戏运营经验或者拥有较大流量主播资源的直播机构或公会。

游戏联运和游戏广告的操作方法比较类似，但收入形式的差别比较大。游戏广告通常是一次性收入，对主播的推广效果有一定的考验；游戏联运相当于主播自己成为游戏厂商的合伙人，可以享受玩家在游戏中的充值提成。